COURS

D'ÉQUITATION

MILITAIRE.

TOME II.

Les exemplaires exigés par la loi ayant été déposés, je pour-
suivrai tout contrefacteur de cet ouvrage.

COURS

D'ÉQUITATION

MILITAIRE,

A L'USAGE

DES CORPS DE TROUPES A CHEVAL,

APPROUVÉ

PAR S. EXC. LE MINISTRE DE LA GUERRE.

TOME SECOND.

A SAUMUR,

CHEZ A. DEGOUY, ÉDITEUR,

IMPR.-LIBRAIRE DE L'ÉCOLE ROYALE DE CAVALERIE;

ET NÉVO-DEGOUY, LIBRAIRE.

A PARIS,

CHEZ ANSELIN, LIBRAIRE POUR L'ART MILITAIRE,

RUE DAUPHINE, N° 9.

1830.

COURS

D'ÉQUITATION

MILITAIRE.

TROISIÈME PARTIE.

CONSERVATION DU CHEVAL.

TITRE 1ᵉʳ. — Du Cheval en santé.

CHAPITRE Iᵉʳ. — *Causes de la conservation.*

ARTICLE PREMIER.

DES DIFFÉRENTES ESPÈCES D'ALIMENS, ET DE LA NATURE DE L'EAU.

Le principe des sucs nutritifs que contiennent les substances dont se nourrissent les animaux, est désigné par le mot *aliment*, et on entend généralement par les *alimens* ces substances elles-mêmes.

Les substances alimentaires, infiniment variées dans leurs formes, sont bornées, pour le cheval, au règne végétal.

Les alimens sont d'autant meilleurs qu'ils contiennent le principe nutritif en plus grande quantité sous un même volume, et qu'ils le cèdent plus facilement à l'action des organes sur eux. Quelques auteurs pensent que ce principe n'est pas unique dans la nature; mais tous s'accordent à le regarder comme existant de préférence dans les végétaux qui possèdent plus abondamment la matière *mucilagineuse, sucrée* ou *amilacée*, autrement dite *amidon, fécule* ou *farine*.

Pour que l'aliment produise dans l'économie animale tout son effet, il faut qu'il subisse les changemens que déterminent la digestion, la sanguification et la nutrition.

Mais pour que ces changemens soient complets et avantageux, il faut qu'il existe des rapports suffisans entre la force d'assimilation des organes et la propriété digestive de la substance alimentaire, propriété que toutes ces substances ne possèdent pas au même degré. C'est même relativement à cette différence qu'on divise les alimens en *toniques* et en *nourrissans*. Les premiers occasionent des changemens prompts, très-actifs, mais de peu de durée; les seconds demandent pour agir plus de temps, l'emploi de plus de force de la part des organes pour les dissoudre; mais aussi ils soutiennent leurs effets beaucoup plus long-temps.

Indépendamment de cette division relative à leurs effets, on les considère encore par rapport à leur nature propre; ainsi les uns sont *solides* et les autres *liquides*. Les premiers sont divisés en secs et verts, les seconds en simples et composés.

PREMIÈRE SECTION. — *Des alimens solides.*

Des foins et fourrages secs.

Les foins et les fourrages secs sont les plantes que l'on recueille dans les prairies; celles-ci sont divisées en deux classes. Les prairies qui n'ont été l'objet d'aucun soin, sauf quelquefois l'ensemencement, sont nommées *naturelles;* on appelle au contraire *artificielles*, les prairies qui reçoivent des soins de culture comme les terres à céréales.

Des prairies naturelles.

La qualité de leurs produits reconnaissant essentiellement pour cause celle du terrain, et plus encore son exposition; on les classe d'après cela en produits de première qualité ou de prairies élevées, de seconde qualité ou de prairies moyennes, et de troisième qualité ou de prairies basses et marécageuses. Ces différences tiennent à ce que l'eau, qui est indispensable aux productions de la terre, leur fait cependant perdre de leur qualité par sa trop grande abondance. Cette détérioration va en diminuant graduellement depuis les prairies basses, où l'eau séjourne une partie de l'année, jusqu'à celles moyennes, qui ne sont inondées que momentanément, inconvénient dont sont garanties les prairies élevées, que les crues d'eau des rivières ou des torrens n'atteignent jamais, ou que très-momentanément et par accident.

Avant de dire quelles sont les qualités physiques du

bon foin et les caractères qui appartiennent au mauvais, il est nécessaire de donner quelques notions sur les plantes qui composent l'un et l'autre.

Désignation des plantes qui croissent dans les prairies.

Les prairies élevées ou de première qualité, présentent plusieurs espèces d'*avoine vivace*, quelques *fétuques*, des *paturins*, des *dactyles*, enfin la *flouve odorante*, qui possède dans ses tiges, et surtout au collet de sa racine, une odeur assez agréable qui aromatise le foin.

En gagnant les expositions moyennes, on trouve réunis à ces plantes les *chiendens*, les *bromes*, l'*agrostis*, le *fléau*, l'*orge des prés*, l'*ivraie* (tant vantée par les Anglais sous le nom de *ray-grass*), l'*alopécure* ou *queue de renard*, la *crételle*, la *brize*, etc.

Enfin dans les endroits bas et marécageux se plaisent les *roseaux*, les *phalaris*, la *fétuque floitante*, etc.

L'*ivraie naturelle* est la seule graminée qui contienne un suc vénéneux; mais on ne la trouve que parmi les céréales. Plusieurs autres des plantes qu'on vient de nommer peuvent nuire mécaniquement aux animaux; telles sont, dans les expositions élevées, les *orges* et les *bromes*, celui surtout appelé *stérile*, dont les épis, garnis de barbes ou arêtes dentelées et très-pointues, peuvent, en s'introduisant dans les oreilles, les yeux ou la bouche, y déterminer des accidens très-graves, et même la surdité, la cécité et la presque impossibilité de mâcher. D'autres plantes, qui croissent dans les endroits marécageux, peuvent, étant surtout mangées en vert, couper les tissus de la bouche par leurs

feuilles extrêmement tranchantes, et en gêner les mouvemens.

Les prairies naturelles fournissent aussi différentes
plantes, dont la culture s'est emparée pour créer des
prairies artificielles. Ces plantes viennent dans toutes
les expositions, et y sont également bonnes. Les principales sont les *luzernes*, les *trèfles*, les *lotiers*, les
vesces et les *sainfoins*, qui fournissent le *lupin*, le *mé-
lilot*, la *coronille*, l'*orobe*, etc.

On peut y joindre la *pimprenelle*, la *sanguisorbe*,
l'*aigremoine*, les *marguerites*, les *paquerettes*, la *jaco-
bée*, et surtout la *jacée*, appelée aussi le *bouquet de
foin:* car si elle est peu à rechercher pour elle-même,
elle indique au moins que le fourrage dans lequel elle
se trouve est venu dans un terrain bien situé.

Enfin plusieurs autres plantes, moins bonnes que
les premières, peuvent être admises dans le foin en
petite quantité; car, trop abondantes, elles donneraient
un foin plus que médiocre. Telles sont les *carottes*, les
camelines, le *géranium des prés*, la *scabieuse*, la
sauge des prés, etc.; encore cette dernière, assez dure
et ligneuse, ne sert-elle, surtout comme la jacée, qu'à
désigner la bonne qualité du terrain.

Les plantes mauvaises, susceptibles de se trouver
mélangées avec les meilleures que produit chaque exposition, peuvent être rangées en trois divisions :

1° Celles qui ne fournissent aucun suc, et diminuent
d'autant la valeur des rations ;

2° Celles qui se conservent difficilement, altèrent
les fourrages par leur humidité, par leur odeur très-
prononcée, ou parce qu'elle se réduisent en poussière
à la manipulation :

3° Celles qui contiennent des principes vénéneux.

Dans la première division, on trouve les *roseaux*, les *joncs*, et la presque totalité des plantes aquatiques et marécageuses, que produisent les prairies de troisième classe : ce sont les *prêles* ou *queues de cheval*, les *massètes*, les *rubaniers*, les *iris*, les *carex* ou *laiches*, les *scirpes*, etc. Ces dernières ont de plus la feuille aiguë et coupante. Viennent ensuite les *patiences* ou *oseilles*, les *plantains*, la *rue des prés*, l'*aunée*, etc., dont les propriétés ressemblent beaucoup à celles des plantes de la seconde division, et se confondent souvent entre elles.

La deuxième division renferme 1° les *consoudes*, les *bourraches*, les *buglosses*, les *mauves*, les *caille-lait*, etc., plantes qui sont ou très-dures, ou aqueuses, ou susceptibles de tomber en poussière; 2° les *menthes*, les *mélisses*, les *mille-feuilles*, les *aristoloches*, etc., la plupart aromatiques, que les chevaux refusent de manger, et qui gâtent par leur odeur les plantes au milieu desquelles elles se trouvent.

Parmi les plantes de la troisième division qui contiennent un principe délétère capable de causer l'empoisonnement, quelques-unes ont une odeur nauséabonde qui répugne aux chevaux; jamais ils ne les mangent, non plus que les plantes vénéneuses sans odeur, que lorsqu'ils y sont poussés par la faim. Telles sont les *euphorbes*, les *chélidoines*, les *ciguës*, les *renoncules*, dont les principales espèces sont appelées *scélérates*, *âcres*, *bulbeuses*. Toutes ces plantes, douées de propriétés vénéneuses plus ou moins actives, en perdent cependant une partie en se desséchant. Rarement dans cet état elles incommodent de suite les chevaux;

mais elles agissent peu à peu et sourdement, en ajoutant leurs influences funestes à toutes celles qui peuvent
provenir d'ailleurs.

Les foins que les prairies des deux premières classes
produisent, se reconnaissent aux caractères suivans :
couleur verte, ni foncée ni pâle; odeur agréable sans
être aromatique, et se rapprochant de celle qui est
propre au plus grand nombre des plantes qui entrent
dans la composition des fourrages.

La saveur en est douce et même sucrée, les tiges
plutôt fines que grosses, de médiocre longueur, ne se
brisant pas trop aisément et ne résistant pas non plus
trop à l'effort de la main.

La fauchaison doit en avoir été faite dans le moment
qui suit le développement de la fleur et qui précède la
formation des graines; car, plus tôt, leur maturité
n'est pas complète, et plus tard, tous les sucs ont
quitté la tige pour se porter dans ces graines, qui,
tombant à la plus légère secousse, laissent le fourrage
beaucoup moins nutritif.

Des altértaions bien plus fâcheuses vicient, outre cela,
les foins des prairies naturelles lorsqu'ils deviennent
vasés, *poudreux*, et *rouillés;* ils sont alors du plus pernicieux usage, et déterminent des accidens sans nombre.

Ceux que l'on appelle *vasés*, ou dans certains pays
marés ou *marnés*, proviennent des prairies où l'eau
bourbeuse a séjourné après les débordemens, et a dé-
posé sur les plantes un limon qui s'y fixe, et qui, avalé
avec elles, surcharge l'estomac, trouble la digestion,
épuise inutilement les forces sans les réparer, et cause
des maladies d'autant plus graves et plus promptes que
la vase a été amenée de terrains qui contiennent des

principes âcres et corrosifs. Si un pareil fourrage est battu et mal secoué, il reste couvert d'une poussière qui affecte les organes de la respiration, sans valoir rien comme nourriture.

Les foins deviennent *poudreux* par une autre cause, pire que celle-ci, en ce qu'elle dénature tout-à-fait les plantes, qui se changent en un véritable poison; voici comment.

Les végétaux, une fois coupés et avant d'être emmagasinés, doivent perdre par la dessiccation leur eau de végétation, et être privés de toute humidité; mais s'il en est autrement, ils s'échauffent, s'enflamment quelquefois, et sont même brûlés avec les bâtimens qui les renferment. Quand cela ne va pas si loin, ils se réduisent en poussière, prennent un goût ou une odeur de moisi que rien ne peut ôter. Le principe alimentaire est détruit par cette fermentation putride, qui doit faire rejeter une pareille nourriture.

Il en sera de même des foins *rouillés*, c'est-à-dire de ceux sur lesquels a végété une plante de la famille des champignons, qui s'y attache sous forme de poussière jaune ou noirâtre, susceptible d'être prise pour une simple tache dans l'écorce, semblable à celle qui arrive aux métaux dans leur oxidation.

Cette prétendue rouille, qui ne vient que dans les années humides et brumeuses, altère les plantes, nuit au développement des sucs propres à nourrir, et passe même pour les rendre âcres. On remarque, en effet, que c'est pendant les années qui suivent la consommation des fourrages atteints de la rouille, que les régimens se voient enlever, par la morve et le farcin surtout, un grand nombre de chevaux. Les effets en sont d'autant plus certains, que les pailles et les avoines éprouvent presque toujours en même temps de pareilles altérations.

Il reste, pour compléter l'histoire des causes destructives de la bonne qualité des fourrages, à faire connaître les inconvéniens que présente l'emploi des foins nouvellement récoltés, et de ceux conservés trop long-temps.

Dans le foin nouveau, les plantes sont pénétrées d'une trop forte odeur, les principes de fermentation ne sont pas calmés, et ils produisent une espèce d'effervescence, que six semaines ou deux mois peuvent dissiper à peine.

Administré avant cette époque sans précaution, il excite beaucoup l'appétit des chevaux qui le mangent avec une extrême voracité, et il leur donne des indigestions, des vertiges, des maux d'yeux, etc.

Le foin trop vieux, au contraire, c'est-à-dire celui qui a plus de vingt mois ou deux ans de récolte, ne conserve plus ses propriétés alimentaires; il se dessèche, devient jaunâtre, cassant, et exhale une odeur plus ou moins forte de renfermé et de moisi, surtout s'il a éprouvé de l'humidité, comme quand il a été transporté par bateau.

C'est ce foin de deux ans, ainsi que celui qui a été plus ou moins avarié, qui est déguisé presque toujours dans les magasins militaires sous un bottelage nouveau, et qui porte le nom de foin *remanié;* l'extérieur des bottes paraît bon, l'intérieur recèle souvent des gravas et de la terre. L'inexpérience ou la mauvaise foi peuvent seules l'admettre pour la consommation dans les régimens.

Des prairies artificielles.

Elles sont entièrement dues aux soins de la culture, qui en multiplie tous les jours le nombre; ce qui mettra tôt ou tard, dans certaines localités au moins, les régimens dans l'obligation de se servir de leurs produits, comme cela peut d'ailleurs arriver par suite de disettes générales ou partielles des foins de prés naturels.

Les plantes qui ont fait jusqu'à présent la base de ces prairies sont particulièrement la *luzerne*, le *trèfle* et le *sainfoin;* dans quelques localités, encore très-circonscrites, on emploie aussi à cet usage plusieurs plantes graminées et autres.

De la luzerne. Sa qualité et la quantité de ses produits la mettent en première ligne. Elle se récolte jusqu'à trois ou quatre fois dans la même année. On nomme *regains* tous les produits qui suivent la première *coupe.* Bourgelat blâme l'usage de cette plante en vert et en sec. L'expérience a depuis démenti ses préventions à cet égard, et loin de causer, comme il le dit, la gale, le farcin et les eaux aux jambes, l'usage de la luzerne, au contraire, est consacré pour les mères qui nourrissent; elle fournit des sucs nutritifs et abondans; c'est même de là que vient le reproche adressé à cette plante d'être échauffante, ce qui, au reste, lui est commun avec les meilleures substances alimentaires.

Ensuite elle peut être trop mûre, trop ligneuse pour le cheval; puis elle n'est pas d'une distribution aussi facile que le foin ordinaire. Il faut donc consulter les besoins du service et les facilités d'exécution que les localités permettent, pour apprécier les avantages et les inconvéniens de cette nourriture.

Du trèfle. C'est surtout en vert que cette plante est employée. En fourrage sec, elle est d'une administration plus difficile que la luzerne, et elle perd très-facilement ses feuilles dont, au reste, le cheval s'accommode moins que de ses tiges. Quant à ses qualités nutritives, bien récoltée et bien ordonnée, elle ne peut produire d'inconvéniens que ceux qui suivent un changement trop brusque de régime.

Du sainfoin. Sa dénomination annonce ses bonnes qualités. Cette plante est une ressource précieuse dans les plus mauvais terrains, là où la cavalerie se trouverait, sans elle, dans la disette. Bourgelat lui adresse les mêmes reproches qu'à la luzerne, et nous y faisons la même réponse. Dans plusieurs pays, on le mélange avec de la paille pour les distribuer ensemble : il en résulte une bonne nourriture.

Des pailles.

Ce mot sert à désigner les tiges, les feuilles et les épis des plantes céréales, lorsqu'elles sont privées de leurs graines.

Les *pailles* participent toujours des propriétés nutritives des fruits qu'elles portent; aussi celle de blé est meilleure que celle d'orge, de seigle ou d'avoine.

La paille est bonne toutes les fois que sa couleur est d'un blanc jaunâtre, qu'elle est plutôt fine que grosse, et qu'elle a une saveur douce. Son odeur doit être à peu près nulle, à moins qu'elle ne se trouve entourée à sa base par des plantes qui y végètent souvent, la rendent *fourrageuse*, selon l'expression connue, et lui communiquent leur parfum. Son volume et sa hauteur varient d'après la force végétative du terrain et l'action des agens atmosphériques. On la préfère assez fine et médiocrement grande. Il est aussi à remarquer qu'elle nourrit d'autant mieux que les grains sont moins nombreux et moins développés, parce qu'elle profite alors des sucs qui devaient les former. La partie qui avoisine l'épi est la plus nutritive.

La paille est, comme le foin, susceptible d'être altérée; c'est ainsi qu'elle est souvent *rouillée*, et plus facilement même que les foins, à cause du volume de ses tiges. Elle ne vaut rien non plus quand elle a été *versée*, parce qu'elle contient alors peu de sucs nutritifs.

Les rats et les souris non-seulement coupent la paille et la détruisent, mais l'impreignent d'une odeur qui dégoûte infiniment les chevaux. Il semble inutile de dire combien les barbes des épis d'orge et du blé dit *barbu* gênent les chevaux dans la bouche desquels elles s'insèrent, au point de leur rendre la mastication impossible.

La paille nouvelle est employée à peu près sans inconvénient. Celle qui est vieille reste bonne pour la nourriture, quand elle est bien conservée et qu'elle n'a aucune mauvaise odeur.

Des grains.

C'est dans cette partie du végétal que se trouve renfermée la plus grande quantité des sucs nutritifs, ordinairement sous la forme d'une substance farineuse.

On a donné le nom de *son* à la pellicule qui enveloppe la farine, et qui en est séparée par la mouture et les opérations subséquentes, avec un tel soin ordinairement, que le *son* reste pur et plutôt comparable à la sciure de bois qu'à un aliment.

Le *son*, pour lequel un grand nombre de personnes ont une prédilection particulière, nous paraît plus malfaisant et indigeste que favorable; car les sucs de l'estomac n'ont aucune action sur lui, tant il est dur et coriace, et la mastication ne peut l'atteindre, tant il est réduit en petites parcelles. On voit même les animaux le rendre comme ils l'ont pris, à l'exception de la farine qu'il contenait, et dont les proportions seules indiquent ses propriétés alimentaires.

Le *son* s'altère facilement par l'humidité : il s'échauffe alors, fermente et s'aigrit. Celui que l'on nomme *recoupe* et *recoupette*, est le plus fin; il conserve ordinairement une assez grande quantité de farine : on conçoit qu'alors il est bon et peut fort bien nourrir.

De l'avoine. Cette graminée est spécialement affectée, dans les contrées septentrionales, à la nourriture des chevaux. Dans les pays chauds elle est remplacée par l'orge.

On compte huit ou dix sortes d'avoine, dont la couleur varie du blanc au jaune, au gris, au rouge et au noir, sans qu'on doive attacher à cette couleur aucune importance, ni aucun rapport avec les qualités qui donnent plus ou moins de prix à ce grain.

Toutes ces avoines, considérées dans l'intérêt de la consommation, viennent se fondre dans les deux variétés appelées *avoine d'hiver* et *avoine de printemps*. La première, généralement plus grosse, plus farineuse, contenant sous peu d'écorce beaucoup de principes nutritifs, est préférable à l'autre qui, restant moins de temps à mûrir, est plus petite, renferme moins de farine, et a besoin d'être donnée en quantité plus considérable pour nourrir également.

Ces deux sortes d'*avoine* sont, au reste, d'autant meilleures que leur pesanteur est plus marquée, qu'elles sont bien sèches, sans odeur, coulant facilement dans la main, résistant à la pression des doigts, et exemptes de tous corps étrangers, tels que pierres, poussière, graines de nielle, d'ivraie, de folle-avoine, etc.

Avant d'être livrée à la consommation, l'avoine éprouve souvent diverses altérations, surtout lorsque son prix devient fort élevé, sans compter l'opération du javelage, qui détruit bien plutôt qu'elle n'augmente ses qualités.

Les uns la mélangent avec de la poussière et des graviers ; alors on l'en dépouille par le criblage, et si elle perd en quantité, la qualité reste au moins la même. D'autres, ou la mouillent pour la faire gonfler, ou la font remuer fortement à la pelle, et jeter même contre les murs, de sorte que l'écorce se sépare de l'amande et s'émousse à ses deux extrémités. Elle en prend plus de volume, sans y rien gagner sous le rapport des qualités, qui sont toujours même plus ou moins diminuées par ces moyens.

L'avoine nouvellement mouillée est fraîche et très-lourde. Sa couleur est terne, elle ne coule pas dans la main, et, en peu de temps, elle s'échauffe parce qu'elle fermente, surtout si on la laisse amoncelée en grande quantité. Lorsqu'elle se sèche, l'amande, en se resserrant, devient quelquefois vacillante et presque sonore sous l'écorce.

Quand l'avoine a été ainsi mouillée et séchée plusieurs fois, elle perd de son poids, et ne s'enfonce plus dans l'eau. Un pareil aliment, refusé dans les distributions faites aux régimens, devrait toujours être détruit, afin qu'on ne courût plus risque de le voir reproduit plus tard, mélangé presque toujours avec d'autres moins avariés.

L'avoine nouvelle est dangereuse à donner sans précaution, et le mieux est d'attendre qu'elle ait subi sa dessiccation; celle qui vieillit se dessèche et perd de ses qualités. On l'accepte alors ou on la rejette, selon qu'elle possède ou non les caractères indiqués précédemment.

De l'orge. Cette céréale, si précieuse dans le midi et dans tout l'Orient où elle remplace souvent le froment pour les hommes, y est presque la seule graine consacrée à l'entretien du cheval.

Son enveloppe est peu épaisse, son amande très-grosse et toute farineuse ; aussi nourrit-elle beaucoup. Elle est de plus regardée comme rafraîchissante, de sorte que, par ces deux propriétés, elle convient parfaitement pour modérer les effets de la chaleur, qui occasione des déperditions considérables qu'il est utile de réparer, et un état d'échauffement que l'on recommande avec raison de calmer.

Il en est de l'orge comme de tous les végétaux; ils prennent des qualités plus ou moins développées, selon que le sol qui les produit est plus ou moins fertile. Aussi ce grain est-il excellent en Espagne et extrêmement nutritif; on l'y regarde même comme ayant déterminé les nombreux accidens, et surtout les fourbures très-graves qui suivirent l'entrée des Français dans ce royaume, en 1808. Il fallut une expérience qui coûta infiniment à la cavalerie, parce que l'on ignorait les moyens de l'hygiène, pour apprendre par quelles précautions on devait assurer les bons effets de cette nourriture, et comment on pouvait accoutumer les chevaux aux nouvelles habitudes qu'il fallait leur donner.

L'orge en vieillissant devient, pour les vieux animaux, très-dure et difficile à broyer; de là l'usage que quelques personnes ont de la faire concasser à la meule, ou détremper un peu dans l'eau.

La méthode de donner l'orge mélangée avec l'avoine paraît peu profitable; car certains chevaux mangent très-vite, broient seulement le premier de ces grains, et avalent l'autre sans le mâcher, de sorte qu'il est rejeté intact, ne pouvant être digéré.

Du seigle. Ce grain n'est donné au cheval qu'accidentellement et ne paraît, contre l'avis de certaines personnes, pas plus dangereux pour cet animal que pour l'homme, à moins d'un emploi inaccoutumé et irréfléchi, comme il peut arriver, au reste, des meilleures choses.

Du blé. La nécessité seule en fait consacrer l'usage pour le cheval. Sa qualité, extrêmement nutritive, produirait les mêmes accidens que celle de l'orge et du seigle, si on n'en réglait l'emploi avec précaution.

Du maïs. Le maïs, dit *blé de Turquie*, est très-employé dans l'Italie et dans certaines parties de l'Espagne, pour nourrir les chevaux. Ils s'en accommodent fort bien lorsqu'ils y sont accoutumés ; mais il est très-dur à broyer ; cela empêche même qu'il convienne aussi bien aux vieux chevaux qu'aux jeunes : pour y remédier, on le fait concasser à la meule, ou on le laisse macérer dans l'eau.

On lui reproche d'exciter beaucoup à boire.

De la féverole. On la nomme encore *fève de cheval*, ce qui explique pourquoi elle figure ici. Elle passe pour excitant ; aussi, dans l'Orient, on la substitue souvent à l'orge, qui a la propriété contraire. Elle échaufferait à ration un peu forte. Les chevaux l'aiment beaucoup ; mais ils ne peuvent pas tous la bien broyer, car elle est plus dure encore que le maïs ; à plus forte raison faut-il prendre à son égard les mêmes précautions que pour ce dernier, avant de l'offrir aux vieux chevaux.

Du sarrasin. Cette plante, appelée encore *blé noir*, est la ressource des sols les plus maigres. On peut au besoin donner sa graine au cheval, en remplacement de l'avoine, mais à petite dose, car elle nuirait autrement. Il paraît qu'elle est moins malfaisante quand on la fait tremper long-temps dans l'eau.

Pois, Vesces, Bisailles, Dragées, etc.

Ce sont des plantes cultivées particulièrement pour l'usage des bestiaux dans les campagnes, mais qui peuvent être au besoin employées pour les chevaux. Quand elles sont coupées entre fleur et fruit, avant d'être trop développées, elles nourrissent très-bien comme fourrage. Il en est tout différemment lorsqu'elles ont perdu leurs graines, tant leurs tiges deviennent alors coriaces et ligneuses ; mais les graines restent un aliment très-nutritif et très-sain, qui peut remplacer très-bien l'avoine et l'orge.

Des alimens verts.

Ce sont tous ceux qu'on fait consommer avant leur dessiccation ; ils comprennent les tiges, mais non les graines, d'une partie des alimens examinés déjà, plus les racines de plusieurs autres. On les donne aux chevaux, ou comme nourriture, ou comme régime hygiénique.

L'habitude de chaque contrée consacre à cet usage plusieurs sortes de plantes : dans les unes, ce sont les plantes des prés naturels ; dans d'autres, celles des prés artificiels. Mais la plante qui tient le premier rang est l'*orge carrée* ou *escourgeon*, nommée encore *sucrillon* à cause de sa saveur.

Les autres céréales sont quelquefois aussi sacrifiées pour le vert, mais plutôt par nécessité que par intention expresse. On ne doit, au reste, en redouter l'emploi que dans le cas où leur maturité ferait craindre un excès d'action nutritive, ou bien par suite d'une vicieuse application, ou d'une administration mal combinée. La luzerne, le trèfle et le sainfoin, au moyen surtout de leur regain ou seconde coupe, sont du meilleur usage en vert ; mais avec la précaution de ne les donner que privés d'une trop grande humidité, surtout après une abstinence plus ou moins grande.

Les ressources du vert s'étendent encore à l'emploi des jeunes pousses ou branches d'arbres, tels que l'acacia sans épines, la vigne, l'olivier, etc. ; mais dans les cas extraordinaires. Il en est de même, mais plus usuellement, de certaines racines dont plusieurs nourrissent très-bien ; au premier rang se placent les carottes, les panais, les betteraves et les pommes de terre, que l'on fait manger ou crus et coupés, ou mélangés cuits avec du son ou des grains ; dernière manière qui engraisse, mais qui ne convient pas aux animaux destinés aux travaux pénibles.

Moyens divers dont on se sert ou dont on peut se servir pour nourrir les chevaux, soit par suite d'habitudes locales, soit comme ressources.

Parmi les premiers de ces moyens, on doit compter la *drèche*, qui est le résidu de l'orge après qu'elle a servi à faire la bière. Cette nourriture a les effets généraux des graines céréales fermentées qui, dans cet état, sont très-favorables à l'engraissement ; mais il en résulte peu de vigueur pour les animaux qui y sont soumis, et l'inconvénient, quand ils en ont contracté l'habitude, de ne pouvoir la quitter sans être exposés à des maladies plus ou moins graves.

L'ajonc ou *genêt épineux*, si commun dans certains pays, est une plante vivace, dont les feuilles petites, rudes et piquantes, offensent ceux qui les touchent, et sont très-gênantes pour les animaux qui sont réduits à les manger. Aussi ne leur donne-t-on les tiges de cet arbrisseau qu'après les avoir meurtries ou pilées au marteau ou à la meule.

L'ajonc, en qualité de plante de la famille des légumineuses, est très-nutritif, et la vigueur ne manque ordinairement pas aux animaux qui s'en nourrissent. Il peut être d'une ressource très-précieuse en certaines circonstances ; il y a même des localités où il sert communément comme aliment; telle est, en particulier, la Bretagne.

Les gousses du *caroubier*, arbre de la même famille, et qui ressemble à l'acacia, servent aussi à l'alimentation du cheval; et ceux de ces animaux pour lesquels on en fait usage en Catalogne (Espagne) s'en trouvent très-bien; nos armées ont apprécié cet aliment.

On emploie aussi la graine de lin, celle de ris, etc.; cette dernière est même, dans l'Inde, très-utile pour le cheval.

Enfin, parmi les moyens plus ingénieux qu'usuels, mais dont on a obtenu cependant quelques résultats favorables dans des momens désespérés, se trouve celui qui consiste à laver la racine du gazon lorsque toute la partie extérieure a été mangée, ce qui procure un aliment bien capable de sustenter le cheval, s'il est assez abondant.

Enfin, reste à parler des momens de pénurie extrême, où l'on est forcé d'essayer de tout, plutôt que de laisser périr les chevaux. On a vu, dans ces cas désespérés, prolonger leur existence en leur donnant des planches et des madriers réduits en copeaux, dont on conçoit l'effet en leur qualité de substance végétale, ou encore, en mélangeant quelques restes d'alimens à de la terre glaise; celle-ci non pour nourrir, bien entendu, mais dans l'intention d'occuper les sucs gastriques, de les absorber, et de les empêcher, comme dans les cas de mort par inanition, de corroder la membrane interne, et même de la percer. Mais à quelles extrémités ne faut-il pas être réduit pour songer à l'emploi de semblables ressources ?

Enfin, parmi une infinité de moyens différens, prônés par l'ignorance ou la cupidité, nous nous bornerons à faire connaître les *boules* dites *anglaises*.

Leur usage est très-commun en Allemagne, et en Angleterre surtout. Leurs prétendus effets, applicables d'abord à l'état de santé, sont d'offrir, sous un volume qui ne dépasse pas la grosseur d'un œuf de poule, un aliment capable de sustenter assez les chevaux pour se passer, pendant un certain temps, de nourriture, et cependant d'entretenir leur vigueur ; puis, sous le rapport des maladies, d'en prévenir plusieurs et d'en guérir beaucoup ; d'être enfin une espèce de panacée, également applicable à un grand nombre de cas.

Ces boules, dont la composition varie selon chaque jockey ou groom, qui, pour la plupart, la conservent comme un secret, furent connues en France et prônées, en 1808, auprès du ministère de la guerre, comme dignes d'examen et susceptibles d'être d'une grande utilité pour la troupe, et particulièrement pour le service de la cavalerie légère en campagne ; les soldats de cette arme, moyennant quelques-unes de ces boules, auraient pu se livrer à des entreprises que le manque de nourriture entrave ordinairement à l'armée.

Mais il en fut de ces boules comme de tous les moyens surnaturels, et la raison, éclairée par un examen approfondi de leurs qualités, en fit prompte justice en France, quoique l'usage en soit encore général dans quelques pays (*).

(*) Voici leur composition et leur emploi. Prenez une livre de figues, du fenouil, du pain et de la tormentille, de chaque cinq onces ; fleur de soufre, réglisse, corne de cerf (plante), racine d'au-

Examinées sous le double rapport de leurs propriétés pour l'état de santé et pour celui de maladie, bientôt tout le prestige qui les entourait tomba. On ne vit plus en elles qu'un amalgame irréfléchi de substances, auxquelles leur union ne prête aucune des qualités alimentaires que très-peu d'entre elles possèdent isolément, et qui n'en demeurent pas moins tout-à-fait inférieures au pain, à la farine et aux graines connues pour renfermer le plus possible de sucs nutritifs sous le même volume, et appréciées depuis long-temps dans leur emploi et dans leurs effets.

Quant aux qualités de ces boules comme médicament, elles furent jugées plus défavorablement encore, revenu que l'on est depuis long-temps de ces compositions informes de drogues, résultats de l'ignorance et de l'absurdité.

née, de chaque quatre onces. On coupe les figues par morceaux; on pulvérise les autres ingrédiens et on mêle le tout; ensuite on fait une décoction d'hysope et de pas-d'âne dans du vin blanc, et l'on y fait dissoudre sur le feu du jus de réglisse, du sirop et du miel, de chacun quatre onces. Après avoir versé cette décoction sur la poudre indiquée, et ajouté deux onces d'huile d'anis et un peu de farine, on forme de ce mélange une pâte qu'il faut déposer dans un vase de terre, et arroser avec un quart d'huile d'olive pour la garantir de la moisissure.

Lorsqu'on veut faire usage de cette pâte, on en prend un morceau de la grosseur d'un œuf de poule, on le fait avaler au cheval le matin avant de partir, et il sera, dit-on, en état de se passer de manger et de boire toute la journée.

Si un cheval est dégoûté et qu'il refuse de manger, on prend deux boules de la composition, de la grosseur désignée ci-dessus, on les brise dans une chopine de vin chaud, avec deux onces de thériaque, trois drachmes de girofle; on fait avaler cette boisson au cheval, on le fait promener un peu après, on le couvre bien, et on le laisse reposer à l'écurie.

On les rejeta donc dans la cavalerie, où, malgré des tentatives nouvelles, fruits irréfléchis de l'importation anglaise, on ne les verra jamais admises sans doute, quoique destinées probablement à y être encore vantées.

DEUXIÈME SECTION.

Alimens liquides.

Les *alimens liquides* comprennent les boissons simples et les boissons composées : l'eau pure constitue les premières, et l'eau mélangée à différentes substances, ainsi que les liqueurs fermentées, forment les autres.

L'eau est le corps le plus répandu dans la nature. Elle en est le grand dissolvant, et se présente sous trois états, *liquide*, *vaporeux* et *solide*, dus aux divers degrés de calorique qu'elle renferme. L'eau pure est destinée à calmer la soif, à dissoudre les alimens et à entretenir la souplesse des tissus, que la vaporisation dessèche. Donnée en trop grande quantité, elle délaie les sucs gastriques, dont elle diminue l'action, et nuit infiniment à la digestion.

La *bonne eau* est claire, limpide, sans odeur comme sans goût, contenant une certaine quantité d'air, jouissant de la propriété de dissoudre le savon, de bouillir facilement, et de cuire les légumes (tels que pois, haricots, etc.).

Les *mauvaises eaux* sont froides, fades, salées ou mélangées à des corps étrangers, tels que des gaz, des sels, des acides, des oxides métalliques, ou à des parties soit terreuses, soit sulfureuses, etc. (telles sont en général les eaux minérales). Elles participent alors des propriétés de ces substances, dont beaucoup, utiles en médecine, sont, par cela seul, plus ou moins nuisibles en état de santé. Il y en a quelques-unes même qui contiennent des poisons très-actifs.

L'eau trop froide, comparativement à l'état de l'atmosphère, affecte désagréablement l'estomac, dont elle diminue la chaleur. Elle peut causer des arrêts de transpiration, d'autant plus funestes qu'il y a plus de différence entre sa température et celle du corps de l'animal.

L'eau chaude affaiblit et ne désaltère pas aussi bien que quand elle a une certaine fraîcheur.

L'eau des grandes rivières est généralement à préférer, parce qu'elle est très-exposée au contact de l'air, et que le fonds sur lequel elle coule est presque toujours sablonneux. Celle des ruisseaux et rivières encaissées et ombragées, qui ont peu de largeur et une grande profondeur, ne convient pas également. Il en est de même de celle qui résulte de la fonte des neiges, parce qu'elle est privée d'air; on a besoin de la battre pour lui en rendre.

L'eau de pluie est très-saine, mais elle perd de ses qualités dans les citernes, quand elle y séjourne longtemps.

Les eaux de sources et de certains puits sont souvent dangereuses, employées sans précautions, ou données habituellement à des animaux qui n'y ont pas été faits graduellement. Les eaux qui contiennent de la sélénite, autrement gypse ou pierre à plâtre, se trouvent surtout dans ce cas; car elles sont lourdes et très-indigestes, et les parties étrangères qu'elles contiennent agissent à la longue sur la santé, et finissent par l'altérer gravement.

Au premier aspect, ces eaux séléniteuses semblent très-limpides et en imposeraient sur leurs mauvaises qualités ; il est prudent, lorsqu'on a des doutes à cet égard, d'en faire faire la décomposition.

Il y a des exemples de régimens de cavalerie qui n'ont pas dû à une autre cause qu'à l'usage de pareille eau, la perte d'un grand nombre de leurs chevaux.

Les eaux de mares et d'étangs sont très-rarement salubres, parce qu'elles se mélangent avec diverses particules ou gaz, produits par la fermentation ou la putréfaction de matières animales ou végétales ; elles débilitent l'estomac et augmentent les causes déjà trop nombreuses de maladies. Quelques exemples du contraire, dus à une longue habitude contractée dès le bas âge, n'infirment en rien la vérité de cette assertion.

Plusieurs moyens se présentent de rendre potables les eaux qui n'auraient pas toutes les qualités requises à cet effet.

Celles dont la fraîcheur est le défaut, doivent être exposées pendant quelques heures à l'action de l'air et du soleil ; on peut encore, pour les réchauffer, y jeter un morceau de fer rougi au feu, ou un tison allumé ; y délayer du son ou de la farine est aussi un très-bon expédient. On y laisse encore tremper du foin ou de la paille, après les y avoir premièrement agités avec la main, dont la chaleur, si la quantité d'eau n'est pas très-considérable, suffit seule pour la dégourdir.

Relativement au degré de température, il faut savoir que l'eau des puits doit être donnée, en hiver, immédiatement après avoir été tirée, et que c'est le contraire en été, à cause de l'influence différente, dans ces deux saisons, des milieux d'où on la tire et où on l'amène.

Les eaux troubles, bourbeuses et de mauvais goût, doivent être filtrées à travers le sable et le charbon pilé; précaution qui, bien entendue, n'est pas aussi minutieuse, ni aussi difficile qu'on pourrait le supposer d'abord, appliquée même à un régiment, et dont les avantages, dans beaucoup de cas, l'emportent sur les inconvéniens.

C'est dans ces circonstances surtout que l'emploi de quelques acides, tels que le muriatique ou l'acétique, est recommandé, et même habituellement consacré.

Ces moyens, au reste, n'agissent pas sur les eaux les plus dangereuses, qui tiennent en dissolution des oxides métalliques vénéneux; mais elles sont rares heureusement, et tellement connues dans les pays qui les produisent, qu'on peut les éviter moyennant des informations locales.

Quant à l'habitude qu'ont beaucoup de chevaux de battre l'eau avec leurs pieds, lorsqu'on les abreuve dans les rivières, dans les mares, abreuvoirs, etc., et à la conclusion que certains auteurs en tirent, que c'est pour la rendre trouble exprès qu'ils en agissent ainsi, d'où s'en est suivi l'usage, dans les campagnes, de la leur donner généralement gâtée et puante souvent, il est préférable de penser avec Bourgelat, contre le sentiment d'Aristote, que c'est bien plutôt pour se mouiller qu'ils en agissent ainsi, que par dégoût de l'eau claire. Si on voit, en effet, dans quelques endroits, les chevaux boire journellement de l'eau sale et même infecte, on ne doit en rien conclure, si ce n'est que le besoin les a forcés d'abord à s'en désaltérer (car la soif produit des douleurs très-vives), et que l'habitude a fait le reste. Mais pour n'être pas dangereuses immédiatement, ces eaux n'en prédisposent pas moins les animaux, soumis à leur influence, à ces épizooties dévastatrices que le concours de plusieurs autres causes fâcheuses détermine ordinairement.

ARTICLE II.

DE L'INFLUENCE DE L'AIR, DES SAISONS ET DE LA TEMPÉRATURE.

PREMIÈRE SECTION.

De l'air.

L'*air* est, sans contredit, de tous les corps de la nature celui dont l'action est la plus directe et la plus habituelle sur les êtres vivans ; il les presse de toutes parts, est sans cesse en contact avec eux, et agit autant sur les parties extérieures des corps qu'à l'intérieur, où il porte les principes de la vie. Mais ces heureux effets sont la suite de sa composition la plus pure ; car autrement il est la source de nombreux accidens, et même de la mort la plus prompte.

L'*air* a été représenté comme un fluide élastique, invisible, pesant, indispensable à la vie des animaux, couvrant la terre jusqu'à une certaine élévation, et susceptible de varier dans ses qualités par son mélange avec d'autres corps.

A l'état de sa plus grande pureté, il paraît composé de vingt-une parties d'oxigène, soixante-dix-huit d'azote, et une de gaz acide carbonique, sauf de légères différences.

Quand on sépare ces trois gaz, ou qu'ils ne se trouvent plus dans les mêmes proportions, leurs effets changent d'une manière sensible.

L'*oxigène*, par exemple, trop abondant, détruit les principes de la vie par l'excès d'action qu'il fait naître.

Si on le considère dans la combustion, dont il est la condition première, indispensable, on sait que sa quantité produit un dégagement plus ou moins marqué de calorique et de lumière. Ce gaz précieux est renouvelé sans cesse par la végétation des plantes, soumises surtout à l'influence du soleil.

L'*azote*, dont l'étymologie signifie *qui prive de la vie*, contrebalance l'activité de l'oxigène quand ils sont unis; mais seul il est mortel, et s'oppose à la combustion: du reste, inodore et très-léger, il se porte constamment dans les endroits élevés.

Le *gaz acide carbonique* importe à connaître; car il est plus lourd que les autres; et, occupant les régions basses, il se trouve plus rapproché des animaux, qu'il tue par asphyxie. Produit par la respiration et par la transpiration cutanée, il est fourni encore par la combustion à laquelle il est tout-à-fait contraire; et cet effet même sert à indiquer sa présence, puisqu'il éteint les lumières que l'on soumet à son action. Il trouble aussi l'eau de chaux, en formant avec elle un nouveau composé.

Ce gaz se dégage dans certains souterrains et dans les celliers où le raisin est en fermentation: on le trouve presque pur dans la *Grotte du Chien*, à Naples; et l'accumulation d'une grande quantité d'êtres vivans dans un local peu étendu pour leur nombre, et privé de courans d'air vers le sol, en développe assez pour causer la mort, quand les secours ne sont pas prodigués à temps.

L'hydrogène est un autre gaz fort inflammable, et treize fois plus léger que l'air. Uni à l'oxigène, il forme l'eau, et entre comme principe constitutif dans l'organisation animale et végétale. Il est non respirable, et a une odeur d'autant plus infecte, qu'il est mélangé au soufre, à l'ammoniac, etc. A cet état, on sait quelle mort prompte et quels accidens il produit. Les fosses d'aisance, les fouilles marécageuses le dégagent en grande quantité.

De la chaleur et de l'eau réunies dans l'air.

Parmi les corps qui se mêlent à l'air, et qui déterminent ses principaux effets sur l'organisation animale, se remarquent le *calorique* et l'*eau*, non l'eau à l'état de liquide apparent, ainsi qu'il en a été parlé à l'article des boissons, mais réduite par le calorique en vapeurs plus ou moins déliées et invisibles ordinairement.

On appelle *calorique*, selon Hallé, un principe généralement répandu, dont la présence est manifestée par la sensation de chaleur qu'il fait éprouver aux organes. A cet état, il est dit libre, se trouve errant en molécules plus ou moins fines, constitue la température des corps, et est dû surtout aux émanations solaires, à la combustion, aux frottemens, à la fermentation, à la respiration et à la digestion.

Le calorique a une action si pénétrante, qu'il traverse tous les corps, et qu'aucun ne le garde en réserve ; aussi ne peut-on mesurer son poids absolu : mais on connaît ses degrés et sa qualité par plusieurs instrumens, dont le plus connu est le thermomètre.

C'est l'abondance ou la rareté du calorique libre qui fait éprouver aux organes la sensation du chaud ou du froid.

En suivant les effets du calorique dans ses relations avec les êtres vivans, nous voyons que la température ordinaire des animaux à sang chaud est de 29 à 32 degrés du thermomètre de Réaumur ; mais qu'il s'en faut beaucoup que, pour se trouver en rapport avec elle, celle de l'atmosphère ait besoin d'être aussi élevée, puisque ce rapport existe quand la chaleur extérieure est à 14 degrés ; d'où il suit que c'est de ce point qu'on doit partir pour examiner quelle influence elle a sur les animaux, lorsqu'elle est supérieure ou inférieure à cette quantité.

Lorsque la liqueur du thermomètre marque plus de 14 degrés, la chaleur est sensible pour les corps ; elle pénètre les organes, les stimule, les excite, et attire à l'extérieur la majeure partie des forces ; à mesure qu'elle augmente, ses effets croissent ; à 30 ou 32 degrés, ils sont excessifs, et les plus forts même que l'on ressente sur la terre par l'influence du soleil et des astres. Alors les déperditions sont plus grandes, l'action intérieure se ralentit et quitte le centre pour la circonférence, la digestion est moins prompte, les fluides s'évaporent ; d'où résulte un affaiblissement marqué, puisqu'il y a perte plus considérable et réparation moins active. Ce degré de chaleur suffit pour faire périr des animaux, quoique beaucoup d'expériences prouvent qu'ils supportent quelquefois celle des étuves chauffées à 40 ou 45 degrés; cependant ils finissent par y succomber.

Des effets absolument contraires sont la suite du changement de température. Si la chaleur diminue, et que le thermomètre se rapproche de zéro, terme de la glace, ou descende au-dessous, le froid se fait sentir, la peau, qui en est affectée, se resserre, et ce mouvement, qui se communique à tous les tissus, leur donne plus de ton et de vigueur; la vie se porte à l'intérieur, et la sensibilité extérieure est moins vive; les pertes sont aussi moins considérables, et l'existence se soutient plus long-temps.

Ces changemens heureux, résultats du froid, ne s'entendent pas cependant de ses degrés les plus forts; car il arrête alors l'exercice des fonctions dans les animaux, et s'oppose également à la végétation.

Une chose digne de remarque, c'est que la température intérieure des corps vivans change à peine pendant l'action des chaleurs les plus actives, ou pendant celle des froids les plus intenses, jusqu'aux degrés, bien entendu, indiqués ci-dessus.

L'air est dit *humide* toutes les fois qu'il contient de l'eau vaporisée en certaine quantité.

L'humidité agit puissamment sur les êtres vivans; elle pénètre les tissus des corps par le moyen des vaisseaux absorbans qui la pompent; elle se mêle alors aux solides, augmente leur laxité, diminue leur ressort, et porte dans toute l'économie la faiblesse et le relâchement.

Si la quantité d'eau contenue dans l'atmosphère diminue, les influences de la sécheresse se font ressentir; l'air alors agit par suite de l'avidité qu'il a pour elle; il la soutire aux corps qui en ont plus que lui, et les êtres vivans, dans ce cas, lui en fournissent beaucoup par l'évaporation cutanée. Les fibres se resserrent, les sécrétions augmentent, l'appétit est excité, et la santé jouit de tout son développement.

Quand cette sécheresse est accompagnée d'un degré modéré de chaleur, l'air devient sec et chaud, et continue à être fort salutaire tant qu'il n'atteint pas une température trop élevée.

L'humidité se joint-elle à la chaleur, l'air alors est très-malsain, car le calorique perd sa propriété excitante, et l'eau pénètre plus facilement dans les corps; elle augmente même leur poids, et y est d'autant plus nuisible, qu'elle sert habituellement de véhicule à des émanations insalubres.

Mais ces effets de l'air chaud et humide, tout funestes qu'ils sont, ne causent pas cependant des dérangemens aussi notables que ceux du froid humide; car, à cet état, il s'oppose le plus à l'évaporation cutanée, et quoiqu'il ne soit jamais très-bas au thermomètre, les tissus en ressentent des impressions fort vives. Contraire à l'entretien de la vie dans presque tous les êtres auxquels il soustrait la chaleur, partout il porte le trouble et la souffrance; alors, aucune énergie dans les fonctions; la respiration est troublée par la difficulté qu'éprouve le sang à échanger ses principes; la digestion languit; les êtres jeunes, les vieux, les faibles, succombent à son action, et les plus forts même ne lui opposeraient pas une longue résistance sans le secours d'alimens toniques et nourrissans; heureux alors quand le froid prenant le dessus détruit cette humidité, et rend le ton et la force aux animaux affaiblis!

Ce changement produit un air sec et froid; la gaieté et le besoin de mouvement reparaissent. Les animaux témoignent, par leurs sauts et leurs bonds, quel bien ils en ressentent; l'air plus dense fournit plus d'oxigène, et la chaleur du corps monte de plusieurs degrés.

Quels que soient les effets des diverses températures que nous venons d'examiner, et si l'on retranche de chacune les extrêmes, dont l'action est toujours très-sensible, la cause qui les rend plus actives est essentiellement due aux vicissitudes ou changemens brusques de l'une à l'autre de ces températures : c'est ainsi qu'un froid très-modéré et regardé comme salutaire, occasione les plus grands désordres quand il succède sans gradation à une température plus élevée; la circulation alors est ralentie, l'humeur de la transpiration est répercutée, et elle se fixe sur des viscères ou des organes dont elle entrave les fonctions et où elle engendre nombre d'accidens.

Le passage prompt du froid au chaud, pour être moins dangereux, n'est pas cependant tout-à-fait sans inconvéniens; car, attirant tout à coup le sang à la circonférence, il peut troubler la digestion et produire un changement de situation trop rapide, et fâcheux en toute circonstance.

Après l'examen des effets du calorique et de l'eau, on pourrait placer ceux de la lumière, dont l'action bienfaisante ajoute à la vie de tous les êtres, soit qu'on la considère comme un corps particulier, ou simplement comme une émanation de la chaleur; mais l'équitation militaire a des objets plus importans pour elle à traiter.

Il ne lui appartient pas non plus de s'occuper des divers fluides, électrique, galvanique, magnétique, qui, invisibles et répandus dans l'air, opèrent des effets si surprenans.

Parmi les phénomènes nommés *météores*, qui se passent dans l'air et qui ont été divisés en météores aériens, aqueux, et ignés ou enflammés, on distingue les vents; ils ne renferment aucun principe étranger à l'air, mais ils servent à en faire mouvoir les molécules et à en rendre l'action sur les corps plus active, en ce qu'elle est plus souvent renouvelée.

Leur température dépend des milieux dans lesquels ils ont passé; ainsi le vent d'est est sec, celui du nord est froid, celui du sud est chaud, et celui d'ouest humide, etc.

Les vents ont l'avantage de purifier l'atmosphère, en établissant des courans d'air qui divisent les exhalaisons insalubres; mais quand ces exhalaisons sont dues à de vastes marais, ils servent au contraire à propager au loin leurs sinistres effets.

DEUXIÈME SECTION.

Des Saisons.

L'influence des saisons, due au mouvement de la terre et à l'action directe ou oblique des rayons du soleil, se compose essentiellement des effets de la lumière, de la chaleur et de l'humidité. En France, cette influence des saisons est forte; elle est très-active dans le Nord, et beaucoup moins développée dans le Midi. En effet, dans le Midi, il y a peu de différence de l'hiver à l'automne, et de l'été au printemps; au lieu que dans la plupart des pays septentrionaux, la transition est si rapide et si marquée, qu'à un été très-court et extrêmement chaud succèdent promptement les froids les plus intenses. Les climats tempérés tiennent le milieu entre ces successions différentes des saisons.

Considéré dans ces climats, le printemps revivifie tout dans la nature; la végétation reprend son cours, les animaux cherchent à se reproduire; ils se dépouillent de leur fourrure d'hiver, et éprouvent un travail intérieur qui donne de nouvelles forces à ceux qui peuvent le supporter, mais qui fait succomber les vieux et les faibles.

L'été vient ensuite; il agit d'après la constitution atmosphérique, chaude, froide ou humide, qui l'accompagne. Si elle est humide, elle est d'autant plus fâcheuse qu'elle débilite les animaux à l'approche de l'automne, au moment où, au contraire, ils auraient besoin de forces pour combattre les impressions de cette saison, très-souvent malsaine par les intempéries qui sont habituelles pendant sa durée.

Les changemens que l'automne détermine sont opposés à ceux du printemps; car la nature alors se dispose à recevoir l'hiver et les froids qui l'accompagnent; les chevaux se recouvrent de poils, et pendant cette période ils sont mous et faibles, suent facilement, et exigent des ménagemens pour les travaux trop actifs. Les gens de la campagne, dont l'expérience est le seul savoir, disent tous qu'on doit tirer moins de services des animaux quand la feuille tombe. Si l'hiver qui succède à cet état est sec et froid, il corrige en partie l'insalubrité automnale; mais il lui prête de fâcheux auxiliaires, et augmente les maux qui en sont la suite, quand sa constitution est analogue à celle de l'automne.

TROISIÈME SECTION.

Des Climats.

Les influences atmosphériques trouvent encore dans les climats et dans les localités, des causes d'actions diversement modifiées, et d'autant plus fortes qu'elles agissent continuellement.

Les *climats* (en consacrant ce nom à une étendue de terrain dans lequel se rencontrent une température et des effets physiques à peu près les mêmes) ont sur tous les êtres une action dont ceux-ci portent l'empreinte toute leur vie, quand surtout cette action a précédé leur naissance et accompagné leur premier développement.

C'est dans la nature du sol, dans ses produits, dans son exposition et dans la constitution de l'air, que les climats trouvent les causes qui rendent leurs impressions si durables; aussi verra-t-on, en parlant des races, quoique cette raison soit controversée, que les formes du corps varient comme eux; il y a plus, c'est que chaque être a son existence tellement dépendante de leur puissance, que tous paient le tribut de leur transplantation, et qu'il y en a même qui ne s'acclimatent jamais bien, restant constamment inférieurs en santé et en vigueur à ce qu'ils étaient dans les pays qui les ont vus naître.

Les climats sont divisés en *méridionaux, septentrionaux* et *tempérés,* susceptibles de présenter une multitude de nuances, que varient à l'infini l'élévation ou l'abaissement du terrain, la proximité de la mer, des rivières ou des marais, le voisinage des montagnes, des forêts ou des plaines.

Dans les régions du Midi, nous voyons reparaître l'action de la chaleur, et avec elle toute l'activité de la nature : la vivacité est le partage des animaux, ainsi que la finesse de la peau et la sécheresse des formes; l'appétit est modéré, les pertes considérables et le besoin de repos impérieux. Dans l'Orient, les chaleurs sont moins fortes, et dans ces climats naissent les chevaux les plus renommés et du meilleur tempérament.

En approchant du Nord, tout est différent: les animaux sont plus robustes et plus forts, mais ont une lenteur remarquable; ils sont aussi plus gros mangeurs. Dans les pays où le froid est très-intense et habituel, le cheval est au contraire petit, et d'un aussi chétif développement que celui des hommes et des plantes. La race disparaît même sous les latitudes très-septentrionales.

Les climats tempérés ont presque tous les avantages de ceux du Midi et du Nord, sans en avoir les inconvéniens, et c'est à cet heureux partage que la France doit l'avantage de voir ses richesses naturelles augmentées par tant de productions exotiques, qui s'y acclimatent journellement.

QUATRIÈME SECTION.

Des Localités.

Après avoir parlé des climats, il reste peu de chose à dire sur les localités, qui peuvent en être regardées comme les diminutifs.

Elles sont infiniment variées, parce que le globe offre une multitude d'irrégularités qui, à de très-petites distances, forment des bas-fonds, des hauteurs, des lieux humides, d'autres secs, etc. Elles sont susceptibles d'être réduites cependant à trois situations principales, qui sont: 1° *les pays élevés;* 2° *les pays bas;* et 3° *les plaines,* sauf toutefois la différence de leur orientation.

Les localités *hautes* sont le plus heureusement placées; car l'air y est ordinairement pur et très-vif, le sol privé d'humidité et les principes de la vie très-développés; mais elles ont l'inconvénient d'être exposées à toute l'action de la chaleur, des vents et du froid. Les animaux faibles de la poitrine surtout ne peuvent y séjourner long-temps, l'air paraissant y avoir trop d'activité; de plus les accidens, suites des refroidissemens subits, y sont très-fréquens et très-fâcheux pour la santé des chevaux qu'on expose à leur action.

Si nous considérons ensuite les effets produits par les pays situés sur le penchant des montagnes ou des coteaux, nous voyons qu'ils prennent particulièrement leur constitution de leur exposition au midi, au nord, au levant ou au couchant.

Tous les terrains qui ont une forme concave, par

rapport aux surfaces qui les entourent, constituent les localités *basses*, susceptibles d'être humides ou sèches, selon leur enfoncement, la nature des terres qui les forment, ou les moyens d'écoulement qui peuvent y exister; dans ce dernier cas, il en résulte des plaines ou des vallées, dites basses, mais non d'une humidité malsaine.

C'est la présence de l'eau qui dénote en général les lieux bas, parce qu'elle cherche partout à prendre son niveau; mais on la voit cependant séjourner sur des terrains assez hauts, toutes les fois que des bancs de pierres ou des couches d'argile, existans à quelques pieds de profondeur, s'opposent à son infiltration. Nous savons que le moyen le plus sûr de l'empêcher de nuire, c'est de la rassembler en masse courante, autant que possible, afin de diminuer son évaporation et sa stagnation.

Les *plaines* occupent la plus grande partie de la terre, et leur hauteur s'apprécie d'après leur élévation au-dessus du niveau de la mer.

C'est dans leur milieu que l'action des saisons et des climats a une influence plus constante; car les plaines n'ont aucune action par elles-mêmes qui soit opposée à cette influence. Les animaux n'y présentent plus ces caractères de ressemblance que les montagnes et les endroits bas développent chez eux, dans les pays même les plus distincts les uns des autres.

ARTICLE III.

DES HABITATIONS.

Elles sont destinées à mettre les animaux à l'abri

de l'action et des intempéries de l'air, presque nulles quand ils y sont exposés habituellement, mais des plus funestes pour ceux qui ont goûté les douceurs de la vie privée. Car, en fait d'habitude, n'oublions pas que ce qui est d'abord agréable, devient bientôt nécessaire et finit par être indispensable.

Les habitations doivent recevoir continuellement un air pur, n'attirer ni ne garder l'humidité, et avoir une température qui ne soit pas trop différente de celle du dehors.

Pour qu'elles jouissent de ces avantages, il est indispensable qu'elles soient toujours un peu élevées au-dessus du sol qui les environne, ou tout au moins à son niveau ; il faut encore que les matériaux employés à leur construction n'absorbent pas l'humidité, ainsi qu'on l'observe surtout quand il s'y forme du salpêtre, sel dont l'affinité pour l'eau est extrême, en sorte qu'il la rend permanente partout où il existe.

La grandeur des habitations, leur distribution intérieure, le nombre des ouvertures, le rapport entre les portes et les fenêtres, afin d'y faire naître des courans d'air à volonté, aussi bien près du sol que dans les parties plus élevées, sont autant de points qu'on doit examiner pour juger de leur salubrité.

Dans les villes, les habitations ont une température plus régulière, mais un air moins pur ; quand elles sont isolées, le contraire arrive, et, dans ce cas, des plantations d'arbres y sont utiles pour modérer l'ardeur du soleil et des vents, leur laissant cependant assez d'action pour combattre l'humidité.

Pour qu'une habitation possède toutes les conditions utiles au bien-être des animaux qu'elle doit contenir, il faut que son étendue intérieure, la distribution de son sol et son mobilier soient calculés d'après les principes de l'ordre, de l'économie et de la salubrité.

Les écuries sont simples ou doubles; dans les premières les chevaux sont placés sur un rang; ils en occupent deux dans les secondes, soit qu'ils s'y trouvent fixés au milieu, mangeant à un râtelier commun, soit qu'attachés aux murs latéraux, l'espace libre pour le service existe entre les deux rangs; cette dernière manière est la plus commune.

Bourgelat, notre guide dans ces détails de constructions, reconnaît qu'il faut laisser 4 mètres (12 pieds) pour chaque cheval, à partir du mur où l'auge et le râtelier sont fixés, jusqu'à l'endroit où viennent poser les extrémités postérieures, et 2 mètres 60 centimètres (8 pieds) de terrain libre, afin de passer en sûreté derrière les chevaux; la prudence exigerait au moins 4 mètres pour les écuries doubles.

La place occupée en largeur par chaque cheval doit varier selon qu'ils sont séparés par des barres ou par des stalles; mais cette dernière manière, trop dispendieuse, n'est jamais employée pour la troupe; elle exige beaucoup de terrain, et d'ailleurs n'est pas sans inconvénient.

Quand on se sert de barres ou de planches, on les attache d'abord par un bout à l'auge, et on soutient l'autre extrémité à peu près à 83 centimètres (2 pieds 1/2) du sol, par des poteaux ou par des longes, avec l'attention toutefois de les rendre faciles à détacher dans le cas où les chevaux, en passant les jambes par-dessus, courraient risque de se blesser. Au reste,

1 mètre 136 millimètres et 1 mètre 462 ou 1 mètre 624 millimètres au plus (3 pieds 1/2 et 4 pieds 1/2 ou 5 pieds) sont suffisans pour un cheval de toute arme, quand surtout la hauteur du plafond et la grandeur des ouvertures assurent de libres courans d'air.

Les portes et les fenêtres ont pour but de favoriser le renouvellement de l'air; mais observons combien elles sont généralement insuffisantes à produire cet effet, puisque les premières sont peu nombreuses et que les secondes, presque toujours situées à 8 ou 10 pieds du sol, ne font jamais circuler au niveau de ce dernier un air dessiccatif, qui y serait à coup sûr plus indispensable que partout ailleurs.

Il suffirait, pour corriger un pareil inconvénient, de pratiquer, sous les mangeoires, des ouvertures que des trappes fermeraient à volonté, pour éviter l'action du froid quand les animaux ont chaud, et par lesquelles on enlèverait la litière, que l'on ferait sécher ainsi que la place qu'elle occupe, au lieu de la laisser, humide et puante, séjourner sous le nez des chevaux.

La manière dont on doit disposer le sol des écuries commande aussi l'attention, tant sous le rapport de la salubrité que pour la conservation des aplombs et des pieds.

On se sert de bois, de pierres, de briques ou de terre, pour établir ce sol.

Dans le premier cas, de larges madriers présentent une surface facile à nettoyer, mais susceptible d'être rendue très-glissante et dangereuse par les chutes, les écarts et mille autres accidens dont on n'empêche pas toujours la cause par des rainures ou des crans pratiqués dans les planches, lesquels se détruisent facilement.

Le sol en pierres est fait avec du pavé ou du cailloutage, les dalles devant être rejetées.

Le pavé est très-employé; mais quand il se dégrade et qu'on ne le répare pas, l'urine y séjourne et s'y infiltre; les chevaux y font bientôt des trous où ils mettent la pince de leurs pieds postérieurs, afin de soulager l'appui sur le talon, parce qu'il est pénible pour ceux qui sont long-jointés ou qui ont les boulets fatigués; cette habitude, qui leur plaît généralement, les rend facilement pinçards.

Le cailloutage ressemble aux chemins ferrés; il dure peu de temps et prête alors à tous les inconvéniens dont il vient d'être question; si c'est du silex, la filtration des urines est d'autant plus facile. Dans les écuries de luxe, on fait souvent usage de briques placées de champ.

L'emploi du blanc de salpêtre est plus économique ; il faut qu'il ait pour base une terre susceptible de se tasser à la batte et de faire mastic, comme, par exemple, dans les constructions où le plâtre est employé. Un sol fait ainsi est impénétrable à l'eau, et se répare sans dépenses et presque sans peines.

Reste à parler des auges ou mangeoires et des râteliers; les premières servent à attacher les chevaux, à leur donner une partie de leur nourriture et quelquefois leur boisson: on les fait en bois ou en pierre. Celles-ci sont moins connues et peut-être moins bonnes : il est prudent d'en faire équarrir les angles, pour éviter des coups dangereux que les chevaux vifs s'y donnent souvent. Élevées à 974 millimètres (3 pieds) de terre, leur

longueur ordinaire est de 324 millimètres (1 pied) sur
406 millimètres (15 pouces) de profondeur.

Le râtelier, situé au-dessus, reçoit le foin, la
paille, etc.; les fuseaux les mieux confectionnés sont
ronds et mobiles, espacés de 8 centimètres (3 pouces)
à peu près.

On place les râteliers obliquement ou verticalement;
dans ce dernier cas, les ordures et le fourrage tombent
moins facilement sur les chevaux, et ils se perdent sur
le sol moyennant un vide pratiqué exprès le long du
mur; mais cette méthode emploie plus d'espace que
l'autre.

Propreté, assainissement et désinfection des habitations.

Les préceptes donnés jusqu'à présent pour entretenir saines les habitations seraient inutilement mis
en pratique sans les soins continuels qui doivent y
conserver la plus grande propreté; mais les habitudes
militaires, relativement à tout ce qui a rapport à cette
partie de l'hygiène, rendent inutile d'y rien ajouter, si
ce n'est l'instante recommandation de n'en éluder aucun
détail.

Nous ne passerons pas également sous silence ce qui
appartient à l'assainissement et à la désinfection des
lieux habités, dont les moyens moins connus n'en sont
pas moins souvent nécessaires. Dans ce cas se trouvent
les habitations humides et mal aérées; celles dont le sol
et les murs sont imprégnés de matières animales ou végétales en putréfaction et de miasmes contagieux,
comme il arrive à la suite de la morve, du farcin, etc.

Les premiers moyens qui se présentent sont, pour

l'humidité d'abord, l'exhaussement du terrain, l'établissement de courans d'air et l'enlèvement des matières salpêtrées ; à l'exemple de la Hollande, on pourrait ajouter, pour certaines localités, les lavages fréquens qui empêchent la vaporisation de l'humidité, et qui favorisent la destruction de ses plus fâcheux effets.

C'est à peu près de la même manière que l'on obtient la disparition des gaz qui altèrent la respirabilité de l'air ; et quand on ne peut établir des courans suffisans par les portes et les fenêtres, on conseille avec beaucoup de succès les feux avec flammes allumés dans l'intérieur des habitations, ou la combustion de la poudre à canon.

Mais on n'arrive pas ainsi au plus essentiel encore, à la destruction des miasmes putrides et contagieux, qui perpétuent, pour ainsi dire, dans certaines écuries la mortalité ; il faut pour cela avoir recours aux fumigations des acides minéraux, au dégagement du chlore.

A cet effet, on mélange dans un vase de terre cuite du nitre et de l'acide sulfurique : pour un local supposé de 10 pieds en tous sens, les doses proportionnelles sont de quatre gros de chaque. Les vapeurs qui s'échappent de ce mélange, toutes les ouvertures étant bouchées, et aucun animal n'étant renfermé dans l'habitation, détruisent, partout où elles ont accès, les principes délétères.

Les fumigations dites de Guyton-Morveau paraissent préférables et se pratiquent avec les mêmes précautions, mais non avec les mêmes ingrédiens.

Pour une habitation présumée avoir 40 pieds sur 20,

on mélange dix onces de sel commun, deux onces d'oxide de manganèse, six onces d'acide sulfurique, mêlés à quatre onces d'eau : quand les vapeurs ont agi pendant dix à douze heures, on les chasse en ouvrant les portes et les fenêtres. Si l'habitation est grande, on multiplie les vases qui contiennent les substances fumigatoires.

On ajoute à ces soins le grattage des murs et du mobilier, que l'on fait de plus blanchir à l'eau de chaux, afin de détruire plus complètement les débris qui n'auraient pas été attaqués ; enfin, on agit avec prudence en faisant laver ensuite, avec une lessive alcaline ou avec de l'eau pure, les auges et les râteliers.

A défaut des substances indiquées, on se sert du soufre, seul ou mélangé au nitre, que l'on brûle avec les précautions prescrites, mais sans qu'on doive en attendre des effets aussi actifs.

Quant à l'action que l'on accordait autrefois aux vapeurs du vinaigre, des baies de genièvre, et autres aromates exposés au feu, on a reconnu qu'elles ne servaient qu'à masquer une odeur par une autre, n'ayant sur les animaux qu'une propriété un peu tonique.

Le Ministre de la Guerre a décidé, le 28 février 1829, après avoir fait faire de nombreuses expériences, que les corps de cavalerie devront faire exclusivement usage, pour l'assainissement des effets et des écuries qui auront servi à des chevaux affectés ou suspectés de morve, du *chlorure d'oxide* de sodium, employé dans les proportions et de la manière indiquées dans l'instruction ci-après.

Effets de harnachement. Leur désinfection s'opère

au moyen d'un lessivage fait avec une solution de chlorure d'oxide de sodium du sieur Labarraque, pharmacien à Paris. Cette solution est étendue de douze parties d'eau de rivière.

Préalablement, la peau de mouton, qui forme le siège de la schabraque, est décousue; la selle est démontée; on enlève les panneaux, coussinets, et tous les accessoires; les mors de bride, de filet, de bridon d'abreuvoir, et les étriers, sont détachés des cuirs.

Toutes ces parties, ainsi isolées, sont lavées une à une et à plusieurs reprises avec une brosse en racine, fréquemment trempée dans la préparation. On brosse surtout avec un soin particulier les parties qui d'ordinaire se trouvent plus spécialement en contact avec le cheval. Quant à la couverture, à la bourre et au crin, on se borne à les laisser tremper cinq minutes dans l'eau chlorurée.

A mesure que chaque objet est lessivé, on le jette dans un baquet d'eau naturelle; on l'en retire immédiatement pour l'étendre et le faire sécher.

Une bouteille de chlorure suffit pour la purification d'un harnachement complet.

Aussitôt que les effets sont secs, on passe les cuirs à l'huile de pied de bœuf pour leur rendre leur élasticité.

Les effets de coiffure et d'habillement que portaient les hommes chargés de soigner les chevaux malades, doivent aussi être lessivés à l'eau chlorurée, et ensuite passés à l'eau ordinaire. Les effets de pansage sont détruits.

Écuries et objets qu'elles renferment. On commence par faire enlever les fumiers, nettoyer et balayer l'écurie ; puis, avec un mélange composé d'une bouteille de chlorure d'oxide de sodium, et de douze bouteilles d'eau de rivière, on lave fortement, au moyen de brosses en racine, les murs, mangeoires, râteliers, et toutes les parties de l'écurie. Pour les parties élevées et le sol, on emploie des balais trempés dans la solution.

Ce lessivage est suivi d'un lavage fait à grande eau ordinaire, pour entraîner toutes les sécrétions détachées et dissoutes par l'action du chlorure.

On procède de même pour les effets mobiliers, tels que barres, cordes, coffres à avoine, fourches, pelles, seaux, baquets, auges, tinettes, et généralement pour tous les autres effets et ustensiles placés dans l'écurie.

Si le sol de l'écurie est pavé, ou formé d'un terrain dur et uni, le lavage suffit pour la purification ; mais s'il est raboteux, ou présente des cavités, il convient de le repiquer et de le battre.

La désinfection opérée, on ouvre les portes et fenêtres des écuries pour détruire l'humidité, et, dès qu'elle ne se fait plus sentir, on peut sans crainte faire habiter l'écurie par des chevaux sains.

Quatre bouteilles de chlorure, versées dans quatre seaux d'eau, ont suffi pour l'assainissement d'une écurie ayant les dimensions suivantes :

9 mèt. 20 millim. de longueur.

4 mèt. 45 millim. de largeur.

3 mèt. 75 millim. de hauteur.

Il faut environ une bouteille pour la place de deux chevaux.

CHAPITRE II. — *Soins du cheval en santé.*

ARTICLE PREMIER.

DE LA RATION DES CHEVAUX ET DE LA MANIÈRE DE LES NOURRIR.

PREMIÈRE SECTION.

De la nourriture au sec.

La nourriture au sec comprend l'emploi des substances alimentaires précédemment décrites, après qu'elles ont perdu leur eau de végétation ; ce qui ne regarde que leurs tiges, leurs feuilles et leurs graines, les racines n'étant pas propres à être utilisées en cet état.

On nomme *ration* la quantité de ces substances assignée à un cheval pour sa consommation pendant vingt-quatre heures, soit que la ration se compose d'une seule sorte d'alimens, soit de plusieurs, comme c'est l'usage généralement. L'attention dont les rations doivent être l'objet, comprend leur composition, leur distribution et leur consommation.

Composition des rations.

Cette composition varie par la nature des substances, leur quantité, leurs qualités et leurs applications diverses.

Sous le premier rapport, le foin, la paille de froment et l'avoine (sans compter l'eau dans tous les cas), constituent la nourriture des chevaux de la cavalerie. On ne substitue ou on n'ajoute d'autres substances, telles que le son, l'orge, l'épeautre et le maïs, etc., que par nécessité ou par intentions particulières.

Sous le point de vue de leur quantité, les réglemens militaires ont de tout temps varié dans cette évaluation, d'après les diverses bases qui ont tour à tour été prises pour la fixer; telles sont les différences des armes, l'état de paix ou de guerre, les saisons, comme aussi les besoins momentanés des chevaux de remonte, ou de ceux épuisés par des fatigues ou des privations plus ou moins fortes.

Appliquée à la différence des armes, la composition des rations a suivi les bases qui ont déterminé le choix des chevaux de chacune, que l'on sait être fixé par la taille surtout; de là quatre classes de rations, celle de la grosse cavalerie, celle de l'artillerie et des dragons, celle de la cavalerie légère, et celle des chevaux destinés au service du tirage pour le matériel des armées.

Quant à l'état de paix, il a offert deux variantes principales, tantôt à cause des saisons d'été ou d'hiver, tantôt par rapport à l'état de station ou de route.

Pour l'état de guerre, les réglemens se bornent à une seule désignation, par suite des variations qu'une infinité de causes impératives produisent si souvent.

Il en est de même pour les localités en état de siège, où tout doit être subordonné au devoir d'assurer la prolongation de la défense. On n'a que des recommandations générales à donner pour des circonstances telles, que les lois de la nécessité y sont ordinairement les seules règles qu'on puisse suivre.

Dans les principales compositions des rations antérieures à celles actuellement fixées, on remarque des variations très-nombreuses, résultat évident d'un défaut ou de principes ou d'expérience.

C'est ainsi qu'une même sorte de ration, commune à tous les chevaux, s'est composée tantôt de 10 livres de foin, tantôt de 13 et même de 18.

La ration d'avoine a varié depuis un demi-boisseau jusqu'aux deux tiers et aux trois quarts.

Celle de paille de 4 à 10 et 15 livres.

On a donné pendant un temps, à la grosse cavalerie, 18 livres de foin, puis 13, puis 10.

La cavalerie légère a subi des variations relatives.

Les chevaux des équipages ont vécu aux rations de 18, 13 et 10 livres de foin.

On a même essayé de supprimer le foin, la paille et l'avoine, pour alimenter les chevaux avec un amalgame composé de luzerne, de trèfle et de paille, hachés et mêlés à un huitième de son et à autant d'avoine, le tout à la dose d'un boisseau ; mais la mortalité et le dépérissement des chevaux firent faire promptement justice d'une innovation explicable seulement dans un temps de disette et de pénurie.

Aux tarifs plus régulièrement combinés de l'an x, modifiés en 1807, succéda celui qui est en vigueur depuis le 1er juin 1818, modifié de nouveau par la circulaire ministérielle du 11 août 1826.

DÉSIGNATION des armes.	COMPOSITION DES RATIONS pour toute l'armée. SUR LE PIED			OBSERVATIONS.
	de paix et de rassemblement.	de guerre.	En route.	
CAVALERIE DE LA LIGNE. Carabiniers, Cuirassiers.	Foin, 5 kil. Paille, 5 id. Avoine, 8 lit. 1/2	Foin, 7 kil. Paille, 4 id. Avoine, 9 lit.	Foin, 6 kil. Paille, 3 id. Avoine, 9 lit.	Garde hors Paris: 8 litres 1/2 avoine, pied de paix: dans Paris, de même. *Id.* dans Paris, 8 litres avoine; hors Paris, 7 1/2.
Dragons, Artillerie à cheval.	Foin, 4 kil. Paille, 5 id. Avoine, 8 lit.	Foin, 6 kil. Paille, 4 id. Avoine, 9 lit.	Foin, 5 kil. Paille, 3 id. Avoine, 9 lit.	
Chasseurs, Hussards, chevaux de selle, des trains, etc.	Foin, 4 kil. Paille, 5 id. Avoine, 7 lit.	Foin, 5 kil. Paille, 4 id. Avoine, 9 lit..	Foin, 5 kil. Paille, 3 id. Avoine, 9 lit.	
Trains d'artillerie, équipages militaires, etc.	Foin, 5 kil. Paille, 5 id. Avoine, 9 lit.	Foin, 7 kil. Paille, 4 id. Avoine, 10 lit.	Foin, 5 kil. Paille, 3 kil. Avoine, 10 lit.	
Mulets, quelle que soit l'arme.	Foin, 4 kil. Paille, 5 id. Avoine, 7 lit.	Foin, 5 kil. Paille, 4 id. Avoine, 9 lit.	Foin, 5 kil. Paille, 3 id. Avoine, 9 lit.	

Mais les rations doivent, en outre des doses indiquées, remplir plusieurs autres conditions : celle d'abord que les bottes de foin de 5 ou 6 kilogr. au plus, n'aient que deux liens, et celles au-dessus et jusqu'à 7 kilogr. que trois. Chacun de ces liens ne doit peser que 122 grammes (4 onces), qui entrent dans le poids de la ration, s'ils sont de foin et de même qualité que la botte. Ils ne comptent que pour moitié de leur poids, s'ils sont en paille de froment. Enfin on les défalque, s'ils se trouvent être en paille de seigle ou autre substance quelconque. La paille doit être de froment et avoir les qualités indiquées. L'avoine et le son, destinés aux chevaux de troupe, étant délivrés au poids d'après la circulaire du 11 août 1826, les rations déterminées par le tableau en litres, sont fixées pour le poids ainsi qu'il suit :

7 lit.		d'avoine ou	14 lit.	de son ,	3 kil.	0 hect.
7	1/2	*id.*	15	*id.*	3	2
8		*id.*	16	*id.*	3	4
8	1/2	*id.*	17	*id.*	3	6
9		*id.*	18	*id.*	3	8
10		*id.*	20	*id.*	4	0

Des substitutions.

La *substitution* est la disposition par laquelle on remplace une denrée par une autre dans la composition des rations. Généralement, l'autorité administrative règle d'avance les cas où la substitution peut avoir lieu. Lorsque la force des choses en a imposé la loi, la régularisation doit en être faite dès qu'on le peut.

Ces substitutions sont de deux sortes; ou elles ont lieu de l'une des denrées à l'autre, ou elles s'opèrent avec des substances inusitées. Dans le premier cas, le foin est remplacé par le double de paille, et la paille par moitié de foin ; mais cela varie selon les localités et les conventions particulières. Le foin nouveau ne doit pas être reçu avant le mois d'octobre, et lorsqu'on est obligé, par l'extrême rareté du vieux, d'en nourrir les chevaux, on n'en admet que les cinq sixièmes.

Les substitutions en général ne peuvent jamais être de plus de moitié pour chaque espèce de denrées qui forment la ration, excepté pour le son, lorsqu'il est demandé par les corps.

Quand on substitue le son à l'avoine, c'est dans la proportion du double. Il doit être de froment.

Pour la substitution du vert, le poids équivalant chaque ration est de 40 kil. de vert, de quelque manière qu'il soit donné aux chevaux.

Dans le cas de substitution par des substances alimentaires non accoutumées, telles que le fourrage des prairies artificielles, ou des graines particulières, la législation est peu fixe et presque entièrement exceptionnelle. Par exemple, l'instruction du 2 mars 1811 dit que la luzerne et le sainfoin pourront remplacer le foin. A l'égard du trèfle, dans aucun cas il ne peut être donné seul, mais toujours mélangé à d'autres fourrages dans la proportion d'un tiers au quart au plus. La même instruction admet encore le mélange avec l'avoine, de l'orge, de la vesce, de la gesse, de la bisaille, des féverolles, des fèves, du maïs, de l'épeautre, des pois, du seigle; mais jamais à plus de moitié.

Quant au fenugrec, au sarrasin, au chenevis et au froment, comme ce sont des semences échauffantes, on n'en peut admettre plus d'un sixième de la ration.

Quelquefois des exceptions ont eu lieu par des décisions particulières; telle est celle qui réglait que dans les 10e, 27e, 28e, 29e et 30e divisions militaires, le maïs et l'épeautre pouvaient entrer comme denrée habituelle dans chaque ration de distribution, mais seulement dans la proportion d'un quart du grain qui devait faire partie de la ration. Au reste, en raison des variations auxquelles cette matière est exposée, il est bon de se tenir au courant des conditions particulières que l'administration de la guerre admet.

De la distribution.

C'est l'opération par laquelle les rations allouées par les tarifs sont délivrées aux ayants-droit ; tous les soins préparatoires, tels que les approvisionnemens et les emmagasinemens, sont du ressort de l'autorité administrative militaire, qui a de plus, dans son domaine, la surveillance de tout ce qui a rapport à la conservation des denrées ; ces soins bien entendus assurent les bonnes qualités des objets de consommation, qui, en général, pèchent bien plus par des avaries accidentelles que par la mauvaise qualité première.

Les choses en cet état, l'officier n'a plus qu'à vérifier les quantités et les qualités qui sont dues, afin d'accepter la distribution ou la refuser. Mais quand elle a été acceptée elle ne peut être rendue, à moins de conventions particulières, comme il est impossible qu'il n'y en ait pas de gré à gré en semblable matière. S'il y a difficultés pour l'acceptation, des experts sont nommés, et les faits en contestation vérifiés et décidés ordinairement par les soins de l'intendance militaire, sous la surveillance de laquelle ces détails sont spécialement placés.

De la consommation.

Elle comprend la distribution à chaque animal de la portion d'alimens qui lui revient.

On peut en considérer les soins sous deux points de vue.

Le premier, le moins important, regarde l'ordre dans

lequel doit être donnée au cheval telle ou telle portion de ses alimens.

Le second comprend le rapport à établir entre la nourriture, le travail et le repos, afin d'en faire cadrer la répartition de la manière la plus convenable au bien-être du cheval.

Quant au premier de ces soins, le mieux est de s'en rapporter aux habitudes contractées par les animaux, habitudes qui deviennent une seconde nature. Il importe peu que l'avoine soit donnée avant ou après le boire; que le foin ou la paille se précèdent ou se suivent; si l'animal a été accoutumé à l'une ou à l'autre manière, et dans les mêmes circonstances, c'est la règle qu'il faut observer, jusqu'à ce qu'il se soit fait peu à peu au régime prescrit par les réglemens militaires.

Pour les cas les plus ordinaires, la ration de paille et celle de foin se donnent en trois fois dans les vingt-quatre heures, et l'avoine en deux. Les chevaux boivent deux fois aussi dans le même espace de temps, généralement avant qu'on leur donne l'avoine.

L'habitude qu'ont certains peuples de ne donner que très-peu à boire aux chevaux, comme celle de les faire courir après avoir bu, ne paraît nullement préférable à ce qui vient d'être indiqué; elle est même contraire aux principes. Cette manière convient sans doute aux Arabes, qui doivent accoutumer leurs chevaux à une privation qui est dans la nécessité de leur pays, mais que rien ne peut justifier hors des circonstances qui la font naître; et quant à faire *courir le cheval sur sa boisson*, comme on le dit, il est impossible que ce soit un bien, et il suffit que cela puisse être nuisible en plusieurs circonstances, pour en proscrire l'usage.

Au reste, la cavalerie est exposée à se trouver dans des situations si variées, à recourir parfois à des moyens d'existence si divers et si imprévus, qu'il est impossible, et qu'il serait dangereux de s'astreindre à une même manière de voir pour tous ces détails. La connaissance des lois générales de l'organisation et de la physiologie, l'appréciation de l'influence des corps et des substances qui ont action sur le cheval, la nature des alimens, la diversité des travaux, l'âge, les habitudes, les circonstances locales, les lois impérieuses de la nécessité, telles sont les bases diverses de toute prescription de régime : car ceci n'est pas applicable seulement à la consommation des alimens, bien qu'elle soit une partie importante du régime, mais à l'ensemble des soins de conservation dont le cheval doit être l'objet.

Sans approfondir les nombreuses questions que cette matière fait naître, il reste cependant quelques observations à faire ; mais seulement comme jalons placés sur une route longue et variée. D'abord, pour ce qui regarde la consommation, elle ne devrait jamais être faite immédiatement avant de commencer le travail, quand il doit être très-accéléré surtout ; car l'animal ne vivant pas de ce qu'il mange, mais de ce qu'il digère, et ne digérant bien que ce que son estomac peut élaborer, jamais les forces n'en doivent être distraites, lors de sa première action sur les alimens. Quelques exceptions favorables sont à faire pour des animaux jeunes, ou qui sont doués de facultés digestives très-remarquables ; mais ce sont des exceptions qui cessent d'en être à la première prédisposition maladive.

L'emploi des alimens nouvellement récoltés, dont on est trop souvent forcé de se servir pour la troupe, demande aussi des précautions ; car leur saveur et leur odeur excitent les animaux à s'en rassasier avec une dangereuse voracité.

S'il s'agit du foin, il faut, pour calmer l'appétit, donner la paille avant, et de préférence encore mélanger l'un et l'autre exactement pour qu'ils soient pris et mangés ensemble. Le soin seul que les chevaux se donnent souvent dans ce cas, pour choisir le foin et laisser la paille, est déjà un bien obtenu, puisqu'ils mangent lentement et qu'ils mâchent leur nourriture. On peut encore tenir les fuseaux de râtelier très-rapprochés, ou bien, lorsqu'on est en route, avoir la précaution de serrer les liens des bottes, ou même de les remplacer par des cordes, pour que le fourrage ne soit pas mangé en trop grande quantité à la fois.

Quant à l'avoine nouvelle, on peut en diminuer la ration de moitié et la remplacer par de l'orge ou du seigle (qu'on donne à manger séparément), avec l'attention, dans tous les cas, de bien faire étendre le grain dans la mangeoire pour qu'il ne soit pas avalé trop précipitamment. On peut encore en offrir la ration à plusieurs reprises.

Dans ces différentes circonstances, comme aussi lorsque les fourrages sont vieux, de mauvaise qualité, et qu'il n'est pas possible de les changer, c'est une sage précaution de les mouiller avec de l'eau salée, fût-ce même au détriment d'une partie de la ration.

En général, les cavaliers, en pays ennemi, lorsque la nourriture est abondante et non rationnée, ont l'habitude, trop souvent funeste, de la donner à leurs chevaux à discrétion, les grains surtout ; au risque, ainsi qu'ils l'apprennent toujours trop tard par expérience , de les voir devenir fourbus sur le lieu même, ou étouffés par des alimens que leur quantité, ou l'épuisement antérieur de l'animal, ou enfin la rapidité de sa course, transforment en véritable poison.

Le besoin où l'on est de faire manger souvent aux chevaux des céréales coupées sur pied, demande encore la précaution de ne donner les épis qu'avec ménagement, parce qu'autrement il en résulterait de fréquentes fourbures; surtout lorsque ces plantes approchent de la maturité. Les cavaliers expérimentés savent même, dans ce cas, qu'il est préférable de ne laisser qu'une portion d'épis mêlée aux tiges. C'est surtout lorsque les chevaux ont été long-temps privés de nourriture qu'on doit à cet égard redoubler d'attention ; mais les précautions que commandent ces détails, seront signalées dans l'article suivant.

Il est encore des précautions indispensables à prendre en campagne, pour prévenir les accidens qui suivent les trop brusques changemens de nourriture. Ainsi en Espagne, où l'orge et la paille hachée remplacent le foin et l'avoine, il faut avoir attention, en commençant ce nouveau régime, de mêler avec la paille hachée une certaine quantité d'orge, et de mettre, après avoir fait boire les chevaux, un certain intervalle pour leur donner l'orge pure.

En général, lorsque les ressources d'un pays obligent à l'emploi de substances alimentaires inusitées, il est prudent de s'assurer des habitudes locales pour l'administration de ces denrées, afin de s'y conformer pour les chevaux auxquels on est forcé de les faire consommer pour la première fois.

DEUXIÈME SECTION.

De la nourriture au vert.

C'était naguère encore une habitude de faire prendre le vert aux chevaux des régimens pendant le printemps. Or, comme le changement des alimens secs avec les alimens verts opère des effets remarquables, on ne peut s'empêcher d'admettre en principe cette alternative, que ce régime sera ou nuisible ou salutaire, suivant les situations diverses dans lesquelles se trouvent les chevaux : il ne saurait donc convenir indistinctement à tous.

Les alimens verts ont pour effet principal de relâcher les tissus par la quantité d'eau qu'ils leur fournissent ; d'augmenter les déjections, ce qui les fait regarder comme purgatifs ; de favoriser le transport des sucs nutritifs et par conséquent l'engraissement. Mais ces résultats ne sont obtenus que dans les individus bien disposés ; tels sont les jeunes chevaux que la nourriture sèche a échauffés, et qui ne peuvent compléter leur développement, parce qu'ils ne jettent pas leur gourme et ne font pas leur dentition aisément ; ceux qui ont été nourris par des alimens trop excitans, ainsi qu'on le fait quelquefois par nécessité, ou pour les rendre plus capables de supporter les fatigues ; ceux qui ont des blessures ou des claudications graves ; ceux auxquels on a mis le feu ; puis enfin ceux qui ont éprouvé des maladies dangereuses, surtout inflammatoires.

Les chevaux que l'on ne doit pas mettre au vert

sont : d'abord tous ceux qui se trouvent bien du régime sec et qui ne pourraient que perdre à un changement quelconque; ceux qui ont passé l'âge de sept ans, en général; qui ont éprouvé une longue influence de l'humidité; qui sont corneurs; qui ont la poitrine embarrassée (ils ont les membranes du nez habituellement pâles); ceux d'un tempérament très-mou, sujets aux crevasses, aux flux par les naseaux, aux engorgemens sous le ventre et aux extrémités; et enfin ceux dont la grande maigreur n'est pas la suite d'un état d'échauffement.

Mais il n'est pas toujours possible de prévoir quels effets suivront le vert; on consulte alors ce qu'il produit dans les premiers jours de son administration.

Chez les animaux sur lesquels il opère heureusement, on voit ordinairement, au bout de la première semaine, cesser l'espèce de purgation qu'il provoque d'abord; plus tard le poil devient beau, le pansage obtient beaucoup de crasse, l'embonpoint commence à paraître, et l'animal, reprenant de plus en plus sa gaieté, se trouve le plus souvent en état de quitter le vert après trente ou quarante jours.

La durée de ce régime est cependant plus ou moins longue, selon que les effets en apparaissent plus ou moins vite; ce qui varie autant que les causes qui le font prescrire, et la qualité des alimens qu'on emploie.

Au reste, on ne doit pas y tenir habituellement les chevaux moins de vingt jours et plus de soixante.

Quand, au lieu de reprendre, l'animal dépérit, qu'il reste toujours dévoyé et qu'il se dégoûte, on discontinue le vert, qui augmenterait un état aussi fâcheux.

Beaucoup de personnes sont dans l'usage de faire saigner, sans aucune distinction, tous les chevaux qui prennent le vert depuis sept, dix ou quinze jours; mais les principes disent encore que cette opération ne doit être ordonnée qu'en cas de besoin, et pour empêcher seulement une trop grande accumulation de sang dans les animaux. Or, des signes maladifs en dénotent la nécessité, et le vétérinaire, dans ce cas, est le seul qui puisse et qui doive juger de la situation de l'animal; car, dans toute autre circonstance, la saignée ne peut être que nuisible, et devient souvent mortelle, si elle est faite à contre-temps.

On donne le vert à l'*écurie*, en *liberté* ou *sous des hangars* dans les prairies.

Du vert à l'écurie. Les effets du vert varient selon la qualité des plantes et leur degré de maturité; ajoutons que la taille de l'animal est un autre point à consulter pour fixer la quantité que chaque cheval peut manger journellement.

Lorsque ce sont des graminées, par exemple, et qu'elles approchent de leur maturité, 20 ou 25 kilogrammes (40 ou 50 livres), sont quelquefois même plus que suffisans; mais il est bien préférable de les donner plus jeunes et plus aqueuses; alors la dose pour un cheval par vingt-quatre heures, en comprenant dans cette donnée les légumineuses et autres, va depuis 30 jusqu'à 50 kilogrammes (60 à 100 livres), terme moyen 40 kilogrammes (80 livres). On voit cependant des animaux qui en mangent dans le même espace de temps 75 kilogrammes (150 livres) et plus.

Dans un bon système d'administration du vert, abstraction faite de toute idée d'économie ou des vues

particulières qui le font ordonner, et ne l'employant
que par véritable besoin pour le cheval, on peut dire
que lorsqu'il y est un peu accoutumé, il devient inutile
de lui en prescrire une quantité fixe, et qu'il vaut mieux
lui en donner à satiété, mais avec l'indispensable attention de ne jamais mettre d'intervalle entre les distributions, car il est bien reconnu qu'on peut alors sans
danger lui en laisser manger autant qu'il en veut. Il en
serait autrement si son appétit était excité par une privation momentanée de cet aliment, parce qu'ensuite
il mettrait à s'en repaître une voracité qui n'a jamais
lieu lorsqu'il en a toujours à discrétion.

Les précautions qui assurent l'exécution de ces soins,
consistent à avoir toujours l'herbe coupée huit ou dix
heures à l'avance, c'est-à-dire le matin celle qu'on
distribue le soir, et le soir celle qui servira le lende-
main. On la conserve sans l'amonceler sur des claies,
également à l'abri du soleil qui la fane, et de la pluie
qui la rend trop humide et indigeste. Ensuite on en
donne peu à la fois et souvent; car les chevaux s'en dé-
goûtent quand elle a été échauffée par leur haleine.

Pour empêcher que le vert ne relâche trop et n'af-
faiblisse les animaux, il y a des personnes qui conseillent de leur conserver, pendant son usage, la totalité
ou une portion de la ration d'avoine, et si l'on n'en
fait pas une recommandation expresse, encore doit-on
rendre justice à cette méthode qui est très-bonne, surtout pendant les premiers jours du régime du vert.
Cette pratique même devient encore plus utile lorsqu'on
approche du moment où le cheval doit le quitter; de
cette façon on évite une transition trop brusque, qui
peut n'être pas sans danger. Pour ménager cette transi-

tion, ou mouille quelquefois le fourrage, les premiers jours après la cessation du vert, comme on emploie aussi le son mouillé ou mélangé dans l'eau, surtout pour les chevaux les plus délicats.

Quand les chevaux cessent le vert, il faut se bien garder de considérer leur embonpoint et leur vigueur comme un motif d'en exiger beaucoup de travail : ils en ont depuis long-temps perdu l'habitude, et pour la reprendre, l'expérience a toujours confirmé la nécessité des ménagemens que l'on recommande en pareil cas.

On a long-temps eu l'opinion que l'usage du pansage devait être suspendu pendant le régime du vert, parce que, disait-on, le pansage augmente les déperditious que le vert provoque déjà assez. C'est une erreur. On peut affirmer, au contraire, que plus ce régime engendre de faiblesse et plus il est instant de multiplier les soins de propreté, tant sur les animaux qu'autour d'eux, afin de diminuer, autant que possible, l'influence toujours débilitante de l'état contraire.

La dernière recommandation qu'il importe de faire, regarde le danger qu'il y aurait à laisser, pendant la durée du vert, les chevaux dans un repos absolu ; non qu'ils aient alors besoin de fatigue, ou même de travail, mais bien d'un exercice journalier qui, dans ce cas plus que jamais, mérite d'être appelé salutaire.

Du vert en liberté. C'est sans doute la manière de l'administrer la plus conforme au vœu de la nature : l'animal choisit les plantes qui lui conviennent, il en mange autant qu'il le désire, se donne constamment de l'exercice, n'est dérangé en rien dans ses goûts, et reprend quelquefois certains aplombs, que le sol des ecuries et la gêne qu'il y éprouve, ont pu lui faire perdre.

Mais, par contre, il est exposé aux injures de l'air et à ses vicissitudes; les insectes le tourmentent, souvent au point de ne lui laisser le temps ni de manger, ni de se reposer; si l'année est sèche, il est rare que les pâturages fournissent long-temps assez d'herbe; si elle est humide, cet inconvénient cesse, mais les nuits sont tellement froides, et les pluies si continuelles, qu'il ne peut guère résulter de la bonté du pâturage beaucoup de bien, pour des chevaux habitués surtout à vivre dans des écuries aussi chaudes que le sont celles des régimens, en général.

On peut conclure de là que tous les pays ne sont pas propres à faire prendre le vert en liberté. C'est ordinairement dans les mois de mai et de juin qu'on le donne ainsi. Il faut que les prairies ne soient ni hautes ni trop basses, qu'il y ait peu de mauvaises plantes, qu'on y rencontre même quelques arbres pour donner de l'ombre aux chevaux; qu'ils puissent y être abreuvés sans danger, et que leur nombre soit en rapport avec l'étendue du terrain.

Ensuite, on n'abandonnera dans ces pâturages que les chevaux à tous crins, autant que faire se pourra, et ceux qui ne risquent pas de se fatiguer sur leurs pieds antérieurs. Les grands chevaux dépérissent ordinairement à ce vert; ils ne peuvent en manger une quantité suffisante. On n'y mettra pas non plus les chevaux poussifs ou courts d'haleine.

Du vert sous les hangards. Enfin, pour réunir les avantages du vert à l'écurie et du vert en liberté, sans en craindre les principaux inconvéniens, on établit dans les prairies des hangars avec des râteliers où on met l'herbe; on n'en laisse pas moins les animaux libres de se promener et de paître dans des terrains qu'on leur abandonne à cet effet. On subdivise même ces terrains par compartimens, afin d'y ménager l'herbe, qui repousse d'un côté pendant qu'elle est mangée ailleurs; mais il ne faut pas la laisser croître trop haute; car les chevaux ne la recherchent pas autant que quand elle s'élève peu au-dessus de terre : ils la piétinent même et la perdent. C'est afin d'éviter ces dégâts que des personnes la font faucher à quelque distance de terre pour la donner au râtelier; on abandonne ensuite la prairie à la pâture.

Mais ces soins, ainsi que ceux de rentrer les chevaux pour les mettre à l'abri pendant les nuits et lors des pluies, ne sont guère praticables dans toutes circonstances; c'est dire toutefois l'avantage qu'on en retire quand il est loisible d'avoir ces précautions.

ARTICLE II.

DU PANSAGE ET DES BAINS.

PREMIÈRE SECTION.

Du pansage.

Ce mot, qui indique les soins de propreté que l'on doit avoir des chevaux en santé, remplace celui de *pansement*, réservé à exprimer ceux qu'exigent plus particulièrement les chevaux malades et blessés.

Mais ces soins ne doivent pas s'entendre seulement

de la propreté extérieure ; ils comprennent bien plus
encore celle de la peau elle-même, sur laquelle s'amasse
la crasse résultant de la transpiration cutanée, dont le
rejet au dehors est une des plus sûres garanties de la
santé. Le besoin de s'en débarrasser est même si pressant dans les animaux sauvages, qu'ils y consacrent la
majeure partie du temps qu'ils n'emploient pas à manger ou à dormir, la nature leur en faisant une nécessité impérieuse.

Plusieurs instrumens sont employés pour le pansage ; ce sont l'étrille, la brosse, le bouchon, l'épous-
sette, le peigne et le cure-pied, sans oublier de compter le moyen naturel du frémissement de la peau par
les muscles sous-cutanés, et l'action de se secouer d'une
manière particulière au cheval et aux autres animaux.

L'emploi de l'étrille et de la brosse, pour que leur
effet soit prompt et complet, demande des précautions
que les habitudes régimentaires ont comprises depuis
long-temps, et qui n'ont pas besoin de supplément, à
une observation près, cependant, qui regarde les bouchons. On se sert habituellement de la paille ou du
foin, comme propres à cet usage, mais sans distinguer
les effets particuliers du dernier, qui, lorsqu'on s'en
sert à la poignée et non confectionné en bouchon ordinaire, après toutefois avoir été mouillé d'avance et
de façon à n'être plus qu'humide, nettoie parfaitement
toutes les surfaces que l'on peut frictionner par ce
moyen, et qui s'en trouvent complètement appropriées.
Cette méthode de panser les chevaux au foin humide,
ainsi que celle de les frotter avec la main seule, est
particulièrement usitée en Angleterre. En Espagne, on
emploie, en place de bouchons et même d'étrilles, des

gantelets en crins ou en poils de chameau, qui enveloppent la main. Ces gantelets font l'usage du bouchon et de la brosse; mais il est difficile d'en enlever la crasse qui s'y amasse.

Le seul inconvénient, quand on se sert de foin, est de perdre une petite partie de la ration; mais ce mal est peu grave, si on n'emploie que les liens, trop souvent de qualité tout-à-fait inférieure, et qu'il vaut mieux encore user ainsi, que de les donner à manger au cheval.

Le pansage se fait ordinairement deux fois par jour, et en général avec un tel soin, dans les régimens bien tenus, qu'il n'y a pas de prescriptions particulières à faire à ce sujet.

DEUXIÈME SECTION.

Des bains.

On peut les regarder comme le complément des détails de propreté, et comme moyens hygiéniques. Ils sont de plus employés souvent pour les soins médicinaux.

Les bains sont généraux ou partiels; ils sont froids ou chauds, simples ou composés. En tout temps, en général, ils plaisent infiniment aux chevaux; mais ils conviennent spécialement dans l'été, car lorsqu'il fait froid, que les animaux n'en ont pas l'habitude, et que leurs écuries sont très-chaudes, ils pourraient être fort nuisibles. Les chevaux de fatigue, de poste, de diligence, etc., y sont soumis en France presque toute l'année; mais ils y sont accoutumés, et restent des journées, et souvent les nuits entières, à l'air libre, ce qui les rend bien moins impressionnables que ne le sont les chevaux de régimens, tenus long-temps aux écuries, dont la température est habituellement très-élevée. Le moindre inconvénient des bains, lorsqu'il fait froid, est de donner aux chevaux un poil épais, long et peu brillant.

Les bains souvent ne sont que partiels pour les extrémités, et leur action est recommandée alors comme moyen palliatif de l'usure. Les bains d'eau de mer paraissent le plus convenables pour atteindre ce résultat. Dans tous les cas, c'est leur effet sur la corne qui est à craindre, quand surtout cette corne est de mauvaise qualité, ou que les animaux sont sujets, par origine ou par tempérament, à avoir des crevasses ou des eaux aux jambes. Le meilleur moyen d'empêcher que l'eau n'attaque et ne détruise le gluten de la corne, est de frotter l'ongle avec des corps gras tenaces, tels que l'onguent de pied, le suif, etc.

ARTICLE III.

De la ferrure.

Après avoir parlé des différentes conformations du pied; de la distinction à établir entre ceux de devant et ceux de derrière, ceux de droite et ceux de gauche; des diverses défectuosités naturelles auxquelles ils sont exposés; il reste à faire connaître ce qui a rapport à la ferrure qui convient dans chacun de ces cas, en donnant un aperçu des diverses méthodes adoptées par les auteurs auxquels on a emprunté ces détails (*).

(*) Ces détails sont extraits des ouvrages de Bourgelat, Lafosse, Gohier, etc.

La ferrure peut être considérée sous trois aspects.

Le premier comprend la confection et les formes des différens fers;

Le second, la préparation du pied et les précautions relatives à l'attache des fers;

Le troisième, l'examen et les soins particuliers des ferrures méthodiques.

Par la ferrure, le pied du cheval doit être garanti de tout heurt, frottement ou appui qui l'offenserait; la conformation en doit être conservée, si elle est belle et régulière; les défectuosités doivent être diminuées ou réparées, si cette conformation est défectueuse. Par la ferrure, les mouvemens du cheval peuvent être développés et les allures rendues plus vives et plus sûres.

On peut encore, par les résultats de cette opération, remédier à certains défauts de proportion et d'aplomb, comme aussi retarder et pallier les suites de l'usure. La chirurgie vétérinaire emploie, de plus, le secours de la ferrure pour la plus grande partie des maladies du pied.

PREMIÈRE SECTION.

Description du fer. (Pl. XVII.)

On appelle *fer* en général, dit Bourgelat, l'espèce de semelle que l'on fixe par des clous sous le pied du cheval, à l'effet d'en défendre l'ongle de l'usure et de la destruction à laquelle il serait exposé sans cette précaution. Cette semelle est formée par une bande de ce métal, aplatie, plus ou moins large, et courbée sur son épaisseur, de manière qu'elle représente un croissant alongé. On peut y considérer plusieurs parties.

1° *Deux faces;* l'une inférieure (fig. 1), qui repose directement sur le sol, et l'autre supérieure (fig. 2), qui répond au sabot dont le fer suit exactement le contour.

2° *Deux bords* ou *rives* (fig. 3), l'une interne (*b*) et l'autre externe (*a*) qui, en se réunissant, circonscrivent l'enceinte intérieure et extérieure du fer.

3° *La pince* (*c*), qui répond précisément à la même partie du sabot. On appelle *voûte* (*d*) l'espace de la rive intérieure correspondant à l'étendue de la pince.

4° *Les branches* (*e*). Elles se rapportent aux mamelles et aux quartiers, et comprennent l'étendue du fer, depuis la voûte et la pince jusqu'aux éponges.

5° *Les éponges* (*f*). Elles forment l'extrémité de chaque branche qui répond au talon.

6° *Les étampures* (*g*). Ce sont les trous, habituellement au nombre de huit, dont le fer est percé pour donner passage aux clous; elles sont faites de manière à recevoir en partie la tête du clou.

7° *Les crampons* (*h*) sont des éminences en forme de crochets, produites par l'extrémité de l'éponge ployée perpendiculairement aux branches, de dedans en dehors; les crampons servent principalement à empêcher l'animal de glisser.

8° *Les pinçons* (*i*). Ils sont formés par une espèce de griffe, levée sur l'épaisseur du fer, ordinairement à la pince des pieds postérieurs. Les pinçons servent à assurer le fer, ou à garantir la corne dans l'endroit où ils se trouvent.

9° *L'ajusture* (*j*). Elle a pour base une espèce de concavité qu'on donne au fer à sa face supérieure.

L'ajusture est au fer ce qu'est à la chaussure de l'homme la tournure particulière à chacun des souliers. Elle doit remplir ordinairement deux intentions; l'une d'empêcher que, dans aucun cas, quelle que soit la largeur du fer, il n'appuie sur la sole, et l'autre de présenter au terrain une surface plus ou moins bombée, afin que le pied y éprouve, par un léger mouvement de balancement d'avant en arrière, un appui moins fatigant pour les articulations qu'il n'arriverait sans cela; ce qui n'est, au reste, qu'une imitation de la conformation du dessous des pieds du cheval qui a marché un certain temps sans fers.

Proportions des fers. Bourgelat et Lafosse ne sont pas d'accord sur la longueur à donner aux fers pour les pieds bien conformés. Le premier veut qu'ils soient longs et qu'ils garnissent beaucoup les talons; mais on leur reproche d'écraser ces mêmes talons, de les fatiguer, s'ils sont bas et faibles; de disposer les chevaux à se déferrer et à forger. Lafosse les désire plus courts; mais Gohier dit que les animaux ainsi ferrés sont sujets à glisser; la fourchette est quelquefois meurtrie par le sol, et s'ils sont long-jointés, ou s'ils ont les talons bas, ils souffrent beaucoup en marchant, les tendons fléchisseurs et les ligamens postérieurs étant dans un état continuel d'extension. L'expérience et l'avis des maréchaux semblent cependant s'accorder pour reconnaître que les chevaux qui sont ferrés court, glissent beaucoup moins que ceux qui sont ferrés long, et que la fourchette n'est point meurtrie par le sol.

Voici les dimensions que Gohier indique.

(Fig. 1.) Pour les pieds antérieurs, *longueur totale des fers ordinaires*, quatre fois celle de la pince mesurée de la rive antérieure, entre les deux premières étampures, à sa rive postérieure ou à sa voûte ; plus une fois son épaisseur.

Quatre fois la longueur de la pince donne la *distance* des rives externes de l'une à l'autre branche, prise au centre du fer, ce qui constitue la *largeur totale* du même fer. Bourgelat fixe cette mesure à trois fois et demie ; il veut de plus que les éponges aient la moitié juste de la pince.

L'*épaisseur des fers* doit avoir le quart de la longueur de la pince.

Bourgelat s'exprime ainsi, relativement aux étampures : La moitié de la longueur de la pince, plus l'épaisseur du fer, sera la juste mesure du centre d'une étampure au centre d'une autre, et c'est ainsi que toutes seront compassées.

La moitié de la longueur des éponges désignera l'*intervalle de la rive extérieure du fer au centre des étampures de la branche externe ;* mais cette dimension serait un peu trop forte pour les étampures de la branche interne, qui doivent toujours être légèrement plus maigres que celles de la branche à adapter au quartier du dehors ; du reste, les premières étampures devront se trouver à égale distance du milieu de la pince.

Les proportions de l'*ajusture* seront telles que le fer sera relevé, dès la seconde étampure, d'une fois son épaisseur, et en éponge, de la moitié de cette mesure.

(Fig. 2.) *Fers pour les pieds postérieurs*. Ils suivent la forme particulière que le pied présente ; leur grande *largeur* se trouve au niveau de la seconde étampure ; ils sont un peu plus épais et plus larges en pince qu'en talon. Bourgelat indique le rapport qui doit exister entre leur longueur et leur épaisseur, en quelque endroit qu'on le compare, dans la proportion de trois à un.

On tire ordinairement à la pince des fers postérieurs un *pinçon* qui garantit la corne de cette partie. Quelquefois aussi on lève à l'éponge extérieure un *crampon*; mais lorsqu'on lève ce crampon à la branche externe du fer de derrière, on doit toujours en lever un plus petit à la branche interne; ce petit crampon s'appelle *mouche*, sa hauteur empêche le pied d'être de travers et ne met pas le cheval dans le cas de se couper.

On peut se servir avec avantage des crampons dans les pays montueux, surtout pour les chevaux de tirage.

Pour remplir les diverses indications de la ferrure, on fabrique un grand nombre de fers différens.

On peut les diviser en deux classes.

La première comprend les *fers hygiéniques*, nécessaires à l'emploi du cheval en santé.

La seconde se compose des *fers pathologiques*, utiles aux besoins de la chirurgie dans les maladies du pied.

Il ne peut être question ici que des premiers.

Bien qu'on puisse se borner à un certain nombre de fers pour les conformations, bonnes ou défectueuses, que le pied du cheval présente le plus communément, cependant, il en est des fers comme de la confection de tous les objets destinés à porter sur d'autres parties du corps; telles sont les selles, les brides, etc. : une fois les principes posés, et l'action de ces divers agens appréciée, on conçoit que leur forme ou leurs proportions sont susceptibles de recevoir, dans leur totalité ou dans leurs divers parties, plusieurs sortes de modifications, que

déterminent en général le but que l'on se propose, les
ressources qu'on a à sa disposition, les circonstances
favorables ou nuisibles, etc.

Le fer, tout en ayant sur le pied du cheval en particulier, et sur les résultats de son service en général,
une influence très - heureuse, offre cependant aussi de
notables inconvéniens; car il produit sur l'ongle du
pied, en le comprimant d'une manière permanente,
l'effet d'en diminuer le développement, d'en dénaturer
souvent la forme, d'en détruire l'élasticité naturelle(*),
d'en gêner les parties intérieures aux endroits où la corne
est tendre, ainsi qu'il arrive aux talons principalement;
il est, de plus, cause d'un grand nombre d'accidens, de
blessures, de brûlures, etc.; mais tous ces inconvéniens
sont diminués, lorsque le fer est appliqué méthodiquement.

DEUXIÈME SECTION.

Examen des différens fers. (Pl. XVII.)

Dans la manière très - différente de classer l'examen
des fers, la plus naturelle est de les considérer dans
l'ordre des rapports les plus immédiats qu'ils offrent
les uns avec les autres, soit dans leurs formes, soit dans
leurs usages.

Fers variables dans leur longueur.

Il ne s'agit pas ici de leur longueur totale, dont il a
été question précédemment, mais de celle de l'une ou
de l'autre de leurs parties; tels sont les fers suivans.

(*) Bracy-Clarck.

Fer à pince prolongée. Son effet est d'offrir un appui à la partie antérieure du pied. On s'en sert pour les chevaux brassicourts, ou ruinés des membres de devant, et, dans les membres de derrière, pour les chevaux rampins (fig. 4).

Fer à la florentine. Il ressemble beaucoup au précédent; on ne s'en sert que pour les mulets et les chevaux de bât (fig. 5).

Fer à pince tronquée. Son action est contraire à celle du précédent. On ne l'emploie que pour les pieds postérieurs dans les chevaux qui forgent. Deux pinçons garnissent ordinairement les parties voisines des mamelles (fig. 7).

Fer à éponges tronquées. Comme la pression du fer est très-gênante pour les pieds, et surtout pour les talons délicats, ce fer, étant privé de ses éponges, laisse les talons moins comprimés et leur permet de se fortifier. On s'en sert encore pour les pieds de devant, lorsque le cheval forge sur les talons (fig. 6).

Quelquefois on ne retranche qu'une éponge, lorsque le cheval se couche en vache, ou lorsqu'il n'a qu'un côté souffrant. Le premier de ces fers est encore connu sous le nom de *fer à lunette*, et le second sous celui de *fer à demi-lunette* (fig. 8).

Fer à éponges réunies. Ce fer présente une bande transversale qui réunit en effet les deux branches. C'est un moyen que l'on emploie, lorsque le cheval a la fourchette bonne, pour obtenir un point d'appui qui facilite le marcher sur des terrains durs, ce que ne permet pas toujours celui qui n'a que les éponges tronquées, sans les avoir réunies (fig. 9).

Fers variables dans leur largeur.

Cette largeur ne s'entend pas de la totalité du fer, dont il vient d'être parlé aux proportions, mais bien de l'étendue particulière de l'une ou de l'autre de ses parties. Elle varie d'abord pour les pieds de devant et pour ceux de derrière, puis pour l'une ou l'autre des branches de ces derniers, puisque celle du dehors est habituellement plus forte que celle de dedans. Cette largeur peut encore être augmentée ou diminuée, selon le besoin de mettre plus ou moins à l'abri le dessous du pied. Les fers suivans ont l'une ou l'autre destination pour objet.

Les *fers couverts*. On les appelle ainsi parce que la lame de métal a plus de largeur, dans toute son étendue, qu'elle n'en a dans celle des fers ordinaires (fig. 10).

On appelle *fer mi-couvert* celui qui tient le milieu entre le fer couvert et le fer ordinaire. Il sert pour les pieds plats et combles, selon que la sole a plus ou moins besoin d'être mise à l'abri du heurt sur le pavé ou les corps durs. Pour empêcher ces fers d'appuyer sur la sole, on est obligé de leur donner une ajusture proportionnée à la conformation du pied ; mais Gohier observe qu'il ne faut pas cependant qu'elle soit trop forte, parce que cela écrase la paroi, la seule partie de la corne sur laquelle le fer doive porter (fig. 11).

Fer à une branche couverte. C'est celui qui a pour destination de n'abriter que l'un des côtés du pied (fig. 12).

Fer à branches couvertes. Il a les mêmes fonctions relatives : il sert surtout pour les chevaux qui ont des oignons (fig. 13).

Fer à planche ou à éponges réunies. Ce fer a la forme ordinaire ; il présente cependant l'union de deux branches par une bande transversale, comme il a déjà été dit ; il est employé lorsque les talons sont faibles, mais que la fourchette est bonne, parce que, appuyant sur elle, les talons se trouvent abrités. Il est encore bon lorsqu'un des quartiers est bas, ou quand il y a un oignon considérable (fig. 9).

Parmi les fers dont la largeur des branches doit être en même temps moins considérable et plus courte que celle fixée par les proportions, se présente : le *fer à demi-branche*, dit *à la turque*. La branche interne est forgée un tiers plus étroite et plus épaisse que l'autre ; son arête inférieure est abattue. On la fait plus étroite, pour qu'elle ne dépasse pas la corne en dehors, et plus épaisse, parce que, ne pouvant pas y placer de clous, sans cette épaisseur la branche se fausserait (fig. 14).

Les étampures sont diversement réparties, selon que le fer est confectionné pour un cheval qui se coupe avec les talons, avec les quartiers, ou avec les mamelles ; car on ne tient plus étroite que la partie de la branche avec laquelle le cheval se coupe, et on distribue les étampures de la meilleure manière possible pour le but qu'on se propose. Il arrive aussi que, pour un cheval qui se coupe avec les mamelles, on ne raccourcit pas la branche interne, qu'elle peut même porter deux étampures aux quartiers près des talons, et qu'on ne la fait étroite qu'à l'endroit où le fer nuirait.

Plusieurs motifs, autres que ceux indiqués pour le cas précédent, déterminent la confection de fers dont les étampures ne gardent pas l'ordre et le nombre ordinaire ; tels sont les fers dits *à étampures irrégulières*, que quelques-uns appellent *à caractère*. L'objet de ces fers est de ménager la corne lorsque, par sa mauvaise nature ou par accidens, elle a été détruite en certains endroits ; alors on ne place pas de trous à la partie du fer qui y correspond et on les répartit ailleurs, si la corne est assez bonne pour cela. Dans le cas contraire, on en diminue le nombre (fig. 15).

Les *pinçons* servent ordinairement d'auxiliaires à ces sortes de fers, parce qu'en les levant à l'endroit où l'on ne met pas d'étampures, ou sur les côtés de ces endroits, ils remplacent les clous et consolident le fer ; ils peuvent même être employés à recouvrir la partie dégradée, mais non à appuyer dessus, car ils nuiraient plus qu'ils ne seraient utiles.

Quant aux *crampons*, ils ne sont réellement utiles que pour les terrains glissans : on en met alors deux aux talons et un à la pince : on les met en acier, quand on peut, pour qu'ils durent plus long-temps.

(Fig. 16.) Les fers nommés *fers à bosses*, employés à propos, ont l'avantage de rétablir les aplombs, en facilitant l'accroissement du quartier sur lequel on les applique. On les emploie pour tous les chevaux, mais plus particulièrement pour les jeunes. Ce fer est surtout préférable à l'emploi des crampons, qui ne peuvent se mettre qu'aux talons, au lieu que ces bosses (K) peuvent se placer partout. On en met quelquefois même aux deux branches, vers les quartiers, pour soulager les chevaux long ou bas-jointés.

Parmi les fers que la théorie indique, mais dont l'emploi est peu habituel, se trouvent :

Le *fer à long bec*. Il a été proposé pour les jeunes

chevaux qui manquent de jeu dans les épaules. C'est un fer qu'on peut appeler d'*équitation*; il demande dans son emploi des ménagemens et des connaissances particulières (fig. 17).

Le *fer à tout pied*. On en a inventé de plusieurs espèces, toutes dans l'intention de s'en servir au besoin pour tous les chevaux et à n'importe quel pied; mais un pareil but était difficile à atteindre, aussi ne l'a-t-il été qu'en partie.

On a proposé le *fer à étampures doubles*; mais on conçoit tous les inconvéniens qui en résultent lorsqu'on l'applique à un pied beaucoup plus petit que lui (fig. 18).

(Fig. 19.) Le *fer brisé à charnière* (*), peut être employé avec succès, lorsqu'un cheval se déferre en route.

Le *fer*, ou pour mieux dire, le *véritable soulier ferré*, proposé et employé par le maréchal de Saxe. L'embarras de le transporter en rend seul l'emploi difficile (fig. 20).

Des clous.

Les clous ont pour usage de fixer le fer sous le pied. Ils servent encore à assurer le membre sur le terrain, lorsqu'on les emploie à cette destination pour marcher sur la glace; dans ce cas ils portent le nom de *clous à glace*; ils ont la tête plus longue et plus pointue.

Les clous ont, comme effets généraux sur le pied, celui d'en presser les tissus, de nuire à la reproduction

---

(*) Ce fer est de Lafosse, qui indique aussi celui à dent avec une bande transversale aux talons.

de la corne, de préparer et surtout de causer sa dégradation. Ces effets sont d'autant plus marqués, que les clous sont plus multipliés ou que leur lame est plus grosse; outre cela, s'ils pénètrent dans les parties vives, ils font des blessures qui peuvent devenir très-funestes. (Voir titre IIe, art. 3, 2e série.)

On distingue, dans un clou, la *tête*, la *lame* et la *pointe*.

Les proportions des clous sont relatives à celles du fer, et particulièrement à l'étendue des étampures.

La *tête* des clous doit se loger en partie dans l'étampure et le plus exactement possible; la *lame* doit être juste avec le fond de l'étampure, ce qui fixe mieux le fer. Il ne faut pas qu'elle soit trop déliée, parce qu'elle pourrait ne pas tenir assez dans la corne. On doit rejeter tous les clous qui sont pailleux ou fendus, parce qu'il leur arrive, en pénétrant dans la corne, de s'y diviser à l'intérieur et d'entrer dans les parties vives; ils peuvent aussi s'y casser, ce qui nécessite des soins et même une opération.

TROISIÈME SECTION.

Préparation du pied et précautions à prendre pour attacher le fer.

Il ne suffit pas de connaître les différens fers et leurs usages, il est indispensable de savoir quelles précautions il faut prendre pour préparer la corne à les recevoir, afin que cette préparation coïncide avec les effets que l'on attend d'eux.

Parer le pied, s'entend de l'action d'un instrument nommé *boutoir*, destiné à couper la corne inutile.

Brocher les clous, veut dire les enfoncer dans la paroi au moyen d'un marteau appelé *brochoir*. Les *river*, c'est les courber et les couper à leur sortie de la paroi, en sorte qu'ils y soient fixés solidement par le rivet ou le crochet qui en résulte.

Pour que les clous pénètrent dans la corne et soient disposés à sortir sans blesser l'animal, on les ajuste à l'avance, c'est-à-dire que le maréchal les redresse, les affile et donne à leur pointe une légère direction courbe, qui les prépare à sortir plutôt qu'à pénétrer dans le pied.

Afin de seconder cette intention, il faut, lorsqu'on les présente dans l'étampure, les placer de façon à ce qu'ils ne prennent pas trop de corne, c'est-à-dire qu'ils n'entrent pas assez avant, ou pour mieux dire assez haut, pour gêner l'animal.

C'est surtout pour les talons que cette précaution est utile. Mais si les clous sortaient trop près du fer, alors ils ne trouveraient pas assez de résistance et pourraient faire éclater la corne. La vue des pieds *modèles* ferrés est la meilleure manière d'avoir des idées justes à cet égard.

On doit veiller à ce que celui qui pare le pied pose son instrument à plat, afin d'enlever la corne également, sauf, bien entendu, le rapport de l'ajusture avec les talons et la pince; mais sans creuser la sole, la fourchette, et surtout les talons.

Il est également recommandé de laisser poser le moins possible le fer chaud sur la corne; ce qui est le contraire de l'habitude de presque tous les maréchaux, qui l'y mettent tout rouge, parce que cela leur épargne la peine de la couper, brûlée et attendrie qu'elle est pour le moment, mais desséchée et devenue cassante, surtout dans les pieds petits : cela rend ces pieds tellement douloureux et sensibles que les chevaux en boitent très-souvent, et courent risque d'être dangereusement estropiés. On ne doit tout au plus que laisser le fer chaud imprimer sa forme sur la corne, afin d'être assuré qu'il porte également partout.

Les Espagnols et les Anglais fabriquent les fers pour les pieds et les y attachent à froid ; au lieu que nos maréchaux, en brûlant la corne, préparent le pied pour le fer, quelque mal fait que soit celui-ci, et quelque défaut d'aplomb qui en résulte.

Quand l'excédant de la corne d'un pied a été enlevé, ainsi surtout que les vieux rivets, le fer doit être appliqué et fixé de façon qu'il accompagne la rondeur du sabot, sans qu'il déborde en dedans, ni qu'il garnisse trop en dehors, car l'animal pourrait se déferrer, s'atteindre et se couper. S'il ne couvrait pas assez, la portion sur laquelle il ne porterait pas croîtrait beaucoup plus que celle sur laquelle il porterait. S'il péchait par défaut d'ajusture, l'animal buterait et les talons seraient plus travaillés. Enfin s'il en avait trop, la paroi en serait écrasée, l'appui incertain et les articulations supérieures très-fatiguées.

Le fer doit garnir (c'est-à-dire déborder) d'environ une fois son épaisseur en dehors, à commencer de la dernière étampure jusqu'à l'extrémité de l'éponge, et être juste en pince et en dedans.

Quant à l'action de parer habituellement la sole et la fourchette, Gohier dit que c'est une erreur de croire qu'il ne faille jamais y toucher ; mais c'est agir sans principes que d'en retrancher beaucoup, ainsi que de la paroi, parce qu'on expose par là l'ongle à être facilement blessé par les clous de rue, les chicots, et à se déchirer si le fer dont il est armé vient à se détacher peu de temps après y avoir été fixé. Il faut éviter aussi d'*évider* les talons, pour se servir d'une expression consacrée, c'est-à-dire d'enlever la partie qui est entre eux et la fourchette (ce que l'on désigne sous le nom d'arcs-boutans), rien ne contribuant plus à faire resserrer le pied postérieurement et à aggraver l'encastelure.

Pour l'intervalle à mettre entre une ferrure et une autre, on doit se guider sur la longueur que peut avoir acquis le pied, plutôt que sur l'épaisseur qu'a conservée le fer; car il y a des chevaux qui ne l'usent presque pas, de sorte que l'ongle prend un accroissement considérable, ce qui fatigue extrêmement les articulations du boulet et du paturon par l'alongement du bras de levier, et ce qui accélère leur ruine.

On doit donc, tous les mois ou toutes les cinq semaines au plus, faire parer la corne inutile et remettre le fer s'il est encore bon, ce que l'on nomme un *rassis*, en ayant soin que cette opération se fasse pour les quatre pieds à la fois, afin que l'animal reste dans son aplomb.

Pour terminer ce qui a rapport à la ferrure et aux moyens à employer pour en assurer le succès, on recommande de ne pas enlever, avec la râpe ou autre instrument, l'enduit extérieur de la corne que forme son gluten, parce que cela entraîne le dessèchement du pied, et tous les accidens qui en sont la suite.

Quant aux accidens qui suivent l'action de ferrer,

ainsi qu'aux précautions qu'ils nécessitent, il faut en chercher les détails au titre deuxième de cette troisième partie, article des *maladies du pied* (art. 3, 2e série).

QUATRIÈME SECTION. — *Détails relatifs aux ferrures méthodiques.*

Ferrure des pieds défectueux ou qui pèchent par défaut de proportions, de direction, etc. (Pl. IX.)

Pieds trop grands ou *volumineux*. Parer avec ménagement toutes les parties, diminuant cependant un peu la circonférence de l'assiette; employer un fer ordinaire, plutôt léger que pesant, étampé *maigre*, qui garnisse très-peu en dehors, et très-juste en dedans.

Pieds larges ou *évasés*. Ne parer presque pas la sole, la fourchette et les points d'appui; employer un fer un peu plus couvert, un peu plus mince, et étampé un peu plus maigre que le fer ordinaire; choisir des clous à lame déliée, attendu que la muraille est, dans ce pied, plus mince que dans celui bien conformé.

Pieds trop petits. Abattre de la paroi, mais toucher peu à la sole, à moins que son épaisseur ne soit trop considérable, et ménager la fourchette et les arcs-boutans, surtout si les pieds sont disposés à se resserrer; employer un fer ordinaire, presque sans ajusture, qui garnisse un peu autour du pied, excepté du côté interne : il faut tenir en outre la corne humectée en l'oignant de temps en temps avec quelque corps gras, et laissant par avance les pieds long-temps à l'action de l'humidité.

Le séjour dans des marais ou les pieds tenus dans de la terre humide, sont les moyens généralement conseillés, mais dont les résultats, lorsque le mal est grave, sont rarement suffisans pour le faire disparaître.

Pieds trop longs en pince. Retrancher de la pince le plus possible, mais peu des talons, à moins d'une hauteur excessive; parer comme à l'ordinaire, la sole et la fourchette; employer un fer ordinaire, mais dont la pince soit un peu plus relevée (c'est-à-dire ajustée), surtout si l'animal est sujet à butter; faire garnir légèrement le fer vers les talons, et ferrer très-juste en pince.

Pieds trop courts en pince. Parer beaucoup les quartiers, les talons et la fourchette, mais peu la pince qui pèche par trop de brièveté; employer un fer ordinaire dont les éponges soient amincies et plutôt courtes que longues : il ne doit jamais y avoir de crampons. Si l'animal bute, il faut tenir la pince du fer un peu alongée et plus ou moins relevée. (Bourgelat veut le contraire.)

Pieds à talons trop hauts. Parer également toute la face intérieure du pied, mais abattre davantage les talons, afin de rejeter un peu plus l'appui sur eux; employer un fer dont les étampures soient un peu plus portées vers les talons, et laisser le fer garni un peu en pince, pour favoriser l'accroissement de cette partie.

Pieds à talons bas. Parer la pince, légèrement les quartiers, et ne pas toucher aux talons; employer un fer dont les étampures soient portées un peu plus vers la pince, qui sera tenue un peu courte, afin de soulager les parties postérieures.

Pieds encastelés et à talons serrés (fig. 24, 25). Parer beaucoup les quartiers et les talons, mais à plat, et ne pas toucher à la fourchette ni aux arcs-boutans; employer un fer à éponges tronquées ou raccourcies, et humecter souvent le pied avec des corps gras. Si le cheval doit marcher sur le pavé, employer un fer à éponges réunies.

Ferrure des pieds qui pèchent par la direction de la corne.
(Pl. IX.)

Pieds pinçards ou *rampins* (fig. 20). Diminuer beaucoup la hauteur des quartiers et des talons, ainsi que de la fourchette, mais du moins ménager la pince; employer un fer à pince un peu épaisse et prolongée et dont les éponges aient un peu moins d'épaisseur que dans le fer ordinaire; ne chercher à ramener les talons à la hauteur convenable, que par plusieurs ferrures successives.

Pieds plats ou *combles* (fig. 21, 22, 23). Ne retrancher de la paroi que la circonférence et toucher très-peu à la sole et aux talons; employer un fer plus ou moins couvert, selon la gravité du défaut, et ayant aussi plus d'ajusture. Quand les talons sont très-bas et faibles, on emploie un fer couvert à éponges réunies.

Pieds panards (fig. 27). Abattre le côté externe du pied beaucoup plus que l'autre, mais point assez cependant pour les mettre tous deux égaux, à moins qu'il n'y ait qu'une légère différence entre eux; employer le fer ordinaire, si le défaut est peu sensible; s'il l'est beaucoup, employer un fer qui ait une bosse sur le milieu de l'éponge interne.

Pieds cagneux (fig. 26). Employer les moyens contraires à ceux ci-dessus, c'est-à-dire abattre du côté interne et placer la bosse sur le milieu de l'éponge externe.

Pieds qui pèchent par la qualité de la corne.

Pieds gras ou *mous*. Parer bien également et veiller a ce que les clous ne pressent et n'échauffent pas la corne ; employer pour cela un fer léger un peu couvert et des clous à lame peu forte.

Pieds secs ou *maigres*. Employer d'abord continuellement tous les moyens propres à opérer le ramollissement de la corne et à obvier à la sécheresse de l'ongle. Abattre le plus qu'il sera possible de la circonférence du pied ; employer un fer léger avec peu d'ajusture et qui garnisse légèrement, et des clous à lame déliée. (Voir *pieds petits*.)

Pieds dérobés. Retrancher, autant que possible , toute la mauvaise corne, parant bien également le bord inférieur de la muraille ; employer un fer étampé dans les endroits où la corne est assez bonne pour supporter les lames des clous, qui dans ce cas doivent être assez longs et déliés.

Pieds à fourchette grasse ou *molle*. Cette défectuosité, ordinaire dans les pieds mous, évasés, plats ou combles, et même quelquefois dans les talons bas, peut donner lieu à des accidens graves. La ferrure, quelque bien pratiquée qu'elle soit, n'est pas toujours dans le cas de parer aux suites d'une fourchette grasse ; les soins de propreté, les substances dessiccatives, telles que le vinaigre, l'extrait de saturne, etc., sont les meilleurs moyens de parvenir à ce but.

Pieds à fourchette maigre ou *sèche*. Ce défaut, opposé au précédent, et qui se rencontre ordinairement dans les pieds encastelés ou à talons serrés, demande tous les soins possibles pour faciliter l'abord des sucs nutritifs dans cette partie, et favoriser son développement. Parer bien à plat la fourchette et les talons, mais sans les creuser, et graisser fréquemment les parties postérieures de l'ongle, sont les moyens les plus convenables.

Ferrure des chevaux qui pèchent par la direction de leurs membres.
(Pl. III.)

Chevaux court-jointés ou *droits sur leurs membres* (fig. 5 et 12). Abattre, selon la gravité du défaut, les quartiers, les talons, ainsi que la fourchette, mais ne pas toucher à la pince qui, presque toujours, est trop courte dans ce cas; employer un fer ordinaire dont les éponges soient courtes et minces et la pince un peu plus relevée que de coutume.

Chevaux brassicourts, arqués ou *boutés* (fig. 6). (Pour ces derniers, voir Tares et maladies, titre II de cette troisième partie.) Parer le pied comme dans le cas précédent, en abattant néanmoins un peu plus des talons; employer un fer dont la pince soit un peu prolongée et plus ou moins relevée, selon le degré d'usure du membre.

Nota. Dans les deux cas qui viennent d'être cités, ce n'est que progressivement et par plusieurs ferrures successives, qu'il faut ramener l'appui un peu plus vers les talons : le faire tout d'un coup serait exposer les tendons à un tiraillement très-prononcé et dangereux.

Chevaux long-jointés (fig. 4 et 11). On emploie les procédés contraires à ceux indiqués ci-dessus; on retranche de la pince et on ménage les quartiers et les talons, sans cependant y laisser de mauvaise corne; on emploie un fer à bosses au milieu des éponges.

Cheval qui se couche en vache. Parer le pied également partout, excepté du côté interne, où on laisse le talon un peu plus haut que de l'autre, afin de pouvoir y incruster l'éponge du fer; employer un fer dont l'éponge interne soit raccourcie, et incruster l'extrémité de cette éponge dans le talon de manière qu'elle soit au niveau de la corne.

Cheval qui se coupe. Une ferrure ordinaire, mais très-juste du côté interne, suffit assez souvent lorsque le cheval se coupe peu; mais si ce défaut est grave, il faut examiner avec quelle partie de la branche interne du fer l'animal se coupe, tenir cette partie un peu moins large que les autres et ne pas y pratiquer des étampures.

Des chevaux qui forgent. On entend par forger, le choc de la pince des pieds postérieurs sur les talons, les éponges ou la voûte des fers de devant, surtout dans l'allure du pas et du trot.

Le cheval forge : 1° par la faute du cavalier; 2° par excès de faiblesse; 3° par le défaut de jeu des membres de devant; 4° par l'excès de jeu de ceux de derrière; 5° par le trop de longueur des vertèbres lombaires; 6° par le relâchement des muscles et des ligamens de ces mêmes vertèbres.

Dans le premier cas, le cavalier doit employer les moyens que l'équitation lui indique.

Dans la plupart des autres causes, on reconnaît des défauts de conformation de l'avant ou de l'arrière-main; tantôt le cheval est bas du devant; tantôt il a la tête, l'encolure et le poitrail chargés; d'autres fois ses extrémités postérieures sont trop hautes ou celles de devant trop basses ou trop long-jointées, etc. Quand l'animal est jeune, on développe son avant-main par l'exercice du cercle, on y joint le fer à bec lorsque les épaules n'ont pas tout le jeu qu'on peut désirer; puis on fortifie ces parties par des frictions d'eau-de-vie ou d'huile essentielle de lavande, précédées de l'action du bouchon.

On peut même les étendre sur toute l'extrémité dans les chevaux fatigués, parce qu'elles ont un effet merveilleux pour rassurer les tissus, ranimer la circulation et retarder les suites de l'usure, que le feu ensuite vient mieux corriger. Enfin, on ferre les pieds de devant et ceux de derrière, dans l'intention de hâter le lever des premiers et de retarder celui des seconds; on y parvient en abattant beaucoup les talons des pieds antérieurs et la pince des pieds postérieurs; les talons de ceux-ci doivent être ménagés, afin que, leur extension en arrière étant assurée, ils quittent le sol moins vite, et ceux de devant plus promptement par le moyen contraire.

Il a été dit quels fers on employait dans ce cas.

ARTICLE IV.

De la manière de seller, et des effets du harnachement et de l'équipement.

Il y a, dans l'action de garnir un cheval des divers effets qui sont utiles à son emploi, des précautions de deux sortes: celles qui appartiennent à la symétrie, à l'ordre, à l'uniformité, et celles que l'on peut appeler hygiéniques, dont les résultats intéressent sa conservation. Il s'agit de ces dernières ici, les autres étant prescrites par les ordonnances et habitudes du service régimentaire, non toutefois qu'elles doivent être soustraites aux principes qui servent de bases à l'application des mesures de conservation; elles doivent au contraire leur être toujours subordonnées. Ces précautions se rapportent à l'emploi de tout ce qui sert 1° à fixer le cheval pendant le repos, 2° à le diriger dans le travail, et 3° à assujettir sur lui le fardeau. Dans la première catégorie se trouvent les licous, les colliers, etc.; dans la seconde se rencontrent les brides, les caveçons, etc., et dans la troisième il faut placer la selle, ses accessoires, le bât, etc.

La bonne confection et les proportions de ces agens avec les parties qui doivent en supporter l'action sont les premières conditions qu'ils aient à remplir pour ne pas les offenser; la seconde, c'est que les tissus soient également comprimés, et que cette compression s'étende au plus grand nombre de parties possible, afin qu'elle soit moins forte pour chacune; la troisième dépend de soins particuliers dans l'emploi du cheval, et qui s'appliquent, soit à la position plus ou moins fixe et régulière du cavalier, soit à la manière dont l'ensemble de la charge sera assuré pendant la marche et lors des mouvemens irréguliers, soit enfin aux précautions qui seront prises après le travail, et lorsqu'il s'agira de débarrasser l'animal de son équipement et du harnachement.

Mais si, dans un cadre aussi peu étendu, se trouvent comprises toutes les théories sur la matière, l'application judicieuse n'est pas l'affaire d'un moment; elle doit être, dans un régiment, l'objet de l'attention constante de l'officier, de son instruction de détail, comme de celle de sa troupe, l'absence de ces moyens de conservation pouvant enlever à un corps en marche, ou à la guerre, une portion toujours trop nombreuse de ses chevaux; car les causes les plus réitérées des pertes qu'éprouvent les régimens ne sont pas toujours dues aux combats.

La bride mérite plutôt attention comme aide que par les lésions qu'elle peut produire; car, dès que ses effets sont assurés sous le premier rapport, il est rare qu'elle blesse le cheval. Cependant il pourrait ne pas en être toujours ainsi, tant cet animal est patient dans la douleur, et le cavalier doit s'assurer si les barres, les lèvres à leur commissure surtout, si le menton, et encore la nuque sous la têtière, ne sont pas meurtris ou coupés, afin d'y remédier.

L'usage des licous, colliers, caveçons, etc., demande des soins analogues pour être employés sans accidens; la selle et ses accessoires en veulent de particuliers. C'est dans leur emploi surtout que doivent être appliqués, jusqu'à la minutie, les principes indiqués ci-dessus; car les désastres qui suivent son usage sont très-fréquens dans les régimens.

Les effets qui résultent ordinairement de la pression exercée sur les tissus, sont d'y ralentir, et par continuité, d'y annuler la circulation; la sensibilité bientôt s'émousse, la vie s'éteint dans la partie, et une gangrenne, partielle d'abord, mais susceptible de s'étendre, termine bientôt un état tout-à-fait contraire aux conditions de la vitalité. Une compression ou moins intense ou moins long-temps continuée, et qui ne serait pas graduellement diminuée, produirait des blessures d'une gravité relative à leurs causes, et qui sont d'autant plus à redouter qu'elles ont lieu sur la ligne des vertèbres ou près d'elles, parties sur lesquelles, dans aucun cas, ne doivent porter ni la selle ni le porte-manteau.

Les blessures sur les côtes sont, en toutes circonstances, suivies de bien moins de dangers.

Celles occasionées par la croupière sont très-fréquentes, lorsqu'on veut la faire servir à empêcher la selle de tomber en avant; car cet effet ne peut avoir lieu que par une traction constante sur la queue, et l'étendue des surfaces comprimées ne peut y suffire sans être bientôt entamée. On doit donc borner l'utilité des croupières à maintenir la charge par une tension momentanée, surtout dans des descentes ou dans certains mouvemens violens.

Enfin, dans les chevaux trop gras ou à gros ventre les sangles sont sujettes à couper la peau, surtout lorsqu'elles sont neuves ou durcies par le dessèchement; mais il suffit d'éloigner la cause pour que les effets disparaissent promptement.

Il y a plusieurs causes qui font que certains chevaux se blessent davantage, ou plus tôt; telle est une sensibilité particulière de la peau. En Espagne, pour éviter les blessures qui en résultent, on rase les chevaux dans tous les endroits où porte la charge.

La nature des matières employées à la confection des panneaux de selle, est encore à considérer. On se sert diversement à cet effet de crin, de bourre, de feutre, quelquefois de foin, de paille, etc. Le crin est incontestablement la meilleure de ces matières, parce que son élasticité empêche qu'il ne se pelotonne, ne se durcisse, et ne blesse par un appui irrégulier. La bourre a précisément les inconvéniens qui sont annulés par les avantages du crin; aussi faut-il la battre et la secouer souvent, ce qui n'est ni facile ni économique. Lorsque la matière de la bourre, le poil, est réduit en feutre, il a moins de danger; mais il offre peu de solidité, échauffe beaucoup les parties sur lesquelles il porte, et les prédispose à être offensées par suite d'un long appui. Ordinairement les panneaux des selles sont recouverts en toile; c'est la meilleure matière. Elle procure solidité, fraîcheur, et facilité à être tenue propre, en même temps qu'elle laisse pénétrer la sueur qui se sèche ensuite facilement. L'usage d'une couverture en laine, indispensable pour la cavalerie légère dont les selles sont privées de panneaux, est aussi reconnu utile pour la grosse cavalerie. Les couvertes de la cavalerie légère sont pliées en douze ou en seize; les autres, de moindre dimension, le sont en quatre.

Il est nécessaire de tenir les couvertes dans un état habituel de propreté.

ARTICLE V.

DE LA RÉPARTITION DU TEMPS POUR LE TRAVAIL ET LE REPOS.

PREMIÈRE SECTION.

Du régime.

Les articles qui précèdent ont fait connaître les soins divers et multipliés qu'exige le cheval, pour sa nourriture, son logement, son entretien et son harnachement. En y joignant la juste mesure dont le travail et le repos lui doivent être répartis, nous aurons complété la prescription des diverses précautions qui constituent ce qu'on appelle *régime*. Mais le régime devant naturellement varier d'après la position de chaque individu ; l'âge, le tempérament, les habitudes y apportant de continuelles modifications, il est impossible de prévoir toutes les nuances, et d'énumérer toutes les combinaisons dont cette prescription est susceptible. Les réglemens militaires se sont sagement bornés à tracer la marche qui convient dans les principales situations du service ; c'est dans l'étude approfondie des différentes parties du présent Cours, que l'officier de cavalerie apprendra à juger les exceptions, et à y remédier par les moyens convenables. Une règle générale doit le guider : veiller toujours à annuler ou à retarder l'action des causes qui tendent à la perte du cheval, comme à prolonger au contraire les effets de celles qui peuvent maintenir l'équilibre vital : règle brièvement résumée par le précepte qui dit d'*user de tout et de n'abuser de rien.*

Il importe de savoir apprécier l'influence du *travail* et du *repos*, puisqu'ils font partie essentielle des élémens qui constituent le régime de l'animal en état de santé.

Du travail. Ce mot, pris dans son acception absolue, exprime le degré de fatigue qu'un cheval peut supporter sans inconvénient. Lorsque l'action des muscles a été moins fortement sollicitée, le travail est simplement un *exercice.*

L'emploi outré des forces produit l'excessive lassitude, presque toujours accompagnée du dégoût : le cheval alors est épuisé, et l'on dit qu'*il n'en peut plus.*

L'*exercice* est indispensable à la vie ; il favorise la circulation, la répartition des sucs nutritifs, et l'action régulière de toutes les fonctions.

Dans le *travail*, il y a un plus grand emploi de forces, mais encore sans aucun dérangement fâcheux; le repos et la nourriture suffisent pour réparer les pertes.

A la suite des efforts outrés d'un travail excessif, l'ordre naturel des fonctions vitales est interverti, et l'épuisement peut être poussé à un tel point, qu'il ne reste plus à l'animal assez de forces pour se relever d'un état aussi défavorable. C'est ordinairement alors que le cheval se refuse à manger des alimens, que ses organes épuisés ne pourraient élaborer suffisamment pour retrouver, dans leurs sucs, les élémens d'une vigueur nouvelle; car il faut qu'il reste encore des forces aux organes pour renouveler celles qui leur manquent. L'instinct naturel de l'animal, mieux dirigé que les suggestions de l'ignorance des hommes, l'empêche presque toujours, en pareil cas, de charger son estomac d'alimens qui deviendraient un véritable poison.

Les effets d'un travail raisonné varient dans chaque être; car ils n'ont pas les mêmes conséquences chez les animaux jeunes et chez les vieux, chez ceux d'un tel tempérament, d'une telle race, d'une telle contrée. Celui-ci, qui a l'habitude de travailler journellement huit ou dix heures à une allure lente et s'en trouve bien, succombe après une heure ou deux d'une course rapide. Celui-là, habitué à la régularité du travail d'un manège, ne pourra suffire à une marche, même de peu de durée, en plaine campagne; enfin, que l'on mette à la selle un cheval qui sortira du tirage, et réciproquement que l'on fasse tirer un cheval de selle, pour eux le simple *exercice* sera *travail*, et le travail conduira bientôt à l'épuisement.

Du repos. C'est le repos qui vient réparer les forces, faciliter la digestion et préparer les organes à soutenir de nouveaux efforts. Pour que le repos remplisse ce but, le sommeil est un auxiliaire indispensable ; car, sans le sommeil, il n'y a point d'existence possible, et deux heures qui lui sont consacrées valent mieux qu'un repos du double sans lui.

Toutefois il paraît que le cheval a moins besoin de sommeil que la plupart des animaux, et que trois ou quatre heures sur vingt-quatre lui suffisent. On sait aussi qu'il jouit de la faculté de dormir debout, en se soutenant sur trois extrémités seulement tandis que la quatrième est en repos ; ce qui lui permet de les reposer alternativement toutes quatre. On a remarqué, cependant, qu'il se délasse infiniment mieux et se ruine moins lorsqu'il se couche ; cette habitude est même recherchée par tous ceux qui exigent du cheval beaucoup de travaux.

Quant à la coutume, qu'on prétend avoir existé dans la cavalerie espagnole, d'empêcher exprès les chevaux de se coucher pour se reposer, afin, disait-on, de les rendre plus durs à la fatigue et de les mieux préparer aux travaux de la guerre, on ne peut y voir qu'une fausse et dangereuse application d'un principe général, fort bon en lui-même, mais dont les abus sont toujours condamnables.

L'excès du repos est des plus nuisibles ; il est contre le vœu de la nature, et rend les animaux, aussi-bien que l'homme, incapables du moindre effort. La ruine et les maladies sont plus souvent la suite d'un repos trop prolongé, qu'elles ne le sont du travail et même des fatigues : les extrémités ordinairement s'engorgent et se raidissent; les tissus se remplissent de graisse, et mille accidens surviennent. Si le cheval, soumis à un travail qui lui fait éprouver même des fatigues, offre souvent dans ses extrémités des traces d'usure, il n'en est pas moins vrai qu'il entretient et augmente par là sa force, sa vigueur, son aptitude aux travaux. Qu'importe quelques molettes de plus et un peu moins d'embonpoint, lorsque surtout ces traces d'usure, dues si souvent à l'incapacité du cavalier plutôt qu'aux suites du travail en lui-même, n'altèrent point la solidité du cheval, et ne compromettent pas la sûreté de celui qui le monte!

Ces observations sur les effets et l'influence du travail et du repos font voir l'importance de ces deux causes dans le régime du cheval, et prouvent en même temps l'impossibilité de prescrire à cet égard des règles fixes et absolues, pour les diverses situations du service militaire. Toutes ces situations se rapportent à l'*état de paix* ou à l'*état de guerre*. Le premier se compose du séjour et du travail dans les garnisons, des routes et des marches à l'intérieur. Le second admet d'abord ces diverses situations, mais surtout celle de campagne active, à laquelle les bivouacs, les sièges, les blocus que l'on fait, ou ceux auxquels on est soumis, les marches forcées, les privations de toute espèce, l'abondance de toutes choses, donnent une couleur particulière; et cette situation, pour paraître, au premier coup d'œil, éloignée de l'application de tout principe hygiénique, en réclame au contraire de très-positifs, non pour en user rigoureusement, ce qui serait impossible, mais pour en tirer un parti d'autant meilleur que les circonstances peuvent être pires et continuellement changeantes.

Pour l'état de paix comme pour celui de guerre, la première appréciation à faire, afin de régler la répartition du travail et du repos, serait celle de la somme et de la durée du travail qu'un cheval est en état de soutenir, sans lui être nuisible. Ayant considéré le cheval dans les besoins du service militaire, comme cheval de selle, cheval de trait, et cheval de bât, cette appréciation devrait être faite en raison de ces trois différens genres d'emploi. Le travail auquel on peut l'assujettir, dépend en outre de ses qualités, de ses forces, de l'habitude qu'il aura contractée, des exercices auxquels on le destine, et enfin de la plus ou moins grande quantité de nourriture qu'il doit recevoir. Mais, comme on l'a déjà dit, toutes ces différentes considérations amenant des exceptions pour chaque individu auquel elles seront plus ou moins applicables, on ne peut les traiter en détail, et l'on doit, dans ce Cours, s'en tenir aux observations générales, pour ne pas tomber dans l'inconvénient des prescriptions banales, dont l'emploi d'ailleurs serait plus que difficile dans les régimens.

DEUXIÈME SECTION.

De l'état de paix.

Les ordonnances et réglemens militaires ont déterminé l'ordre des travaux en garnison, ainsi que celui des détails des marches à l'intérieur, tels que les lieux d'étapes et de séjour, le départ, le repos et l'arrivée.

On y apprécie la différence des saisons, celle que nécessite l'âge des chevaux dans les travaux auxquels on
peut les soumettre, et enfin la nature et les doses respec-
tives des substances alimentaires. Toutes ces prescriptions sont sages et bien calculées.

Cependant, lorsque l'Ordonnance bornait le travail
de chaque cheval à une heure et demie ou deux heures
au plus par jour, et seulement deux ou trois fois par
semaine, on ne peut douter que des considérations, qui se
rattachent à l'instruction particulière du cavalier, aux
obligations diverses auxquelles l'assujettit son service,
aux soins de police et d'administration intérieures, ne
soient les motifs pour lesquels des réglemens, qui ont
si bien apprécié tout ce qui regarde les chevaux, ont
laissé ceux des régimens dans un repos beaucoup trop
prolongé, et tout-à-fait contraire à leur destination
véritable. C'est pour la guerre qu'ils doivent être dressés; il est donc indispensable de les habituer de bonne
heure aux fatigues qui peuvent les attendre. Un cheval
de troupe, de l'âge de six ans, nourri et soigné comme
les articles précédens le recommandent, peut et doit
même travailler au moins deux heures par jour. Le
travail de garnison n'est, par sa régularité, qu'un exercice salutaire et indispensable pour les chevaux; il ne
suffirait même pas pour les habituer aux fatigues, si
l'on n'y joignait de fréquentes marches militaires avec
armes et bagages. Ces marches ont le double avantage
de tenir les chevaux constamment en haleine, et de
faire connaître les parties du harnachement, qui, pour
être mal ajustées, occasionent ordinairement des blessures durant les premiers jours d'une route.

Lorsqu'on voyage à l'intérieur, la distance des étapes, le nombre et le lieu des séjours, sont prescrits par l'ordre de route. Toutes ces dispositions sont calculées convenablement; au besoin, cependant, on pourrait sans inconvénient pour les chevaux faire des journées d'étapes de plus de six ou huit lieues, ainsi qu'elles sont ordinairement fixées, et retarder les séjours qui se font habituellement tous les quatre jours. Mais quelle que soit la longueur des marches, il ne faut jamais négliger les haltes fréquentes et toutes les précautions que prescrit le réglement sur le service de la cavalerie.

L'allure du pas est ordinairement employée pour faire route. C'est celle que le cheval peut soutenir le plus long-temps, et qui rend presque nuls les inconvéniens des à-coups inséparables d'une marche en colonne de route. Mais cette allure, par sa lenteur, contraint le cheval à rester long-temps en chemin; la facilité de tenue qu'elle donne au cavalier, permet à celui-ci de négliger sa position, de s'abandonner sur la selle, et de prendre, lorsqu'il est fatigué, des positions qui, le mettant hors de son aplomb, contrarient les mouvemens du cheval, le fatiguent doublement et occasionent des blessures. L'allure du trot n'offre pas ces inconvéniens; outre qu'elle abrège la durée de la marche, elle fatigue moins le cheval que toute autre, parce que son aplomb n'est pas sans cesse dérangé par l'ébranlement d'une assiette vacillante, le cavalier étant obligé de se lier constamment aux mouvemens de son cheval. Mais cette allure n'est possible à une colonne de route un peu étendue, que par intervalle, lorsque le chemin est favorable, et en observant des distances soutenues entre chaque fraction de la colonne.

On a quelquefois mis en question si, pendant les chaleurs de l'été, et dans les pays chauds, les marches de nuit n'étaient pas préférables aux marches de jour. L'expérience s'est prononcée pour ces dernières.

La nuit exige, de la part du cheval, une attention constante pour la sûreté de sa marche ; ses yeux et ses oreilles sont continuellement attentifs ; aussi ne se livre-t-il jamais à ces écarts de gaieté qui, pendant le jour, témoignent de sa bonne santé et de ses dispositions favorables à soutenir les fatigues. Pendant les marches de nuit, toujours silencieuses, les cavaliers s'abandonnent et s'endorment sur leurs chevaux, qui n'en sont que plus gênés et plus tôt fatigués.

Quand le jour est venu, on s'arrête pour leur donner du repos et leur faire prendre leur nourriture. Mais, étouffés de chaleur dans les écuries, ils mangent à peine, et continuellement dérangés par le bruit extérieur, ou tourmentés par les insectes, ils ne peuvent prendre aucun repos.

TROISIÈME SECTION.

De l'état de campagne.

C'est particulièrement en campagne que la difficulté, ou l'impossibilité de remplir une ou plusieurs des obligations spécifiées dans les articles précédens comme nécessaires à la conservation du cheval, rendent plus obligatoires pour le cavalier celles qu'il reste en son pouvoir d'accomplir, comme devant faire compensation pour les autres. C'est alors que les connaissances acquises par l'étude deviennent précieuses : dans ces momens de crise, l'expérience (et certes la théorie en est une bien réelle), vient conseiller une multitude de précautions et de soins qui réparent ou diminuent les désavantages de la position, et maintiennent l'honneur des corps en concourant à leur conservation.

Nous l'avons déjà dit, il est impossible d'établir des préceptes positifs pour chaque situation. En temps de guerre il faut se rapprocher, autant qu'on le peut, des précautions et des soins qu'on observait en temps de paix. Si les distributions régulières de fourrage deviennent impossibles, si les localités n'offrent que des ressources bornées, il faut en combiner l'emploi de la manière la plus favorable à la conservation du cheval, suivant les principes développés dans les articles précédens; surtout, il ne faut jamais perdre de vue que le repos est indispensable au cheval, pour prendre sa nourriture et réparer ses forces, et que pour cela la nuit est le moment le plus favorable, dans toutes les saisons et sous toutes les latitudes.

S'il peut être placé dans une habitation, ce soin est trop réellement dans l'intérêt de sa conversation pour qu'on ne cherche pas continuellement à le remplir. Les bivouacs ont toujours des inconvéniens; le vent, la pluie, le froid, les grandes chaleurs, les insectes et mille autres accidens imprévus, exposent le cheval, suivant la saison, à toutes les maladies qui résultent de la fatigue et des arrêts de transpiration. Cependant, à défaut d'habitation, et en raison des opérations de la guerre, le cheval est souvent mis au *bivouac.*

Dans ce cas, le choix de l'emplacement doit être fait avec discernement. Il faut avoir égard aux courans d'air, dont l'influence est toujours plus ou moins dangereuse;

à la nature du terrain sur lequel le cheval doit reposer et prendre sa nourriture; à la proximité et à la qualité de l'eau pour l'abreuver; à la disposition de l'emplacement qui peut offrir un abri toujours favorable au cheval, soit qu'il provienne d'un bois, d'un accident de terrain, ou de toute autre cause. Quoique le cheval repose debout, il ne faut pas négliger de lui donner la facilité de se coucher, parce que le repos est encore meilleur. Pour cela, on lui fait une bonne litière, on desserre les sangles et on le débarrasse des parties du harnachement qui pourraient le gêner, autant toutefois que ces soins ne compromettent pas la sûreté de la position où l'on se trouve. Si le terrain sur lequel on dépose sa nourriture est trop humide, les alimens se détériorent et se perdent par l'humidité; trop sablonneux, le sable se mêle aux alimens, et il en résulte plus tard des accidens graves pour la santé du cheval.

Plus le séjour au bivouac est prolongé, plus les soins de pansage et de propreté doivent être scrupuleusement observés. Si l'on est obligé de laisser les chevaux continuellement sellés, on trouve toujours un moment favorable de leur rafraîchir le dos, en lui donnant de l'air et en le frottant avec une poignée de paille pour y maintenir la circulation. Enfin, si des marches forcées, des travaux extraordinaires, tels que le transport des munitions, l'escorte des convois, etc., viennent augmenter les fatigues, il faut veiller plus que jamais à ce que les momens du repos soient bien répartis, profiter, pour donner la nourriture, de toutes les circonstances favorables que permet la situation ou la localité, éviter autant que possible les marches de nuit, et ne négliger aucune occasion de remédier, par ses soins et par les moyens dont on pourra disposer, aux causes de dépérissement dont le cheval est entouré.

Nous n'avons envisagé que le cheval de selle, dans les considérations qui précèdent sur la répartition du travail et du repos, en temps de paix et en temps de guerre. Elles sont également applicables au cheval de trait et au cheval de bât; mais ce dernier n'étant ordinairement acheté qu'au moment du besoin, il faut encore plus de soin et d'attention pour que le passage subit à un nouveau genre de régime et de travail, auxquels rien ne l'a préparé, ne lui devienne pas funeste.

Dans les articles consacrés spécialement au cheval de trait et au cheval de bât, on a fait connaître, avec la nature de ces différens services, les qualités du cheval qui pouvait y être employé, ainsi que le genre et la durée du travail qu'il pouvait raisonnablement supporter. Le service du train et des équipages de montagnes est toujours pénible en campagne. Il oblige ordinairement les chevaux à marcher toute une journée; aussi les réglemens leur assignent-ils une ration plus forte qu'aux chevaux de selle, et l'on doit mettre à profit pour eux toutes les indications qui ont été données pour les autres. Ce n'est point assez de faire de fréquentes haltes dans une longue marche, il faut encore savoir se ménager un repos un peu prolongé, pour faire rafraîchir les chevaux, après avoir fait à peu près les deux tiers de la journée. Cette recommandation est aussi spécialement applicable aux marches forcées que font les chevaux de cavalerie.

Ce repos aurait peu d'utilité, s'il ne servait à faire prendre aux chevaux une nourriture, qu'on désigne sous le nom de *rafraîchissement*. Une ou deux heures sont alors nécessaires, parce qu'il importe de ne pas faire travailler le cheval immédiatement après qu'il s'est repu. On manque rarement du temps suffisant pour cela, et le bon officier sait toujours allier à propos les soins conservateurs avec les précautions que réclament le service, la garde et la sûreté de la position où il est placé. Le cheval chargé de traîner ou de porter un lourd fardeau, s'épuiserait bientôt s'il était journellement obligé de rester long-temps en marche sans se rafraîchir, surtout s'il souffrait de la soif, la privation de l'eau lui étant singulièrement préjudiciable.

Il est superflu de s'arrêter sur la recommandation de l'allure du pas, qui seule convient à ces chevaux. Une allure plus accélérée ne peut être motivée que par des circonstances particulières et pressantes, dont l'occasion seule fait connaître la nécessité.

On ne doit pas passer sous silence (comme indication qui peut être utile dans l'occasion), que dans les pays de montagnes, où l'emploi des bêtes de somme est habituel, on attache à leur tête une poche ou musette, en tissu de paille, crin ou bourre, dans laquelle on place du foin. Ainsi l'animal mange en marchant, et peut boire sans danger la première eau qu'il trouve. Le grain dont on le nourrit lui est aussi donné de la même manière. Par ce moyen on peut faire une longue marche, en se contentant de quelques haltes de peu de durée.

On ne peut mieux terminer cet article, qu'en empruntant à Bourgelat ce qu'il prescrit sur les soins à prendre du cheval en voyage : ses recommandations peuvent servir de guide pour toute circonstance analogue à celle qu'il choisit.

Soins du cheval en voyage.

Quelque temps avant d'entreprendre une route, il faut mettre le cheval en haleine en le faisant promener deux ou trois heures par jour, pour le disposer ainsi insensiblement à fournir avec aisance le chemin qu'il doit faire. Les premières journées doivent être courtes, sauf à les augmenter peu à peu, ainsi que la dose du fourrage et du grain; car, si on en donne trop, l'animal se dégoûte, et ce refus qu'il en fait, le prive totalement des moyens de maintenir sa vigueur; ses forces diminuent et sont abattues par degrés. Ou l'on fait sa journée d'une traite et sans débrider, ou on la partage entre le matin et le soir. Le premier de ces partis nous semble préférable, le temps le plus propre à l'exercice, en effet, étant celui où la digestion est achevée et qui précède le repas; d'ailleurs, le cheval qui finit et qui achève sa journée de bonne heure a plus de temps pour se rafraîchir et se reposer. Au surplus, quand on se propose de cheminer le matin et le soir, on s'arrange de manière que l'animal exécute, dans la première de ces parties du jour, les deux tiers de la marche qu'il a à faire. Il est encore très-essentiel d'éviter les heures des grandes chaleurs de l'été; la combinaison d'un air trop chaud avec un mouvement continuel enflamme la masse du sang, force la transpiration et épuise nécessairement la machine.

A mesure que l'on s'approche du lieu où l'on a le projet de s'arrêter, l'allure du cheval doit être ralentie. Un cheval qui a chaud en arrivant peut être saisi d'un

refroidissement subit, dont les suites sont des inflammations plus ou moins graves. Si cette sage précaution
était demeurée inutile, et si l'animal est en sueur, on le
promènera, on le tiendra à une action lente et douce
pour donner à cette sueur le temps de se dissiper sans
danger; car le froid n'est jamais à craindre tant que
le corps est en action.

On pourrait encore le débrider, le desseller, abattre
l'eau avec le couteau de chaleur, le bouchonner, laver
avec une éponge ses yeux, ses naseaux, etc. On le
couvre ensuite avec de la paille fraîche, qu'on assujettit par le moyen d'un surfaix ou d'une couverture.
Toutes ces précautions, qui ont pour objet de s'opposer à la suppression de la transpiration, doivent avoir
lieu dans l'écurie ou dans un lieu tempéré et à l'abri
de tout air vif, qui contrarierait ces vues (*). Ensuite,
bien loin de bouchonner les jambes, ce qui fait affluer
les humeurs sur ces parties, on les lave avec de l'eau
fraîche qui répercute ces mêmes humeurs naturellement portées à s'y jeter, ce qui ne peut que fortifier
les membres.

Quand les chevaux ne sont que légèrement échauffés,
on leur ôte seulement la gourmette, au lieu de les dé-

(*) Lorsqu'un cheval est couvert de sueur, il faut ajouter que ce
n'est pas avec le bouchon qu'il faut le frotter alors, mais bien avec
de la paille ou de la litière sèche, que l'on prend à pleine main; l'intention étant de sécher le cheval par le moyen de cette paille, qui se
charge de la sueur, et qu'on doit changer par conséquent dès qu'elle
en est imprégnée.

Si on est dans l'été ou qu'il y ait du soleil, et surtout si l'écurie
est froide, il ne peut qu'être avantageux de laisser le cheval quelque
temps au soleil pour être séché, mais à l'abri des courans d'air, qui
sont à redouter particulièrement alors.

Il faut encore observer qu'il y a des chevaux qui ne suent qu'après

brider ; on *fait net* devant eux dans l'auge et dans le râtelier, et on les laisse une heure sans manger ; au bout de ce temps on leur donne un peu de foin ou de paille, selon l'habitude qu'ils ont de manger l'un ou l'autre, puis on les fait boire et on leur donne ensuite l'avoine.

Les pieds exigeant une attention constante et sérieuse, on les nettoie avec le cure-pied, on les remplit de terre glaise, pour peu qu'ils soient sensibles et chauds ; on enduit enfin la couronne et le sabot avec un corps gras, de l'onguent de pied préférablement. On doit faire sécher les panneaux de la selle, puis les battre, pour que leur raideur ou leur dureté ne blesse pas le cheval.

Il est de la prudence de ne pas abreuver les chevaux en route, parce que l'eau peut être de mauvaise qualité, et s'ils ont chaud, on peut leur donner des coliques et des tranchées trop souvent mortelles.

Enfin le repos, la bonne litière, le soulagement des pieds et surtout des talons, par l'extraction de deux lames de clous de chaque côté, la terre glaise fraîche renouvelée tous les jours deux fois sur la sole, de fréquentes lotions faites sur les jambes avec de l'eau

---

être arrivés à l'écurie, et qui alors mouilleraient leur couverture si on la leur mettait. Il est donc préférable, au lieu de les couvrir de suite, d'attendre que cette sueur se soit calmée ; car rien ne devient plus malsain que ces couvertures qui se refroidissent ensuite, et deviennent plus nuisibles qu'utiles. En général, les couvertures doivent se mettre lorsque la chaleur de l'animal se passe et que l'on aurait à craindre son refroidissement. Outre ces soins, à l'arrivée d'une marche rapide, Bourgelat conseille de souffler quelques bouchées de vin dans les naseaux et dans la bouche. On leur en fait même avaler à la suite d'une course ou d'un travail forcé.

fraîche acidulée par le vinaigre, l'eau blanche, l'ouverture de la jugulaire (*) trois ou quatre jours après que le cheval s'est reposé; tels sont les moyens, à la suite d'un voyage plus ou moins pénible, de rétablir le cheval entièrement.

(*) Cette opération ne nous semble pas devoir être simplement hygiénique, et elle doit n'être faite que dans le cas où l'état du sujet la réclamerait : ce que le vétérinaire doit indiquer alors.

TITRE II. — Du Cheval malade.

CHAPITRE Ier. — *Des maladies et des accidens.*

Le cheval est exposé à une multide de maux, dont les causes sont aussi diverses que compliquées, et dont l'énumération et la classification méthodique, adoptées par l'art médical, ne sont pas compatibles avec le but auquel ce Cours doit tendre.

Pour classer ces accidens et ces maladies de la manière la plus convenable à l'Équitation Militaire, ils ont été rangés dans l'ordre indiqué au tableau suivant.

Cet ordre, qui est peu méthodique aux yeux d'une étude médicale rigoureusement basée sur les principes, a au moins l'avantage de se rapprocher de l'étude appréciative du cheval, de faciliter celle de son emploi, et de ne pas trop s'éloigner cependant des principales indications curatives qu'il est prescrit d'y adjoindre.

TABLEAU

Des tares, des défectuosités maladives, et de plusieurs
des maladies du cheval.

ARTICLES.	SÉRIES.	DÉTAILS.
Ier. Affections et tares relatives...	1° Aux mouvemens.	Embarras, gêne, raideur, claudications, éparvin sec.
	2° Aux aplombs.	Changement de direction des rayons articulaires, tels que arqué, droit sur ses membres, bouté, etc.
	3° Aux proportions et formes extérieures.	1° Engorgemens de la peau et des tissus adjacens, capelets. 2° Tumeurs synoviales, molettes, vessigons, etc. 3° Tumeurs osseuses, exostoses, suros, formes, éparvins, jardes, etc.
IIe. Accidens principalement extérieurs,	1° Sans lésion de la peau.	Dérangemens dans les articulations, luxations, entorses ou mémarchures, efforts, écarts, etc.
	2° Avec lésion de la peau, le plus ordinairement.	Mal ou flegmon à la nuque, maux de garrot, de dos, de reins, des côtes : trombus, blessures accidentelles, fractures.
IIIe. Maladies essentiellement intérieures,	1° Dont le siège est à la tête ou au tronc.	1° Affections des oreilles, des yeux : maladies des parties dépendantes des organes digestifs : lampas, barbes, barbillons, tics, etc. : coliques, hernies, etc. 2° Affections apparentes aux parties comprises dans les organes de la respiration : morve, gourme, affection du poumon, etc.
	2° Dont le siège est aux extrémités.	1° Crevasses, écoulemens d'humeurs, eaux aux jambes, etc. 2° Affections du pied.
	3° Dites contagieuses, épizootiques ou endémiques.	Morve, farcin, gale, rage, charbon, maladies épizootiques.
	4° Maladies redhibitoires.	Pousse, courbature, cornage, tic, fluxion périodique, etc.
	5° Réputées nerveuses.	Épilepsie ou mal caduc, vertige, immobilité et tétanos.

La division principale qui partage en deux grandes classes, *maladies aiguës* et *maladies chroniques*, toutes les affections maladives du cheval, se rapporte plus particulièrement au chapitre suivant, qui traite des soins du cheval malade.

ARTICLE PREMIER.

AFFECTIONS ET TARES.

PREMIÈRE SERIE.

PAR RAPPORT AUX MOUVEMENS.

Embarras, gêne, raideur dans les mouvemens, claudications.

La raideur dans les mouvemens, leur défaut d'étendue et de justesse, peuvent dépendre de plusieurs causes non énumérées jusqu'à présent, et qu'il faut connaître; car la valeur du cheval y est souvent attachée.

Souvent cette raideur, cet embarras viennent de l'action musculaire, soit par défaut d'organisation première, et l'hérédité doit y contribuer pour beaucoup, soit par défaut d'instruction appropriée, enfin par fatigues, usure ou accidens quelconques.

Parmi un grand nombre de claudications, il en est une surtout, dite de *vieux mal*, qui appartient plus aux tares qu'aux maladies, et dont, par conséquent, il doit être ici question.

Le nom seul de cette boiterie la fait assez connaître.

Elle est en effet la suite d'accidens anciens, tout-à-fait passés de l'état aigu à l'état chronique ; tels sont de vieux écarts, peut-être des rhumatismes, des efforts ou des souffrances du pied, etc., qui sont tous défavorables au service de l'animal. Tantôt le cheval qui en est affecté, boite après un certain temps d'exercice, et le mal, dans ce cas, augmente en proportion de la fatigue, de façon même à ne plus permettre de continuer le travail. D'autres fois le contraire a lieu ; c'est après le repos que la claudication paraît, pour cesser par la marche qui semble engourdir la sensibilité, effacer tout effet douloureux, et mettre l'animal en état de marcher assez droit pour tromper les yeux les plus exercés.

La conséquence toute simple à tirer de ces faits est qu'il faut, par une juste méfiance d'accidens très-fâcheux et très-fréquens, voir les chevaux à plusieurs reprises dans des circonstances différentes, de façon à se garantir des erreurs que trop de précipitation fait commettre.

De l'éparvin sec. Cette défectuosité, placée dans cette série parce qu'elle est unique dans son genre, paraît mieux y figurer qu'à la suite des éparvins calleux et de bœuf, avec lesquels on la confond généralement, bien qu'elle n'ait avec eux aucun autre rapport que le nom.

Elle consiste en un mouvement vif, saccadé et convulsif, de toute l'extrémité postérieure, au moment où elle quitte le sol, ce qu'on appelle *harper :* le cheval lève quelquefois le pied si haut, qu'il le rapproche presque du ventre. Ce mouvement, fort désagréable à l'œil, apparaît dans le plus léger exercice. Le cheval a l'air estropié, se fatigue beaucoup, finit par boiter, sans que l'on connaisse les moyens d'y parer, pas plus que les causes qui déterminent l'éparvin sec. Les uns pensent qu'il est dû au manque de synovie dans l'articulation (de là sans doute son nom); les autres l'attribuent à une affection nerveuse ou à une exostose interne. Le fait est que personne n'en a parlé d'une manière satisfaisante. Ce qui est réel, c'est que certains chevaux *harpent* toujours, d'autres seulement en commençant à travailler, et d'autres cessent ce mouvement après quelque temps d'exercice; il en est aussi dans lesquels il n'est visible qu'à des époques plus ou moins éloignées.

Il déprécie infiniment les chevaux dans lesquels il ne disparaît jamais; il ne les fait pas, à bien dire, boiter, car toute son action se passe lors du lever de l'extrémité; cependant il ralentit infiniment la marche, et finit ordinairement, en cas de travaux tant soit peu actifs, par être suivi de tares diverses et de claudications. D'ailleurs, les mouvemens désordonnés qui le constituent sont trop apparens pour ne pas être remarqués facilement par les moins connaisseurs, ce qui contribue à ôter encore de la valeur aux chevaux qui en sont atteints.

DEUXIÈME SÉRIE.

AFFECTIONS ET TARES RELATIVES AUX APLOMBS.

Changemens de direction des rayons articulaires, tels que être arqué, droit sur ses membres, bouté, etc. (Pl. III.)

Ces défectuosités résultent des changemens que les travaux déterminent dans la direction des rayons articulaires des membres, surtout aux rayons inférieurs.

Ces changemens paraissent produits par une espèce de rétraction ou raccourcissement des ligamens, des tendons, et peut-être même des muscles, à la suite de fatigues et de tiraillemens trop violens ou trop répétés.

Cependant cet effet n'est pas constant, et on voit quelquefois, mais rarement, ces mêmes tissus s'alonger au lieu de se raccourcir; du moins, c'est ce que témoignent les jambes de plusieurs étalons, devenus vieux et fatigués de longue date par la monte; mais on peut considérer ceci comme une exception, qui même n'arrive que dans des chevaux ou bas ou long-jointés.

Les inconvéniens les plus graves suivent cette perte des aplombs; car les os ne portent plus sur leur véritable surface articulaire, et la tendance aux chutes est imminente, la contraction musculaire ne pouvant, le plus souvent, maintenir les articulations dans un état de solidité suffisante pour les empêcher de céder au poids du corps. Ce poids, les faisant fléchir, détermine alors des chutes partielles ou totales, presque toujours funestes au cavalier.

Cette usure par perte des aplombs, qui est plutôt une infirmité qu'une maladie proprement dite, rend le cheval sans valeur pour la selle, et tout au plus convenable au tirage, encore pour le service commun.

De toutes les articulations de la partie inférieure des membres, le jarret paraît offrir celle que les tares changent le moins dans les aplombs; mais il n'en est pas de même du genou.

En effet, lorsque les tissus de la face postérieure se raccourcissent, cette articulation est forcée de se porter en avant, ce qui la fait appeler *arquée*, de la disposition en arc qu'elle prend alors.

Le tremblement presque continuel dont les jambes sont affectées, fait distinguer facilement un cheval *arqué* d'un cheval *brassicourt*, dont il a été question à l'article des défectuosités naturelles des aplombs (fig. 6).

Lorsque la même rétraction des tissus survient à l'articulation des boulets, qui alors se redressent, on dit que le cheval est *droit* sur ses *membres;* il est *bouté* ou *bouleté* lorsque le mal est porté au plus haut degré (fig. 5 et 12).

Il en résulte au boulet moins d'inconvénient qu'au genou, parce que son articulation joue un rôle moins essentiel pour la sûreté de la marche; mais les allures sont moins étendues, les réactions deviennent dures, la solidité est moins grande, et le mal presque sans remède.

Lorsque c'est du derrière que le cheval devient *bouté*, le mal est moins grave pour la sûreté du cavalier; mais il diminue cependant la valeur de l'animal. C'est dans les descentes surtout que le boulet, ainsi affecté, cède au poids qui pèse sur lui et que le cheval tombe.

Les allures, dans tous les cas, sont raccourcies par cette défectuosité.

TROISIÈME SÉRIE.

AFFECTIONS ET TARES RELATIVES AUX PROPORTIONS ET AUX FORMES EXTÉRIEURES.

Le plus souvent ces défectuosités sont accidentelles

par suite de l'usure; cependant on les rencontre parfois chez les jeunes chevaux, comme elles peuvent être aussi la suite d'accidens.

PREMIÈRE SECTION.

Engorgemens de la peau et des tissus adjacens.

Les *capelets* sont de simples engorgemens de la peau à la pointe du jarret; ils sont produits par des travaux trop forts, ou par des coups que les chevaux se donnent en se défendant ou en s'acculant. Dans ce dernier cas ordinairement, la peau porte l'empreinte du choc, et les suites n'en sont autres que celles de l'accident en lui - même. Mais les capelets diminuent bien autrement la valeur de l'animal lorsqu'ils sont causés par les fatigues. La peau n'est pas seule engorgée alors, les tissus situés sous elle participent plus ou moins à l'engorgement, et il est rare que d'autres tares ou que la gêne dans les mouvemens ne dénotent pas alors la véritable cause du mal.

Quoique des accidens pareils soient susceptibles d'arriver au genou et au boulet par l'une ou l'autre des causes indiquées, on n'a consacré jusqu'à présent aucun nom à ces tares.

Celles qui viennent aux genoux sont les plus fâcheuses de toutes, surtout si elles sont déterminées par l'usure. Il faut même s'en méfier extrêmement quand on les rencontre dans des chevaux trop jeunes pour être déjà ruinés par la fatigue; elles annoncent presque toujours une faiblesse extrême dans les membres de devant, défectuosité très-grave, que les soins et les ménagemens ne font pas toujours disparaître. Aucune affection n'est légère au genou, pour les chevaux de selle principalement.

Lorsque les genoux portent l'empreinte de chutes ou de coups, que le poil est enlevé, quelquefois même la peau entamée, qu'il y ait tumeur ou non, on dit que le cheval est *couronné*.

DEUXIÈME SECTION.

Tumeurs synoviales.

Parmi les changemens que le travail amène dans les tissus du cheval se remarquent, plus fréquentes que graves, diverses tumeurs ou grosseurs molles autour des articulations : on les connaît sous les noms de *molettes* et de *vessigons*; les premières pour les boulets, les autres pour le jarret. Aucune désignation ni aucun nom ne les signalent pour le genou, où elles viennent cependant, mais rarement.

Ces tumeurs sont dues à la dilatation des capsules synoviales, et sont produites, en général, par le travail plus ou moins forcé; leur gravité tient à leur étendue.

Lorsqu'elles ne viennent qu'à un des côtés d'une articulation, on les dit *simples*. Quand elles apparaissent aux deux côtés, alors elles sont *doubles* ou *chevillées*. Enfin il en est qui remontent très-haut le long du tendon; on les appelle *soufflées*. Dans ce dernier cas, l'articulation a perdu sa forme et une portion remarquable de sa solidité; il est rare que la claudication ne se déclare pas lorsque le cheval est fatigué.

N'attacher à ces tumeurs synoviales aucune importance, comme on prétend que le font les Anglais, pour celles du boulet principalement, est une erreur, surtout quand l'animal a, dans la mollesse de ses tissus, ou dans la disposition de ses articulations, des causes capables d'engendrer cette affection ou de l'augmenter; telles sont les articulations dont les rayons sont trop droits les uns sur les autres. La synovie, en effet, chassée alors trop violemment de l'intérieur de l'articulation, vient heurter avec force sur la capsule, dont les fibres, en cédant, réagissent sur la peau, et celle-ci, trop faible pour résister à son tour, laisse apparaître ces grosseurs synoviales.

Ordinairement elles diminuent beaucoup par le repos, et même disparaissent, parce que la capsule, cessant d'être excitée par les effets du mouvement, absorbe la synovie sécrétée; mais le travail produit des résultats tout contraires, qui sont d'augmenter plus ou moins promptement, et selon l'énergie des causes premières, le volume de ces tumeurs ou leur nombre. C'est ainsi que celles qui sont simples deviennent doubles, et par suite soufflées. Pour empêcher les tumeurs synoviales d'augmenter à la suite du travail, on conseille le moyen des compressions extérieures par des bandages, dont il est facile de concevoir l'effet, du moins comme palliatif et pour arrêter un trop prompt et trop grave développement.

TROISIÈME SECTION.

Tumeurs osseuses.

Les *exostoses* ou tumeurs dures sont produites par

un suintement du suc osseux, qui s'épanche et se durcit au dehors de la surface des os. Comme maladies, ces exostoses importent peu ici; mais comme tares, elles intéressent beaucoup pour la valeur de l'animal, qui souvent même y est entièrement attachée.

Plusieurs causes déterminent les exostoses; tels sont des coups ou des chutes, les tiraillemens des muscles, des tendons, des ligamens, par effort ou usure, ainsi que le refoulement des os dans les articulations.

Il n'en est pas des exostoses comme des capelets; dans ceux-ci, c'est la cause à laquelle ils sont dus qui les rend plus ou moins graves. Dans les exostoses, cette cause a moins d'importance que leur forme et leur situation; car étant de véritables aspérités, plus ou moins inégales ou plus ou moins élevées, mais toujours très-dures, on conçoit tout le dommage qu'elles portent aux tissus qui frottent sur elles, ou aux parties qui se meuvent dans leur voisinage. Là est tout leur danger, et nullement dans les différences que signalent les noms divers qu'on leur a donnés, selon les endroits où elles se rencontrent.

Les exostoses sont nuisibles par leur volume, quand elles soulèvent les tissus qui les couvrent de façon à changer la direction de ces tissus et à influer ainsi sur les aplombs. Elles sont dangereuses par leur forme lorsque celle-ci, anguleuse ou pointue, peut offenser les parties environnantes, surtout sous les tendons des extrémités, et par conséquent là où ces tendons sont le plus multipliés et le plus accolés aux os.

Si les exostoses nuisent aux parties molles, elles ne gênent pas moins les articulations quand elles se trouvent placées de façon à diminuer la liberté ou l'étendue de leur jeu. Elles sont doublement à redouter quand elles agissent de cette manière, et en même temps sur les ligamens et sur les tendons ; mais si elles n'ont ni l'un ni l'autre de ces inconvéniens, elles ne nuisent en rien à la production des mouvemens.

Au paturon et à la couronne, on les appelle *formes* ; au genou, elles portent le nom d'*osselets* ; au canon, celui de *suros*. Ces *suros* sont *simples* ou *doubles*; ils sont dits *fusées* lorsqu'il y en a plusieurs à la suite ou à côté les uns des autres.

A l'articulation du boulet, il survient des exostoses qui ont une disposition particulière; ce ne sont plus de simples épanchemens de sucs osseux, mais c'est une espèce d'engorgement osseux qui entoure les abouts articulaires, et qui semble être un refoulement de ces mêmes abouts, d'où résultent le soulèvement et la gêne des ligamens et tendons. On exprime cet état en disant que le cheval a le *boulet cerclé*. Il arrive quelquefois aussi que la peau est seule engorgée. Le mal, moins grave dans ce cas, est dû plutôt à des fatigues qu'à l'usure; il est alors de la nature des capelets : on le distingue par le toucher. Le repos suffit souvent pour le dissiper; mais il n'en est pas de même lorsque ce sont les os qui sont affectés, et les conséquences alors en sont toujours fâcheuses pour la bonté et la durée des services.

Au jarret, les exostoses sont très-fréquentes et assez régulièrement placées; telles sont celles qu'on appelle *éparvins*, l'un *calleux*, l'autre de *bœuf*; ils viennent à la face interne du jarret. Le premier soude ordinairement avec le canon, ou entre elles, l'une ou l'autre des deux rangées des os aplatis, tantôt un peu plus en avant, tantôt un peu plus en arrière. La forme de cette partie devient alors de plus en plus arrondie et saillante. Quand l'éparvin y est très-prononcé, il offre même une grosseur semblable à une moitié de noisette ou de noix, dont la portion convexe serait en dehors. Ordinairement la raideur, la gêne extrême et la claudication sont les suites graduelles de cet état. Certains petits éparvins sont plus nuisibles que d'autres plus volumineux : cela dépend de leur forme et de leur situation.

L'exostose appelée *éparvin de bœuf* à cause de la ressemblance qu'elle donne à la face interne du jarret du cheval avec celle des bêtes bovines, se distingue de la première par son étendue et sa dureté. Cet éparvin est dû autant à l'engorgement des ligamens qu'à l'empâtement des os. Dans le principe, il est peu dur au toucher, mais bientôt il s'ossifie tout-à-fait, et nuit plus ou moins aux mouvemens de l'articulation. Cette dureté variable qu'offre l'éparvin de bœuf appartient souvent aux éparvins calleux dans leur principe, et cela par suite de l'engorgement qu'ils déterminent dans les ligamens qui les recouvrent. Cet engorgement disparaît avec le temps et le repos, pour ne plus laisser paraître que celui de l'os, qui ne se passe pas de même.

La *courbe* est également une tumeur osseuse, qui vient à l'éminence de la partie inférieure interne du tibia (la malléole dans l'homme). Cette éminence, dans l'état naturel, est un peu plus pointue que ronde ; lorsque la *courbe* y vient, elle augmente, s'arrondit quelquefois irrégulièrement, et nuit surtout aux mouvemens de l'os de la jambe sur celui de la poulie.

L'examen anatomique de plusieurs jarrets affectés

de courbes, et la disposition de cette partie du tibia considérée dans les squelettes, laissent à penser que des contusions ou des efforts violens, qui attaquent le condyle du tibia à cet endroit, sont surtout la cause de cette tumeur, toujours si grave qu'il est rare que l'animal n'en boite pas. Il passe peu de tendons dans son voisinage.

Enfin on appelle *jarde* ou *jardon*, qu'on peut regarder comme un diminutif de la *jarde*, un épanchement du suc osseux à la face latérale externe et inférieure du jarret, précisément à l'endroit où le péroné se joint par sa tête au canon. Quand cette tumeur est peu considérable, elle n'existe que sur le côté, et bien qu'elle gêne le mouvement, elle ne cause pas toujours la boiterie : c'est un simple *jardon*. Mais bientôt elle gagne la face postérieure, souvent même elle passe sous le tendon et se joint au péroné interne ; alors elle devient *jarde*. En cet état, la gravité du mal augmente, les tendons ne sont plus libres, les mouvemens deviennent douloureux et embarrassés. Quand la *jarde* offre des irrégularités osseuses, la claudication se déclare facilement, et l'arrière-main, lorsque les deux jarrets en sont affectés, est traînant et sans ressort.

Quand on veut distinguer facilement le *jardon*, il faut se placer derrière le cheval. Pour la *jarde*, c'est le contraire ; en se mettant sur le côté, on voit alors la saillie convexe qu'elle produit sous le tendon.

Ces diverses exostoses du jarret sont plus particulièrement dues à des causes internes ; et cela se conçoit par la structure et les fonctions de cette articulation, qui ressent si violemment les à-coups, les tiraillemens et les efforts de toute la machine, surtout quand ils surviennent dans la jeunesse, et dans les animaux dont les tissus sont plus ou moins mous.

Mais une autre cause, bien que difficile à justifier, semble encore les produire, du moins au dire de l'expérience qui ne peut être combattue que par des faits. Cette cause est celle de l'hérédité, applicable à la majeure partie des tumeurs osseuses du jarret et aux formes surtout. Mais cela les regarde-t-il toutes également? La cause qui les a produites n'y entre-t-elle pour rien? Car ce peut être un coup, un accident, comme une disposition particulière des tissus osseux, et, sous ces rapports comme sous beaucoup d'autres, la question d'hérédité paraît encore indécise.

ARTICLE II.

MAUX PAR ACCIDENS, PRINCIPALEMENT EXTÉRIEURS.

PREMIÈRE SERIE.

SANS LÉSION DE LA PEAU.

Dérangement des articulations.

Dans cette section se rencontrent les accidens dont la gravité, très-variable, prépare pour l'avenir une faiblesse et une perte de valeur que les soins curatifs les plus prompts et les mieux entendus ne peuvent pas toujours empêcher. Il s'agit spécialement des affections des articulations, appelées *luxations*, *efforts*, *entorses* ou *mémarchures*, *écarts,* etc.

Ces affections, produites généralement par des mouvemens violens, de fausses positions, ou par l'action de sauter, de glisser ou de tomber, présentent, dans les *luxations*, un dérangement ou déboîtement plus ou moins complet des abouts articulaires; les ligamens ordinairement distendus, même déchirés, restent presque toujours dans l'impossibilité de reprendre leur forme, leur position et leurs usages.

Lorsque les luxations sont nouvelles, l'animal ne peut se servir de son membre; tous les accidens qui suivent une affection aiguë surviennent, et si les pièces articulaires ne sont pas promptement remises à leur place, il devient de plus en plus difficile d'y remédier, à cause de l'inflammation, du gonflement et de la douleur qui arrivent. L'action de replacer les parties dérangées s'appelle *réduire la luxation*. Les articulations auxquelles surviennent plus habituellement ces terribles accidens, sont celles du boulet, de la rotule et de la cuisse avec la hanche.

Il est facile de concevoir toute la gravité des luxations du boulet, cette articulation étant celle qui, par sa position et sa structure, a le plus besoin de toute sa force naturelle. Il n'est pas rare de voir les articulations du paturon et de la couronne participer au mal.

La luxation de l'os de la cuisse a autant et plus de gravité que celle du boulet, surtout si elle est complète; car elle ne peut avoir lieu sans la rupture du ligament rond, et sans le déplacement de la tête du fémur hors de sa cavité, ce qui entraîne la perte de l'animal.

Les luxations de la rotule sont plus fréquentes, mais moins graves. Lorsqu'elles ont lieu, la rotule est toujours déjetée du côté externe, à cause de l'obstacle que présente, du côté opposé, le condyle interne de l'os de la cuisse. Le membre reste dans une extension forcée en arrière, et semble plus long que l'autre. Il reprend sa disposition ordinaire, quand, en pressant avec une main sur la rotule, de l'autre main, placée d'avance à la face interne de l'articulation, on fait descendre cet os à sa place. La réduction est très-facile, et s'opère même souvent seule par les propres mouvemens de l'animal; mais elle ne dure pas long-temps, la luxation recommençant à la première fausse position et lors de nouveaux mouvemens, ce qui rend cet accident très-fâcheux pour les chevaux d'âge, et doit ôter toute confiance pour des services tant soit peu actifs et pénibles. Dans les jeunes chevaux et poulains, la luxation de la rotule n'est point inquiétante; elle est souvent due à des crampes, ou à l'effet de la croissance. Les éleveurs de chevaux, dans le Limousin, appellent cette affection la *poulinaille*, et n'y font aucune attention.

Parmi les luxations plus rares, mais beaucoup plus dangereuses pour la vie de l'animal, se présentent toutes celles des vertèbres les unes avec les autres, et particulièrement celle de la tête avec l'atloïde. Son résultat est d'attaquer la moelle épinière et de causer la mort souvent instantanée de l'animal. On voit des luxations incomplètes des vertèbres du cou, qui restent alors fléchies d'un côté ou de l'autre; avec des soins et de la patience on parvient à les redresser, mais cet accident est toujours très-fâcheux.

Il n'est pas rare de voir la mâchoire mobile se luxer; mais la réduction en est facile, et sans suites graves.

Les accidens que l'on nomme *entorses* ou *mémar-*

chures, ne consistent ordinairement que dans une distension plus ou moins forte des ligamens articulaires.
Leur gravité dépend du degré même de l'accident et du
plus ou moins de précautions qu'on prend à son égard;
mais il est rare, à moins que le mal ne soit léger, qu'il
ne reste pas pour long-temps une faiblesse très-nuisible
dans les chevaux, surtout dans ceux employés à de
rudes travaux.

Le boulet est l'articulation dans laquelle les entorses
sont les plus fréquentes et les plus dangereuses; car les
ligamens y sont plus indispensables à la solidité que
partout ailleurs.

On appelle *écart* la distension des muscles et apo-
névroses qui unissent les membres au corps. Cet accident peut survenir par suite d'efforts violens à presque
tous les muscles, et même à leurs tendons; mais c'est
à la jonction des membres antérieurs au tronc qu'il se
remarque le plus fréquemment. Quand il y a plus
qu'une simple distension, et que les fibres musculaires
et aponévrotiques ont été déchirées, il est rare que
les vaisseaux et les nerfs, qui de la poitrine se rendent
aux membres, ne souffrent pas, et qu'il n'y ait un
épanchement de sang entre l'épaule et le tronc. Le
mal est très-grave; il porte le nom d'*entr'ouverture*.

Un faux-pas ou l'action de glisser, qui forcent outre
nature le mouvement d'abduction du membre, sont
les causes ordinaires de ces affections. Dans leur principe, l'animal peut se soutenir à peine sur le membre
malade; la claudication est très-visible et a un caractère particulier, qui consiste dans l'action de marcher
en fauchant; c'est-à-dire que la jambe, pour se porter
en avant, décrit une courbe en dehors, afin d'éviter un

froissement douloureux sur les parties souffrantes. La situation la plus pénible dans laquelle on puisse mettre un cheval en cet état, est de le faire tourner sur le côté affecté.

On a déjà fait observer que les boiteries, dites de vieux mal, étaient souvent dues à d'anciens écarts. Lorsque les chevaux qui en sont affectés séjournent à l'écurie ou se tiennent au repos, ils portent en avant le membre malade, et l'y laissent pour qu'il ne supporte rien du poids du corps. On désigne cette position par les expressions bizarres de *faire des armes* ou de *montrer le chemin de Saint-Jacques*. Cette situation, qui peut tenir à d'autres causes, est en général d'un mauvais augure, et commande un examen approfondi du cheval en qui on la remarque.

DEUXIÈME SÉRIE.

AVEC LÉSION DE LA PEAU, LE PLUS ORDINAIREMENT.

Mal ou flegmon à la nuque, maux de garrot, de dos, etc.

Dans cette classe d'accidens se trouvent compris les blessures et maux divers que produisent les causes extérieures, soit ce qu'on appelle des corps *contondans*, soit des corps qui déchirent et ouvrent les tissus.

Telles sont les diverses maladies que les effets de harnachement ou de sujétion déterminent; tels sont les maux de la nuque, du garrot, du dos, du rein, des côtes, de la queue et des ars, ou encore ceux du coude, du genou, du boulet, etc. Telles sont enfin toutes les blessures d'armes blanches ou à feu.

L'affection de la nuque, appelée *testudo* ou *mal de taupe*, consiste en une tumeur avec gonflement de la peau et des tissus situés sous elle, dont la forme en voûte a de la ressemblance avec une tortue ou une taupinière, ce qui lui a fait donner ces noms.

Cette tumeur est, comme toutes celles de la même nature, accompagnée de chaleur, de douleur et d'augmentation de volume dans le principe. Cet état constitue ce qu'on appelle un *flegmon* ou *tumeur flegmoneuse*. Elle est due ordinairement à des coups ou à la pression trop forte ou trop long-temps continuée de la têtière. Quelquefois elle se résout et disparaît sans lésion de la peau; mais souvent elle dégénère en un abcès que l'on est obligé d'ouvrir avant qu'il ne se fasse lui-même jour au dehors. Sans cette opération, et quelquefois malgré elle, la matière suppurée attaque les muscles ainsi que le ligament cervical, pénètre entre les vertèbres ou les tissus environnans, et détermine les accidens les plus graves, et même la mort de l'animal.

Lorsque les suites n'en sont pas aussi funestes, et que l'opération a été pratiquée à temps, mais que le ligament cervical a cependant été attaqué ou détruit, il en résulte une faiblesse extrême qui empêche le support de la tête; les muscles, privés des secours de ce ligament, sont obligés à des alternatives fréquentes de contraction, qui constituent l'action de *battre à la main*, et rendent le cheval impropre à un service agréable et sûr à la selle.

Il se peut que le *testudo* n'offre pas ces inconvéniens; mais il reste presque toujours, après les opérations qu'il nécessite, des cicatrices qui donnent à la

partie une grande sensibilité et une prédisposition toujours fâcheuse au renouvellement du mal.

Si un coup de sabre, ou une blessure quelconque,
attaquait plus ou moins le ligament cervical, il en résulterait, pour le support de la tête, une difficulté relative à la gravité du mal, et analogue à ce qui vient
d'être dit.

Les maux du garrot, du dos, du rein ou des côtes,
produits par la selle ou le porte-manteau, suivent, dans
leur progression, la même marche que les flegmons à
la nuque.

Le *mal de garrot* est le plus à craindre, parce que le
pus peut pénétrer entre les épaules ou entre les vertèbres du dos, et rendre l'animal véritablement incurable, en ce sens qu'il coûte à guérir ordinairement
plus qu'il ne vaut. On ne saurait trop recomman-
der l'exécution des soins qui doivent empêcher l'appui de la selle sur une partie aussi importante que le
garrot.

L'accident analogue qui vient sur le dos ou sur le
rein, porte le nom vulgaire de *mal de rognon*; il est
très-difficile à guérir par la tendance qu'a le pus à
pénétrer dans l'intérieur, et par la difficulté que la
peau éprouve à se réunir, à cause des mouvemens continuels auxquels elle est exposée dans cette région.

Les blessures de la selle sur les côtes sont très-fréquentes, mais infiniment moins dangereuses, la matière suppurée s'échappant facilement par l'obliquité de
cette partie.

Un même inconvénient signale les suites de ces diverses blessures; c'est la récidive, toujours plus difficile
à éviter, lorsque la cicatrice est grande et que la peau a

perdu une partie de son épaisseur et de sa force de résistance, comme il arrive lorsque la cure a été longue, ou les opérations pour l'obtenir très-considérables.

Le coude est aussi exposé à une tumeur inflammatoire à laquelle on a donné le nom d'*éponge*, parce que la partie du fer qui porte ce nom la détermine, lorsque l'animal a la mauvaise habitude de se coucher, comme font les vaches, en appuyant le talon sur le coude. Cette tumeur nuit à la liberté des mouvemens, frotte contre les sangles, cause une douleur assez vive, et d'ailleurs est fort désagréable à l'œil.

Quant aux blessures de la partie inférieure des extrémités, telles qu'en produit l'action de se couper et de s'entre-tailler, l'inconvénient est moins dans le mal que dans la conformation du cheval, ou dans la faiblesse et les allures qui le produisent et que dénotent ces blessures.

Du trombus. On appelle ainsi une extravasion du sang sous la peau après une saignée mal faite ou mal fermée. Les suites en sont souvent la destruction de la veine, et par conséquent la gêne dans la circulation.

Pour s'assurer si cela existe, il faut, par la pression du doigt, chercher à déterminer le gonflement de la veine, afin de juger si le sang y circule ou non. C'est à l'encolure que cet accident est le plus fréquent et le plus grave; car, bien que l'animal puisse vivre avec une seule des deux jugulaires, cependant il court risque de suffoquer, lorsqu'il a l'encolure épaisse, les tissus mous et amples, le tempérament sanguin, ou lorsqu'il est pressé à la course.

Cet accident est plus à craindre encore pour les chevaux de trait que pour ceux de selle. Des cicatrices à l'endroit où l'on saigne habituellement les chevaux, font préjuger l'existence du trombus.

Blessures accidentelles. Ce sont des accidens très-fréquens à la guerre, et dont les suites sont souvent plus funestes par défaut de soins prompts et entendus, que par la gravité des blessures en elles-mêmes.

Ces blessures sont de deux sortes : celles que produisent les armes à feu et celles que déterminent les armes blanches. Les premières sont essentiellement contuses, plus ou moins meurtries et pénétrantes ; les autres divisent, coupent ou perforent les tissus, qui laissent écouler le sang très-facilement, ce qui n'a pas lieu de même par suite des premières. Si la perte du sang, que l'on nomme *hémorragie*, est considérable, et qu'elle provienne de la section d'artères plus ou moins volumineuses, le cas est très-fâcheux, et produit ou l'affaiblissement extrême ou la perte de l'animal, lorsqu'on n'arrête pas l'hémorragie.

L'hémorragie par la section des veines entraîne rarement la même conséquence, à moins que le cas ne soit très-compliqué. On sait quelle différence présente le sang artériel avec celui des veines, ainsi que les pulsations éprouvées par les artères, et que n'ont pas les veines.

Dans les blessures par les armes à feu, les tissus, broyés en quelque sorte, laissent échapper peu de sang. Mais ici le mal gît dans les désordres intérieurs, et beaucoup plus en général dans les fractures des os, et dans l'introduction de corps étrangers qu'il est souvent très-difficile et même impossible d'extirper, première condition cependant de la guérison de ces blessures.

Les fractures des os sont des accidens très-graves en

général chez les chevaux. Les causes qui les produisent sont presque toujours extérieures, telles que les coups ou les chutes. Cependant l'action musculaire peut les occasioner ou y concourir en certaines circonstances, mais peu fréquemment.

La perte du cheval est très-habituellement une suite forcée de la fracture des os des membres, parce qu'il n'y a presque aucun moyen de suspendre en lui, comme dans l'homme, la contraction des muscles, qui tend continuellement à déplacer les parties fracturées et à empêcher leur réunion par la formation du calus (épanchement osseux, destiné par la nature à souder les parties). Si cependant on parvient à obtenir la soudure des os, les frais de la cure l'emportent presque toujours sur la valeur du cheval, qui reste plus ou moins estropié après la guérison; d'ailleurs la soudure des os, qu'ils aient été cassés ou simplement fendus, est presque toujours suivie des mêmes accidens dont il a été question aux tares par exostoses.

Il y a certaines fractures qui ont des suites moins fâcheuses que celles qui arrivent aux os des membres; telles sont celles des côtes, de certains os de la tête, et particulièrement celle de la partie iliale de l'os des hanches. Ce dernier accident constitue ce qu'on appelle le *cheval éhanché* ou *épointé*, lorsqu'une des hanches reste après l'accident plus saillante que l'autre. Quand c'est une chute qui produit cette fracture, et que l'animal est jeune, s'il arrive que le contre-coup se fasse sentir à la réunion des deux parties du coxal ou à sa jonction avec le sacrum, le bassin, après avoir été tout ébranlé, se soude de travers, ce qui rend l'animal contrefait. Lorsqu'une semblable complication n'a pas eu lieu, et qu'il n'y a qu'une simple fracture de la hanche, le cheval peut encore être d'un bon service. Le même accident, à la pointe des fesses, serait beaucoup plus fâcheux, à cause de l'utilité plus remarquable des muscles de l'éminence osseuse à cet endroit; mais il est fort rare.

ARTICLE III.

MALADIES ESSENTIELLEMENT INTÉRIEURES.

PREMIÈRE SÉRIE.

MALADIES DONT LE SIÈGE APPARENT EST A LA TÊTE ET AU TRONC.

C'est ici surtout qu'apparaîtrait le vice de la classification adoptée, si on considérait cette classification sous le rapport médical; car la majeure partie des affections qui figurent dans cet article, n'ont que leur siège apparent au dehors, tandis que leurs causes sont presque toutes dépendantes de l'intérieur; mais on sait que c'est essentiellement dans l'intérêt de l'appréciation du cheval qu'il est ici question des maladies, et non dans celui de leur médication.

PREMIÈRE SECTION.

Affection des oreilles, des yeux; maladies dépendantes des organes digestifs.

De la surdité. C'est le seul accident qui soit remarquable aux oreilles. Les causes les plus fréquentes sont des coups sur cette partie, ou l'introduction de corps étrangers, comme il arrive lorsque le poil a été *fait* trop profondément.

Un cheval sourd peut être encore d'un fort bon service, quoique cependant cette infirmité ne soit pas tout-à-fait sans inconvéniens en campagne, pendant les services de nuit.

Pour reconnaître un cheval sourd, quelques appels de langue sont un meilleur moyen que le bruit du fouet, dont le cheval aperçoit facilement le mouvement, même quand on l'agite derrière lui.

Maladies des yeux. Les parties environnantes de l'œil peuvent être affectées de plusieurs maladies, qui sont souvent l'annonce ou la suite de celles qui attaquent l'intérieur du globe.

Les tarses et les points ciliaires sont quelquefois le siège de petites érosions qui gonflent le bord des paupières, font tomber les cils, altèrent l'humeur sécrétée par les glandes, et, s'étendant souvent aux voies lacrymales, finissent par causer des ravages dont l'œil est tôt ou tard atteint. Lorsque les points lacrymaux ou l'égout nasal sont bouchés par suite de ces accidens, les larmes coulent à l'extérieur sur les larmiers et sur les côtés du chanfrein; les traces qu'elles laissent de leur passage servent à indiquer cette affection.

Quand il se forme au-dessous de l'angle nasal une ouverture à la peau, par où s'écoulent les larmes et souvent de la suppuration, on appelle cette plaie *fistule lacrymale*. Il n'est pas prudent d'acheter un cheval en cet état, par l'incertitude où l'on est du résultat de cette affection, toujours d'une cure incertaine et longue.

On appelle *onglée* une affection du corps clignotant, constituée par son gonflement et sa rougeur, en sorte qu'il vient couvrir une partie du globe. C'est dans ce cas que les empiriques ou les prétendus connaisseurs enlevaient ce corps clignotant, que quelques soins ou que la propreté seule eussent probablement remis à sa place ; ils appelaient cette barbare opération *dégraisser l'œil par le bas*. Le mal n'est souvent dû qu'à l'introduction d'un corps étranger, comme il arrive lorsque le cheval mange de la paille d'orge, de blé barbu, etc.

On a donné le nom d'*ophthalmie* à l'inflammation de la conjonctive ; elle devient alors rouge et gorgée de sang, ce qui la rend fort apparente sur la cornée lucide et sur la sclérotique. Quand cet état est dû à l'irritation produite par des coups, ou par les causes énoncées ci-dessus, les suites en sont peu graves. Mais lorsqu'il est le signe précurseur de la *fluxion périodique*, le cas est fort différent ; car cette maladie est une des plus terribles de celles qui surviennent aux yeux ; elle est même d'une fréquence qui augmente tous les jours. Elle porte aussi le nom de *lunatique*, parce qu'elle vient et disparaît à des intervalles inégaux, que l'on a cru long-temps être en rapport avec les phases de la lune. Beaucoup de personnes pensent, en effet, que cette maladie est due à l'influence de cet astre ; croyance qu'il faut ranger parmi celles dont on a déjà signalé le ridicule.

Cette *fluxion* se reconnaît au trouble de l'humeur aqueuse, qui prend la couleur obscure et brune de la suie ou d'une feuille morte. Cette humeur est alors tellement épaisse, qu'on ne distingue ni la pupille ni l'iris ; les paupières sont grosses et presque fermées ; les larmes s'écoulent en abondance sur le chanfrein, et, à examiner l'œil superficiellement, on croirait que cet état est le résultat d'un coup. Cela dure trois ou quatre semaines, puis l'inflammation diminue, l'œil s'éclaircit peu à peu, et, à commencer par le haut, la matière qui colorait l'humeur aqueuse se précipite au-dessous de la pupille. Enfin tous les accidens se passant, l'humeur redevient ce qu'elle était, claire et nette : il ne reste dans les commencemens presque aucune trace de ce qui est arrivé. Au bout de trois semaines ou un mois, souvent davantage, l'œil s'enflamme de nouveau, les mêmes accidens recommencent pour disparaître comme la première fois; mais l'œil alors, car il n'y en a ordinairement qu'un d'affecté, reste plus petit et moins vif; les cils tombent; les larmes, à force de couler sur les larmiers, attaquent les poils et la peau, et ces signes font reconnaître, dans les intervalles des accès, l'existence de la fluxion. Elle rend tôt ou tard, ordinairement après trois ou quatre attaques, l'animal borgne, et presque indubitablement aveugle par la suite; car les yeux sont affectés ordinairement l'un après l'autre. La *cécité*, qui en est le résultat, s'annonce par la couleur blanchâtre du cristallin, qui constitue son opacité, et qui porte vulgairement le nom de *dragon*. Avant que cette opacité soit complète, le cristallin présente d'abord une teinte d'un blanc verdâtre, causée par la réflexion du tapétum, ce qu'on appelle *œil cul-de-verre;* puis cette nuance augmente peu à peu, et lorsqu'elle est blanche tout-à-fait, les rayons de lumière ne traversent plus le cristallin; on distingue aisément ce corps à travers la pupille. Quelquefois tout le bulbe de l'œil est détruit, et même vidé.

Le cristallin devient opaque par d'autres causes que par la fluxion périodique; mais alors toute son étendue n'est pas attaquée à la fois. Il offre un ou plusieurs petits points blanchâtres qui, en se réunissant, finissent par l'envahir tout-à-fait, comme il arrive souvent aux vieux chevaux. Dans ce cas, un seul œil peut être affecté, et l'autre au moins rester intact; mais il n'en est pas ainsi de la fluxion périodique, ce qui la rend un véritable fléau, plus commun dans certaines provinces que dans d'autres, et d'où résultent des pertes considérables dans les remontes.

Si on ne connaissait pas dans quel ordre sont placées les parties qui constituent l'œil, on pourrait confondre, avec l'opacité du cristallin, les taches blanches de l'iris dans les *yeux vairons*, et celles qui, sous le nom de *taie* ou *albugo*, surviennent à la cornée lucide. Mais ce doute est très-facile à éclaircir, car l'albugo laisse toujours son ombre apparaître dans la chambre antérieure, quand on considère l'œil de ce côté, ce qui n'a pas lieu dans les deux autres cas. Si une taie se trouve au milieu de la vitre de l'œil, elle intercepte les rayons de lumière, et peut rendre le cheval peureux; mais sur les côtés et hors du plan de la pupille, elle nuit beaucoup moins. Cependant, comme elle est susceptible d'augmenter d'étendue, on doit craindre qu'elle ne finisse par gêner la vue. Souvent ces taches ne sont dues qu'à un petit grain de sable, à une épine ou autre corps qui s'est enchâssé dans les lames de la cornée lucide, et qu'on détache très-facilement.

La *cécité* la plus difficile à reconnaître est celle qui est causée par la paralysie du nerf optique, c'est-à-dire par la nullité de son action. L'œil ne paraît d'abord nullement affecté, et la vue cependant est perdue sans retour : le seul signe qui dénote cet état se prend de l'iris, qui n'est susceptible d'aucune contraction. Quelle que soit l'activité des rayons lumineux qui la frappent, son immobilité est permanente; mais du reste nul trouble, nul dérangement dans les autres membranes, ni dans les humeurs. Cette affection se désigne par les noms de *goutte sereine* ou *amaurose*. Elle se présente sous deux aspects : quelquefois la pupille est constamment resserrée, ce qui provient de la contraction habituelle de l'iris; d'autres fois elle est toujours dilatée par suite d'un relâchement de la même membrane; mais le résultat en est également l'absence de toute sensation dans l'œil.

Affections des organes digestifs.

1° *Affections apparentes à la bouche.* La bouche est le siège de plusieurs maladies qui sont pour la plupart le résultat de dérangemens intérieurs.

Parmi les affections extérieures de la tête qui se rapportent à des parties dépendantes des organes digestifs, il faut noter les *fistules salivaires*, qui consistent en un écoulement de la salive par la rupture des conduits qui la contiennent. La fistule de ce genre la plus remarquable est celle qui survient près des joues. La salive qui coule incessamment est perdue, ce qui empêche la cicatrisation, ou la rend assez difficile pour nécessiter un traitement long et d'une issue incertaine.

Dans les jeunes chevaux, au moment où ils jettent

leur gourme, le palais s'enflamme, se gonfle, et dépasse quelquefois le niveau des dents; c'est ce qu'on appelle *fève* ou *lampas*. L'ignorance conseille dans ce cas de brûler le palais avec un fer chaud, par l'idée absurde que ce gonflement momentané est une excroissance de chair. Cet état du palais n'est le plus souvent déterminé que par l'afflux des humeurs utiles à la dentition.

Quelquefois cependant cette affection se rencontre dans les chevaux d'âge ; alors c'est une preuve d'échauffement ou un signe maladif, qu'il faut chercher à rattacher à sa cause avant d'en entreprendre le traitement, ce qui est l'affaire du vétérinaire.

Le même gonflement, par les mêmes causes, affecte les petits mamelons qui forment les orifices des canaux salivaires placés de chaque côté du frein de la langue; on les nomme vulgairement *barbes* ou *barbillons*. Les couper ou les arracher, dans la croyance que ces petits corps empêchent le cheval de manger, est une opération aussi absurde que celle dont il a été question pour le lampas.

La langue est exposée à être coupée en totalité ou en partie par plusieurs causes; c'est toujours une chose fâcheuse, parce qu'il en résulte de la difficulté à broyer les alimens.

Le plus grave accident qui puisse arriver à la langue se nomme *charbon* ou *glossanthrax* : en quelques heures, il suffit pour la détruire en totalité, et causer même la mort de l'animal. Il en sera question aux maladies contagieuses.

Les dents sont principalement affectées de la *carie*, espèce d'ulcération dont la mauvaise odeur suffit pour dégoûter les chevaux voisins de celui qui est affecté. C'est presque toujours par suite de cette maladie que l'animal *fait* ce que l'on appelle *magasin*, c'est-à-dire qu'il accumule entre ses dents et ses joues les matières alimentaires qui y séjournent, s'y gâtent, et ajoutent à l'infection de la carie. Si cette affection a détruit plusieurs dents, et qu'il en résulte une mastication difficile ou incomplète, la digestion en souffre, et, par suite, les autres fonctions.

La perte de la salive, qui est un mal fâcheux, et l'augmentation du volume de la joue au dehors, servent à faire reconnaître que le cheval *fait magasin*.

Parmi les mauvaises habitudes qui ont reçu le nom de *tics*, et auxquelles les chevaux sont sujets à se livrer, il en est plusieurs qui ont leur siège dans la bouche, et qui, bien que leurs causes dépendent d'ailleurs, ont dû être classées dans cet article.

Ces *tics* sont au nombre de trois : le *tic d'appui*, le *tic en l'air* et le *tic rongeur*. Dans le premier, l'animal appuie les dents contre l'auge, le râtelier, les murs, les barres, les longes même, ou les branches du mors ; puis il fait une forte inspiration suivie d'une expiration rapide, contracte l'œsophage, raidit son encolure, alonge un peu la tête, et fait entendre, dans l'arrière-bouche, un bruit particulier, occasioné par la sortie d'une certaine quantité d'air qui remonte de l'estomac, et qui conserve même l'odeur des matières qui y sont renfermées.

Il y a beaucoup de chevaux qui ouvrent la bouche dans ce moment, et qui laissent tomber leur salive. On en voit qui *ticquent* presque continuellement, et même en mangeant l'avoine. Ce dernier cas est très-fâcheux pour un cheval de guerre, parce qu'il perd non-seulement sa ration, mais encore celle de ses voisins; aussi doit-il être rejeté, d'abord pour cette raison, et ensuite parce que son exemple est contagieux.

De pareils chevaux sont toujours maigres, et d'un fort mauvais service. Les uns exécutent l'appui sur les dents des deux mâchoires, les autres sur les dents de l'antérieure, ou de la postérieure simplement; certains même sur le menton. Dans chacun de ces cas, les résultats pour les dents varient : tantôt, par exemple, le bord externe s'use en biseau, et présente la table tout amincie et tranchante; les meilleurs renseignemens pour l'âge sont détruits : tantôt, au contraire, l'une des tables, ou toutes les deux même, sont promptement usées, et déformées pour ainsi dire, parce que le cheval mord plutôt qu'il n'appuie les dents sur les corps durs : les auges en pierre de grès sont, dans ce cas, celles qui ont le plus d'effet.

Quand l'appui a lieu sur le menton, les dents n'éprouvent aucune altération; la peau seulement devient calleuse et dure à l'endroit où s'opère l'action de ticquer.

Le *tic en l'air* ne diffère du *tic d'appui* que parce que les chevaux qui en sont affectés, au lieu de s'appuyer sur les dents ou sur le menton, élèvent la tête, ouvrent la bouche, exécutent des mouvemens irréguliers avec les mâchoires, comme dans l'action de bâiller; du reste même contraction des muscles, et même sortie de matières aériformes avec bruit. Il n'est pas rare de voir les chevaux qui sont sujets au tic en l'air, finir par contracter le tic d'appui.

Ils sont tout aussi funestes l'un que l'autre; mais le

tic en l'air est très-difficile à reconnaître, le cheval étant hors de l'écurie. C'est pour cette raison qu'il a été mis, dans quelques localités, au nombre des cas redhibitoires.

Le *tic rongeur* consiste dans l'action de mordre ou de ronger la terre, les murs, le fer, les corps salés, et même les plus âcres, mais sans émission d'air par l'arrière-bouche.

Indépendamment des traces qu'en conservent les dents, et de leur changement de forme ou de direction, une pareille habitude est presque toujours la preuve d'un goût dépravé, annonçant un dérangement dans l'action des organes digestifs, dérangement qui réclame des soins particuliers.

On peut tirer la même induction de l'existence du tic d'appui et du tic en l'air ; car, lorsqu'ils ne sont pas dus à l'imitation, ils reconnaissent presque toujours pour cause le besoin d'expulser hors de l'estomac les gaz produits par de mauvaises digestions, ou par une affection morbide quelconque.

On voit des chevaux qui perdent ces vices quand ils reprennent de la force ; mais il y en a beaucoup aussi qui, étant guéris de la cause du tic, continuent à s'y livrer par habitude.

Les chevaux ne *tiquent* point en tout lieu : les uns ne le font qu'à l'écurie ; d'autres dans le travail ; quelques-uns quand on les met au son, etc. Toujours est-il que l'imitation est pour beaucoup dans la propagation de ces habitudes, et qu'elles sont fréquentes dans les régimens et dans les haras, où les animaux, restant oisifs à l'écurie, sont plus disposés par conséquent à contracter les manières de leurs voisins ; tant il est vrai que l'oisiveté est nuisible en tout et partout.

Il est fort difficile, pour ne pas dire impossible, de corriger les chevaux qui tiquent depuis long-temps; mais il est bon de ne rien négliger pour en déshabituer ceux qui sont jeunes, ou qui commencent seulement à y prendre goût. On a enseigné beaucoup de moyens pour cela.

Si l'auge est en bois, les uns en font recouvrir les bords avec de la tôle ou des clous, ce qui a, dans le tic rongeur au moins, l'avantage d'arrêter les dégradations. Quelquefois alors l'animal cesse de ronger l'auge et de tiquer; mais souvent aussi aucun bien n'en résulte, et il va tiquer sur un autre corps. Au reste il y a peu d'inconvéniens à essayer de ce moyen.

D'autres prescrivent de se servir d'un collier en cuir pour serrer fortement l'encolure près de sa jonction avec la tête, dans l'espoir sans doute que la contrainte qu'en ressent le cheval l'arrêtera dans l'exercice du tic; mais si ce moyen est souvent bon, parfois aussi il est nul. On conseille encore de frotter, avec des corps amers ou autres d'odeur désagréable aux chevaux, les parties sur lesquelles ils ont l'habitude de tiquer.

Le *tic de l'ours* n'a point de rapport avec ceux dont on vient de parler, du moins quant aux symptômes extérieurs. Il consiste dans un mouvement de balancement analogue à celui habituel à l'ours, et par suite duquel le cheval fait alternativement son appui seulement sur trois de ses extrémités. On peut espérer d'en corriger le cheval, soit en lui mettant des entraves aux jambes, soit en le laissant non attaché dans une stalle.

2° *Affections de l'abdomen.* Les affections des organes digestifs sont très-nombreuses et très-variées. On peut les regarder comme les causes d'une multitude d'autres. Elles ne figurent ici que comme indications générales. Il y en a deux surtout qu'il faut signaler, ce sont les *indigestions* et les *coliques.*

Les *indigestions* sont produites par le défaut d'élaboration des substances alimentaires de la part de l'estomac, d'où résulte un trouble général et quelquefois même la mort. Elles peuvent provenir ou de la fâcheuse disposition des organes, ou de la mauvaise nature des alimens, ou de la prédisposition du sujet, etc.; toutes choses qu'il faut savoir distinguer, afin d'opposer à ces indigestions un traitement convenable et pour le moment et pour l'avenir.

Ce qui les rend surtout très-graves dans le cheval, c'est l'impossibilité où il est de vomir.

Les *coliques* sont des affections particulières aux intestins. Il y en a de nerveuses, d'inflammatoires, d'herniaires, etc., dont il est inutile de faire ici le détail. En général, on reconnaît qu'un cheval en est affecté, à son agitation continuelle et pénible, ainsi qu'à l'action de se coucher par terre, de se rouler et de se relever alternativement.

On appelle *hernie* ou *descente,* toute tumeur formée par le déplacement de quelque viscère, qui fait saillie au dehors sans que la peau soit lésée. Les plus fréquentes viennent au nombril : elles portent le nom d'*exomphales.* Elles sont susceptibles d'augmenter par le travail, et mettent le cheval hors d'état de rendre, à la guerre, les services qu'on a droit d'en attendre.

Il survient aussi des hernies aux autres endroits

des parois de l'abdomen, principalement près du grasset; elles sont moins graves que les autres, parce que le poids des intestins ne porte pas autant sur elles. On doit néanmoins les redouter, parce qu'on a peu de moyens de les guérir, et même d'en arrêter les progrès. Des sangles ou des bandages seraient les meilleurs moyens à leur opposer; mais il est difficile de les rendre fixes, et alors de les utiliser.

3° *Affections des organes génitaux et urinaires.* Outre les inflammations particulières et les maux nombreux dont ces organes sont le siège, qu'il serait aussi inutile que trop long d'énumérer, il faut compter les suivans :

Les chevaux entiers sont sujets à des *hernies* de plusieurs espèces aux organes de la génération.

Lorsqu'une portion de la membrane ou du canal intestinal sort par l'anneau inguinal, et descend dans le scrotum, cette hernie porte le nom d'*entérocèle*, et peut avoir les suites les plus graves.

On nomme *sarcocèle* le volume extrême de l'un des deux testicules, causé par une collection de chair autour de lui. Cela augmente quelquefois d'une manière extraordinaire, de sorte que le cordon spermatique est continuellement tiraillé, ce qui gêne infiniment le cheval. Dans certains cas, c'est de l'air ou de l'eau qui s'accumule dans les enveloppes des testicules. La castration est le moyen le plus sûr qu'on oppose à ces diverses affections.

Il est une affection qui semble atteindre particulièrement les chevaux de couleur grise ou blanche, et dont il doit être fait mention à l'article des maladies du bassin, bien qu'elle dénote sa présence sur presque toutes les parties internes ou externes de l'animal. Cette maladie, qui paraît être de nature cancéreuse, consiste en des tumeurs noires, apparentes surtout au dehors sous la queue, autour de l'anus et aux organes de la génération; l'humeur que ces tumeurs renferment ressemble à une espèce de cambouis. On est incertain de la véritable cause de cette maladie et de sa cure; elle est de nature chronique. On ne doit jamais acheter un cheval qui en serait atteint.

DEUXIÈME SECTION.

Affections apparentes aux cavités nasales et aux organes de la respiration.

La correspondance intime qui existe entre les cavités nasales et la poitrine, rend presque toujours communs à ces deux parties les symptômes des maladies qui les affectent, ou du moins qui y ont leur siège le plus apparent.

La membrane pituitaire est, sous ce rapport, très-importante à examiner. Sa couleur, en état de santé, doit être vermeille et tenir le milieu entre un rouge vif et un rouge pâle; il faut qu'elle soit enduite d'une humeur limpide qui s'écoule ordinairement goutte à goutte pendant l'exercice. La maladie la plus grave qui puisse attaquer les chevaux, semble y avoir son siège principal; c'est la *morve*. (Voir troisième série du présent article.)

De la gourme. Cette affection, qui a son siège le plus apparent à la tête et surtout aux cavités nasales, est une espèce de crise que la plupart des chevaux éprouvent vers la fin de leur dentition, c'est-à-dire au moment où ils cessent d'être poulains pour devenir chevaux.

Son premier caractère est un écoulement considérable par le nez, avec engorgement des glandes de la ganache; cet écoulement existe aux deux naseaux. L'auge est comme empâtée et engorgée dans toute son étendue; l'animal tousse plus ou moins; on ne voit point à la pituitaire ces chancres qui existent dans la morve, du moins cela est fort rare; d'ailleurs les chevaux ont cinq ans ou à peu près lorsqu'ils jettent leurs gourmes, et quoique la morve puisse les attaquer à cet âge, les exemples en sont rares. Il y a toujours de fortes présomptions pour croire que c'est plutôt, à cette époque, la gourme que l'autre affection : cela, au reste s'éclaircit promptement.

Il faut remarquer, en passant, que certains chevaux (les bretons surtout) jettent leurs gourmes d'une manière si violente que, si l'on n'était prévenu, on les croirait morveux au dernier degré. La matière sort du nez, des yeux et de la ganache en grande quantité; on dirait qu'ils vont se fondre en humeurs. Petit à petit ces accidens cessent, et l'animal, de gras qu'il était avant d'avoir jeté, est devenu très-maigre, mais débarrassé d'une mauvaise graisse formée par des soupes, des panades et autres nourritures qu'on prodigue aux chevaux afin de les bouffir pour ainsi dire, et de leur donner plus d'apparence au moment de la vente. On sait combien le cheval breton, quand il a passé une année après ses gourmes sans avoir été trop fatigué, gagne de force et de vigueur, devient dur à la fatigue, et y résiste plus long-temps qu'aucun autre cheval.

Lorsque le froid saisit un cheval qui a eu chaud, il

se déclare souvent un rhume nommé *catarrhe*, qui détermine l'écoulement par les deux naseaux d'une matière blanchâtre et sans odeur, et cet état, qu'il n'appartient qu'au vétérinaire de guérir, pourrait être confondu avec la morve, si on ignorait qu'alors il n'y a ni chancres ni glandes engorgées.

La *toux* accompagne habituellement les affections de la poitrine; son caractère dépend de la cause qui la produit. Dans la gourme et le catarrhe aigu, elle est tantôt sèche, tantôt grasse, c'est-à-dire, dans le premier cas, n'annonçant pas la présence de matières comme dans le second.

Lorsque la *toux* persiste après les affections qui la produisent, elle change de manière d'être; elle devient rare ou fréquente, forte ou pénible, et généralement sèche. Plus fâcheuse alors, elle annonce une altération des organes, mais altération qui a plusieurs nuances d'intensité, et qui quelquefois permet encore un bon service, lorsqu'il est accompagné de ménagemens et de soins.

Il y a un moyen facile de juger la nature de la *toux* dans les chevaux, c'est de leur serrer la gorge avec les doigts, de façon à en irriter les cartilages, ou à gêner le passage de l'air. Lorsque ces cartilages sont fermes, et que l'animal ne tousse pas, c'est ordinairement d'un bon augure; si au contraire ils se trouvent mous, que la toux survienne, qu'elle ne soit pas forte et peu fréquente, mais au contraire convulsive, très-répétée et pénible, on doit tirer un pronostic fâcheux. Bien entendu qu'il s'agit de ce qui constitue un état chronique; car dans un animal malade, la conséquence ne serait pas aussi juste, la cause étant momentanée.

La poitrine est de plus exposée à des maladies graves, telles que les inflammations des membranes, ou du tissu même du poumon. Elles offrent, pour caractère principal, une sorte d'immobilité très-remarquable, comme si la douleur empêchait l'animal de s'agiter. Ordinairement même, ceux affectés ne se couchent pas et ne tombent que pour mourir. Les battemens de flanc et les désordres dans la respiration indiquent de plus les affections de la poitrine.

DEUXIÈME SÉRIE.

MALADIES DONT LE SIÈGE EST AUX EXTRÉMITÉS.

PREMIÈRE SECTION.

Crevasses, écoulemens d'humeurs, eaux aux jambes, etc.

Ces maladies sont de deux sortes : les unes, particulières aux pieds, sont généralement locales dans leurs causes et dans leurs effets ; les autres affectent la partie des membres qui, depuis le pied, s'étend jusqu'au genou et jusqu'au jarret. Il sera d'abord question de celles-ci.

Bien différentes des maladies du pied, leurs causes tiennent presque toujours d'une affection générale, dont elles ne sont qu'un symptôme ou un effet.

Elles consistent en un suintement, ou en des écoulemens de matières séreuses, au moyen de fentes ou de crevasses à la peau.

On a donné à ces écoulemens, ou à ces crevasses, les noms bizarres et inutilement multipliés de *malandres* ou *solandres*, de *râpes*, d'*arêtes*, de *queues de rat*, lorsqu'ils viennent au pli du genou et du jarret ainsi qu'aux tendons ; comme on a appelé ces mêmes accidens, au paturon et à la couronne, des noms de *crapaudine*, *peignes secs* et *humides*, etc.

Le fait est qu'ils paraissent tenir plus ou moins à la maladie appelée *eaux aux jambes*, maladie qui est habituelle pendant l'hiver à certains chevaux des pays bas et marécageux, qui les gêne beaucoup dans leurs services, exige des soins, et finit souvent par leur ôter toute valeur.

Les *eaux aux jambes*, comme le nom l'indique, consistent en un écoulement, souvent très-considérable, d'humeurs roussâtres d'odeur infecte.

Les habitations humides, le séjour dans les grandes villes, dont les boues âcres et corrosives irritent le mal, sont autant de causes qui en empêchent la guérison. Lorsque la maladie a duré long-temps, la peau s'engorge, se couvre de *fics* ou de *poireaux* fort nombreux et fort laids, qui augmentent monstrueusement les jambes de l'animal, et le mettent dans le cas de la réforme.

Les extrémités postérieures sont presque les seules affectées d'eaux aux jambes, parce qu'elles séjournent plus habituellement dans l'urine et le crottin.

DEUXIÈME SECTION.

Affections du pied.

On divise les affections du pied en celles qui attaquent chacune des parties du pied, et celles qui l'affectent en entier.

Le *javart encorné* est du nombre des premières, bien que les ravages qu'il exerce, lorsqu'il a été mal traité, s'étendent souvent à la presque totalité du pied; mais c'est au reste ce qui arrive, dans les mêmes circonstances, à la plupart des affections de la première sorte.

Le *javart* est une affection des cartilages latéraux du pied; il consiste dans l'ulcération de l'un ou de plusieurs de ces cartilages. Cette ulcération est difficile à connaître dans le principe, et n'a souvent d'autres signes extérieurs qu'une petite ouverture à la peau, d'où suinte, à la pression surtout, une matière purulente provenant de l'intérieur. La couronne est ordinairement tuméfiée au dehors du côté affecté. Cette maladie, qui ne fait pas toujours boiter le cheval d'une manière sensible, est très-grave, parce qu'elle nécessite une opération fort longue et d'une issue incertaine. La valeur d'un cheval de troupe affecté d'un javart est inférieure aux frais et aux risques du traitement; car, en supposant que l'opération ait été bien faite, souvent la corne reste difforme et demande des ferrures méthodiques, impossibles et insuffisantes en campagne. L'instruction des recrues est très-ordinairement le seul moyen qui reste de tirer parti de pareils chevaux.

Si la corne est fendue à la pince depuis la couronne jusqu'à terre, cet accident a le nom de *soie* ou *pied de bœuf*, par comparaison sans doute avec la division du pied de cet animal. Le cheval n'en boite pas toujours; mais si la désunion de la corne commence à la couronne, le rapprochement en est plus difficile, et demande beaucoup de temps.

La même désunion arrivant au quartier, on la nomme *seime quarte*. Cette maladie résulte souvent de l'opération du javart encorné; elle a pour cause aussi la faiblesse des quartiers. Elle est d'autant plus grave que l'ouverture est plus profonde, et qu'elle commence à la couronne, où la corne prend son origine.

Les affections accidentelles de la sole ont beaucoup de rapport avec sa conformation; ainsi plus elle sera plate, molle ou bombée, plus on la verra exposée aux accidens qui peuvent l'affecter.

La *sole battue* est celle qui a été comprimée par le fer, ou par l'appui répété sur des corps durs. L'animal boite, et réclame du repos et des soins; car les accidens qui viennent à la corne ne sont ordinairement graves que lorsqu'ils ont été négligés.

La *sole brûlée* est celle qui a été attaquée avec le fer trop chaud, mis sous le pied. Cette brûlure, à laquelle on doit toujours s'opposer, détermine le dessèchement du sabot, dans les pieds petits surtout, d'où résultent l'encastelure, le déchirement de la corne, etc.

Il vient à la face plantaire du pied une exostose apparente à la sole qu'elle soulève, et que l'on appelle *oignon;* elle fait boiter le cheval toutes les fois qu'il appuie dessus; c'est un cas d'exclusion pour un cheval de guerre.

On dit que le pied a *une cerise*, lorsque, par suite de quelques opérations ou de quelques blessures, une petite excroissance de chair a dépassé la sole, et reste exposée au choc des corps extérieurs : l'animal boite très-facilement, et ne peut plus être soumis à aucun travail. La guérison est quelquefois assez lente.

Lorsque la sole a été meurtrie, pressée, soit par un fer mal fait, soit par quelques corps étrangers, il en résulte ordinairement des *bleimes,* c'est-à-dire que le sang s'extravase entre la chair et la corne, et que l'animal peut boiter; elles arrivent ordinairement près des talons. On les divise en *bleimes sèches* et *bleimes suppurées*. Les premières ont rarement des suites fâcheuses; les secondes ont besoin d'un traitement. Plus les talons sont bas, plus ils y sont sujéts; il y a même des chevaux qui, ayant des pieds délicats, en sont affectés à la moindre marche sur des terrains durs et caillouteux.

La face plantaire du pied est souvent percée par des morceaux de bois, de fer, de verre, ou autres corps résistans qui, après avoir traversé la corne, pénètrent dans l'intérieur du sabot. On désigne généralement ces accidens par le nom de *clous-de-rue* : les plus dangereux sont ceux qui entrent au milieu de la fourchette, parce qu'ils attaquent alors l'articulation du naviculaire, et les tendons qui la recouvrent. Il est facile de reconnaître quand la synovie s'écoule par l'ouverture qui existe à la corne. On doit alors moins différer que jamais de faire donner des soins au cheval, sans oublier pour cela la précaution d'arracher, aussitôt qu'on s'en aperçoit, le corps qui a blessé le pied, ayant bien soin de ne pas le casser dans la blessure, parce qu'elle en deviendrait plus grave. De plus, il est prudent de garder ce corps pour le montrer au vétérinaire, qui en sera mieux à même de juger de la gravité de l'accident.

Il reste à parler de quelques maladies qui, ayant leur siège principal à certaine partie du pied, étendent cependant leurs ravages à la totalité du sabot, et sont pour cela même très-dangereuses. La première est *l'étonnement du sabot*, produit par l'ébranlement général que le pied éprouve par un choc violent sur un corps très-dur. Il peut en résulter la chute de l'ongle, lorsque les tissus intérieurs ont été meurtris et presque désorganisés ; le cheval est alors perdu sans res-source. Ce mal est quelquefois moins grave ; alors il n'y a que désunion partielle de la couronne et de la paroi : on a dit quelles en étaient les suites.

On a des exemples de chevaux auxquels un nouveau sabot a poussé entièrement, après avoir eu le leur ar-raché par un effort violent, ou par une pression très-forte ; mais ces faits servent seulement à prouver toutes les ressources de la nature, et non qu'on doive toujours en attendre les mêmes effets avantageux.

La *fourbure* est une affection des plus communes ; elle est occasionée par plusieurs causes, et laisse après elle des traces qui ne s'effacent pas, pour peu qu'elle ait été grave ou mal soignée. La *fourbure* consiste, quelle que soit la cause qui la produise, en une accu-mulation plus ou moins grande de sang dans le tissu réticulaire du pied. Quelquefois, mais rarement, le sang s'épanche entre la corne et l'os du pied, s'y durcit, y forme un véritable corps étranger, et change toute la forme du sabot. C'est toujours à la pince qu'arrivent ces ravages, parce que c'est l'endroit où la corne est la plus forte et résiste davantage ; c'est aussi la partie qui pose le plus ordinairement la première sur le sol, et qui en reçoit l'effet le plus direct. Pour éviter la dou-leur, le cheval qui est ou qui devient fourbu, marche toujours sur les talons, et n'opère jamais l'extension en arrière des membres affectés; il les tient habituelle-ment en avant de leur ligne d'aplomb, dans le repos comme dans l'exercice. Si cette maladie n'est pas traitée de suite, elle cause des dégâts dans le pied ; la paroi se recourbe en avant, chassée qu'elle est par ce corps formé de sang extravasé, qui la sépare même de la sole ; l'os du pied est forcé de se porter en arrière à sa partie inférieure ; la sole finit par se désunir d'avec la pince, et on nomme l'ouverture extérieure qui en provient, *fourmillière*. Lorsque le pied pose à terre, il apparaît à l'œil comme s'il était entièrement comble : c'est le dernier degré de la fourbure ; il détruit complètement la valeur de l'animal.

La *fourbure* est la suite ordinaire d'un travail forcé ou d'un long repos, du changement brusque d'une nourriture peu nutritive à une qui l'est davantage, ou de la mutation mal calculée des alimens secs avec des alimens verts, quand surtout ils approchent de leur maturité ou qu'ils se composent de plantes très-substantielles.

La *fourbure* affecte les pieds de devant plus souvent que ceux de derrière, quelquefois cependant les quatre en même temps. Il est facile de se faire une idée de la manière dont se place le cheval dans chacun de ces cas, en songeant qu'il ne peut s'appuyer que sur les talons et jamais sur la pince. Cette difficulté subsiste même très-long-temps, la marche en est gênée et impossible sur des terrains durs, surtout si la ferrure n'est pas faite avec beaucoup de soins.

On peut reconnaître encore qu'un cheval a été fourbu, quand la paroi, dans toute sa circonférence, présente des espèces de bourrelets placés au-dessus les uns des autres ; c'est ce qu'on appelle des *pieds cerclés*.

On donne le nom d'*avalures* aux irrégularités que présente la paroi à son bord supérieur, à la suite d'affections quelconques du pied.

Le mal le plus grave qui survienne au pied, porte le

nom de *crapaud*, à cause sans doute de l'aspect dégoûtant que présente alors le dessous du pied. Il a long-temps été regardé comme incurable; à présent encore on n'apporte à sa guérison que des moyens d'un succès incertain. Il paraît que c'est une véritable désorganisation de la sole et de la fourchette; il s'en exhale une odeur infecte. La claudication est cependant quelquefois peu sensible; nouveau motif ajouté à tous ceux déjà donnés d'examiner avec soin toutes les parties du pied. Il ne faut pas au reste confondre le *crapaud* avec ce que l'on appelle une *fourchette échauffée*. Dans les pieds postérieurs, la fourchette est exposée à se gâter et presqu'à se pourrir, lorsque les chevaux séjournent dans des écuries humides et mal tenues; mais alors la sole ne participe pas de cet état, ce qui différencie ce mal, fort peu important, de l'autre qui est si terrible.

TROISIÈME SERIE.

MALADIES ÉPIZOOTIQUES, ENDÉMIQUES ET CONTAGIEUSES.

Morve, farcin, gale, rage, charbon, épizootie, etc.

On appelle *épizootiques* les maladies des animaux qui portent le nom *d'épidémiques* dans l'homme, et qui attaquent en même temps un plus ou moins grand nombre d'individus.

On nomme ces maladies *endémiques*, lorsqu'elles sont particulières à certains pays. Elles tiennent à des causes communes ou générales, qui leur impriment diverses manières d'être.

Beaucoup de ces maladies sont *contagieuses;* mais

ce n'est pas cependant leur caractère constant. Ce sont celles qui, sous les noms de *fièvres charbonneuses, malignes*, etc., ont, à diverses époques, ravagé les campagnes et les villes de la presque totalité de l'Europe; véritable fléau, dont les progrès de la médecine vétérinaire ont diminué les désastreux effets, et contre lequel les soins de préservation doivent s'unir et toujours précéder ceux de médication.

On appelle *contagieuses* toutes les maladies qui sont susceptibles de se communiquer d'un individu à un autre, par suite d'un contact médiat ou immédiat.

Les auteurs sont très-divergens d'opinion sur les maladies qui sont ou non contagieuses, ce qui tient sans doute aux variations mêmes de ces maladies, qui sont contagieuses dans certains cas, et ne le sont pas dans d'autres. Parmi elles se rencontre la *morve*.

Morve. Cette maladie, qui détruit à elle seule plus de chevaux peut-être dans les régimens que toutes les autres affections réunies, et que la science médicale a jusqu'à présent regardée comme incurable, offre dans son cours trois degrés, qui ne sont que ses diverses nuances d'intensité.

Lors de l'invasion de la maladie, il s'écoule par l'un des naseaux une matière blanchâtre peu abondante; les glandes de la ganache sont engorgées et douloureuses, mais du côté seulement correspondant à l'écoulement du nez. Dans le deuxième degré, la matière de cet écoulement devient jaunâtre et verdâtre, son odeur a une fluidité qui augmente de plus en plus; la membrane pituitaire, qui était rouge et enflammée dans le principe, devient pâle, se trouve parsemée de petites érosions blanchâtres dans leur centre, très-rouges à la circonférence ; on les nomme *chancres :* outre cela, les glandes de la ganache deviennent dures et attachées à la peau.

Dans le troisième degré, les symptômes précédens s'aggravent, la cloison cartilagineuse est souvent percée par les chancres ; alors l'humeur suppurée, mêlée à des stries de sang, coule des deux côtés. La mort de l'animal, qui aurait dû être prononcée plus tôt, ne doit plus être différée.

La dernière question relative à la morve, et la plus importante sans doute, est celle de la contagion, c'est-à-dire de la propriété qu'a la morve de se communiquer d'un animal à un autre. Si on prend l'avis des personnes les plus expérimentées en art vétérinaire, on en trouve qui appuient l'idée de cette contagion par mille exemples tirés des villes et des campagnes ; tandis que d'autres, au contraire, citent des expériences et des observations faites avec beaucoup de soin, qui prouvent qu'elle ne se communique pas, et ils avancent que si des chevaux qui vivent ensemble sont quelquefois affectés de cette maladie, cela tient probablement à ce qu'ils ont été exposés aux mêmes causes d'affaiblissement et de misère, qui la déterminent ordinairement. Or, quelle conséquence tirer d'une pareille diversité d'opinions ? que peut-être il y a plusieurs sortes de morves, que toutes ne sont pas contagieuses, et qu'il faut suivre, dans ce doute, le conseil de la prudence, qui d'ailleurs est l'avis du plus grand nombre ; c'est de ne négliger aucune des précautions que réclame l'idée de la contagion, puisqu'il en résulte des soins qui sont toujours fort utiles. Autrement, il peut arriver des pertes considérables, et la ruine même de régimens entiers, ainsi qu'on en cite de nombreux exemples. Au reste, il ne s'agit pas ici de discuter cette question plus au long ; il suffit d'avoir une idée de ce que l'on sait sur cette malheureuse maladie, trop commune et trop redoutable pour ne pas la signaler à tous ceux qui s'occupent de la prospérité de la cavalerie.

Le farcin. Cette maladie, que l'on a appelée *le cousin germain de la morve* à cause de ses effets également désastreux sur les chevaux, a un caractère contagieux moins contesté que celui de la morve. On reconnaît *le farcin* à des boutons plus ou moins volumineux et nombreux, qui suivent ordinairement le trajet des veines en forme de cordes ou de chapelets. Ces boutons dégénèrent ordinairement en ulcères d'odeur fétide, qui deviennent généralement incurables lorsqu'ils pénètrent dans l'intérieur du corps. Il en est différemment lorsqu'ils sont extérieurs, et qu'ils peuvent recevoir les effets d'un traitement local.

Il y a plusieurs sortes de *farcins* qui ne sont pas également dangereux ; mais tous cependant doivent déterminer, dans les régimens de cavalerie principalement, la précaution de l'isolement des animaux, ainsi que le nettoiement et la désinfection des habitations et des ustensiles qui ont servi aux chevaux farcineux.

Du charbon. C'est le nom vulgaire d'une maladie appelée autrement *anthrax.* Ce nom lui a été donné sans doute à cause de la couleur noire que prend la tumeur qui la constitue : elle consiste en une inflammation gangréneuse des tissus, principalement situés sous la peau. La mort la plus prompte suit cette maladie, lorsqu'elle n'est pas soignée sur-le-champ. Elle est tellement contagieuse, qu'elle se gagne de l'homme aux animaux et réciproquement. Lorsqu'elle vient à la langue, on lui donne le nom de *glossanthrax*; au poitrail on l'appelle du nom vulgaire d'*ancœur* ou *avant-cœur*. La simple piqûre des mouches, lorsqu'elles ont puisé le germe du mal sur des cadavres en putréfaction, suffit pour développer le *charbon*, surtout si l'animal y est prédisposé par un affaiblissement ou une cause antérieure.

La gale. Cette maladie, généralement bien connue, est due ordinairement à la contagion ou à lá malpropreté, ou souvent à une espèce de ciron (*acarus scabiei*).

Ce que l'on appelle, dans les vieux chevaux, *rogne* ou *roux-vieux*, est une espèce particulière de gale invétérée et très-difficile à guérir.

La rage, nommée encore *hydrophobie*. Cette maladie est aussi affreuse et aussi incurable dans l'homme que dans les animaux, dont elle détermine la mort dans des convulsions horribles. Les expériences les plus multipliées n'ont encore rien appris, ni sur la manière de la guérir, ni sur les degrés de contagion des herbivores aux carnivores, qui paraissent presque nuls comparés à ceux qui existent de ces derniers à tous les autres animaux.

A peine si l'on est sûr d'empêcher son développement, après la communication du virus d'un animal à un autre, virus qui paraît résider essentiellement dans la salive.

QUATRIÈME SÉRIE.

MALADIES DITES REDHIBITOIRES.

Pousse, courbature, cornage, etc.

On appelle *redhibitoires* les maladies qui sont le plus généralement reconnues pour donner lieu à l'action redhibitoire, c'est-à-dire à la faculté qu'a l'acheteur d'un animal affecté de l'une de ces maladies, de le faire reprendre à celui qui le lui a vendu.

De la pousse. C'est une affection très-fréquente et malheureusement incurable, jusqu'à présent, dans le cheval. On en est, à son sujet, au point de ne pas connaître son siège spécial.

Les uns pensent qu'elle est due à une maladie organique du cœur; d'autres, qu'elle réside dans le diaphragme ou dans le poumon, etc. Le fait est que les animaux d'une constitution sanguine, bons travailleurs et nourris abondamment, en sont plutôt affectés que ceux doués de peu de qualités, généralement mal nourris, et surtout nourris de temps en temps avec des fourrages verts.

Cette maladie, qui se montre presque toujours à l'état chronique, est une véritable infirmité que l'on a comparée à l'asthme dans l'homme. Elle diminue considérablement la valeur du cheval, en le mettant dans l'impossibilité de rendre beaucoup de services, surtout de ceux qui demandent de la vitesse.

Les chevaux poussifs résistent généralement mieux

dans l'hiver que dans l'été. Ils souffrent particulièrement pour gravir, et c'est même l'un des moyens que l'on emploie pour reconnaître l'existence de cette affection.

On distingue la *pousse* à plusieurs caractères, dont le plus univoque ou le plus invariable est l'altération du flanc; on la reconnaît à une espèce de contre-temps ou soubresaut qui résulte de l'interruption de l'expiration par une espèce de temps d'arrêt avant une nouvelle inspiration, laquelle en devient saccadée pour ainsi dire; en général le temps consacré à l'inspiration est plus court que celui de l'expiration, qui, outre son contre-temps, s'achève d'une manière lente et pénible. Ceci est d'autant plus marqué que l'animal a été plus animé avant l'examen. Il faut beaucoup d'attention et d'habitude pour distinguer la *pousse* dans son principe.

Dans la *pousse invétérée*, il s'écoule ordinairement par les deux naseaux, pendant l'exercice, une humeur blanche, battue comme de la salive. On ne peut confondre ce flux qu'avec celui d'un vieux rhume ou d'une ancienne courbature, mais nullement avec les écoulemens de la morve et de la gourme.

La toux est encore compagne de la pousse; mais lorsque celle-ci est déjà invétérée, la toux est sèche, répétée, et a un caractère particulier. Il faut entendre cette toux pour apprendre à la distinguer.

Il est rare que les chevaux poussifs n'offrent pas, au bord supérieur des cavités nasales, près des fausses narines, une espèce de pli ou de ride, qui n'indique pas toujours l'existence de la pousse, puisqu'il se rencontre en général chez les animaux qui éprouvent de la douleur, mais qui doit être au moins une indication préventive du mal.

De toutes les manières employées pour s'assurer de l'existence de la pousse, la meilleure est d'examiner le cheval, d'abord dans le repos le plus complet. S'il vient de marcher, il faut laisser la respiration se calmer tout-à-fait ; car, puisqu'il s'agit de savoir si les mouvemens du flanc sont réguliers ou non, moins ils sont accélérés, plus facilement l'œil peut les saisir. Après ce premier examen, on fait marcher et même courir le cheval, pour juger comparativement.

On peut même lui faire gravir une montée, afin d'avoir le plus de points de comparaison possibles ; mais il faut qu'un premier examen à froid serve de base au jugement qu'on doit porter.

On conseille généralement de faire manger de l'avoine au cheval, afin de le juger pendant ce temps ; mais quand le cheval mange, la respiration est interrompue à tous momens par l'acte de la déglutition, et cela suffit pour occasioner du trouble dans l'entrée et dans la sortie de l'air. Cependant, comme nouveau moyen comparatif, on peut adjoindre le secours de cet essai aux précédens.

De la courbature et *de la fortraiture.* Sous ces noms sont comprises deux affections peu faciles à distinguer dans leurs causes et dans leurs effets ; aussi sont-elles la source d'une infinité de difficultés et de procès, en fait de cas redhibitoires.

En général, par le mot de *courbature* on entend l'état dans lequel se trouve un cheval qui a été soumis à un travail supérieur à ses forces, et qui en est épuisé au point d'en souffrir dans toute l'habitude de son

corps, d'où résulte l'altération d'une ou de plusieurs fonctions. Les courses rapides plutôt que celles long-temps
continuées, ou un refroidissement subit après qu'un
cheval a eu très-chaud, sont particulièrement cause
de la *courbature* ; aussi est-ce la poitrine qui habituellement est la plus souffrante dans cette maladie.

La *courbature*, lorsqu'elle commence, ressemble
souvent à un gros rhume. Si les soins et le repos ne
remettent pas l'animal, cette affection alors passe à
l'état chronique. Le cheval, sans être précisément malade, ne jouit cependant pas de ses forces ; son poil est
mauvais, terne, et plus ou moins piqué. Les mouvemens du flanc ne sont pas réguliers, sans qu'ils soient
comme ceux de la pousse cependant ; sa colonne vertébrale et son rein particulièrement sont raides et souffrans ; presque toujours il conserve une toux sèche et
courte : une matière blanchâtre et glaireuse s'écoule
par ses naseaux.

Il y a des chevaux courbaturés qui ne reviennent
jamais complètement à leur premier état, ce qui arrive
souvent à tout animal forcé à la course.

La *fortraiture*, appelée encore *gras fondu*, ressemble infiniment à la courbature ; elle est accompagnée de l'amaigrissement, et surtout de l'état cordé du
flanc, qui se remarque aussi dans la courbature.

Du cornage, *sifflage* ou *hallay*. Ce sont les noms
que l'on donne à un bruit particulier que font entendre
certains chevaux en respirant.

Cette affection est une de celles dont on se plaint
davantage depuis quelques années, dans les chevaux
normands principalement. Elle reconnaît plusieurs
causes, ou l'étroitesse des cavités nasales, ou celle de

la gorge, ou la présence d'une excroissance de chair nommée *polype*, dans les naseaux. Le bruit n'a lieu quelquefois que par un des côtés du nez, quelquefois par les deux; d'autres fois il se fait entendre lorsque le cheval a la tête trop maintenue près de l'encolure. Il y a des chevaux qui ne *cornent* que lorsqu'on les mène au galop, et surtout en cercle. De quelque manière que cette affection apparaisse, elle diminue d'autant plus la valeur de l'animal, qu'elle tient à des causes sur lesquelles on ne peut rien. Elle nuit, et par le bruit incommode qu'elle détermine, et par la faiblesse remarquable qu'elle produit dans le cheval, dont l'acte de respiration n'est jamais complet.

Il y a des chevaux *corneurs* qui, s'ils étaient soumis à une course un peu violente, n'y résisteraient pas, et tomberaient bientôt suffoqués, ce qui rend le cornage un défaut, ou, pour mieux dire, une infirmité très-grave.

Lorsque le *cornage* est dû à un polype, dans l'hiver on le devine aisément au volume différent de la colonne d'air expirée par les deux naseaux. Pendant l'été, on s'en assure en exposant les mains à l'émission de l'air. Il arrive fréquemment que le côté du nez dans lequel se trouve le polype laisse écouler une matière souvent fétide.

Le *cornage* et le *polype* sont à peu près regardés comme incurables, en raison des frais considérables que la cure nécessiterait.

Il ne faut pas confondre avec le cornage l'espèce de bruit que font certains chevaux vigoureux par gaieté ou par étonnement, ni celui d'animaux très-gras, ou qui ont perdu l'habitude de travailler.

Cette maladie n'est redhibitoire que dans la Normandie, et encore pour un délai très-court.

Du tic. Le tic n'est redhibitoire que lorsqu'il n'est pas apercevable à l'usure des dents, parce qu'un acheteur n'a pas toujours le temps et les moyens de pouvoir le juger, et que la loi a voulu empêcher tout l'avantage que le vendeur frauduleux aurait dans ce cas.

CINQUIÈME SÉRIE.

MALADIES RÉPUTÉES NERVEUSES.

Épilepsie, vertige, etc.

La première de ces maladies est l'*épilepsie* ou *mal caduc* (ou encore *haut-mal*), plus fréquente chez l'homme que chez le cheval, mais non moins à redouter; elle est, chez tous les deux, presque incurable, et accompagnée de symptômes et de suites également fâcheux.

Cette maladie consiste en des attaques périodiques plus ou moins éloignées. Lors de ces attaques, toute la machine animale entre en convulsion; un tremblement plus ou moins violent agite et le corps et les extrémités, l'animal tombe ou se renverse, souvent sans annoncer à l'avance l'arrivée de ces accès. On conçoit tous les dangers qui peuvent s'ensuivre pour le cavalier.

Il y a très-peu de moyens de connaître cette terrible maladie dans l'intervalle des accès; seulement les meurtrissures, suites des chutes et des coups que l'animal se donne pendant les accès, peuvent donner l'éveil à ce sujet. Mais on conçoit combien de semblables renseignemens sont peu sûrs; car les causes peuvent en être tout autres que celle dont il est question.

Le *vertige* ou *vertigo* est une maladie qui rentre dans le genre de la précédente; elle n'en est même souvent qu'un symptôme. Son nom lui vient de l'action de tourner, à laquelle se livrent les chevaux qu'elle affecte; mais elle est accompagnée de mouvemens encore plus dangereux, car on voit des chevaux qui se précipitent sur les murs, comme s'ils voulaient se briser la tête. Il y en a qui se cabrent, se renversent, ou qui, s'appuyant la tête contre les corps qui résistent, poussent sur eux de toute leur force; il y en a d'autres qui restent debout, immobiles, la tête dans la mangeoire. Cet état est quelquefois déterminé par des indigestions ou autres affections du bas-ventre.

De l'immobilité. Il importe davantage à l'équitation militaire de connaître l'*immobilité*, parce que les chevaux qu'elle affecte sont susceptibles d'être mis en vente, cette affection étant, en général, moins aiguë dans ses crises que les autres de sa classe.

Son nom n'en donne qu'une idée très-imparfaite, car l'immobilité de l'animal qui en est attaqué n'est pas du tout son caractère univoque; il ne peut s'appliquer qu'à certains mouvemens, à certaines positions, ou à quelques-unes des manières d'être du cheval. L'*immobilité* paraît tenir à une affection totale ou partielle de la colonne vertébrale, soit dans les muscles, soit dans le prolongement rachidien. Elle déprécie infiniment les chevaux, qu'elle rend incapables d'un service régulier et sûr. Elle a cependant des intervalles pendant lesquels l'animal ne semble nullement malade ; mais elle en a d'autres pendant lesquels il n'est pas même prudent de vouloir s'en servir. On voit des chevaux affectés d'*immobilité*, tantôt fléchir la colonne au moment où on les monte, et cela comme s'ils étaient éreintés ; il y en a même qui ne peuvent pas supporter le cavalier, la simple pression des doigts sur le rein leur est infiniment sensible. D'autres fois ces chevaux ne peuvent reculer, quoi qu'on fasse, et ils se renversent plutôt que d'obéir ; il y en a d'autres qui ne veulent pas absolument tourner à droite ou à gauche, comme il s'en trouve qui, une fois partis, ne peuvent s'arrêter, tant ils en éprouvent de douleur dans la colonne. Il en est enfin , et c'est le plus grand nombre , auxquels il est impossible de décroiser les jambes de devant, quand on les leur a placées l'une par-dessus l'autre. En général, tout mouvement qui n'a pas lieu en ligne droite leur coûte, et ils se refusent à l'obéissance par toutes sortes de mouvemens désordonnés, que la violence et les mauvais traitemens augmentent au lieu de calmer. Il y a des chevaux chez lesquels ces divers symptômes apparaissent avant le travail , d'autres pendant le travail, et beaucoup après un certain temps d'exercice, et lorsqu'ils commencent à se fatiguer.

Quand un cheval a déjà eu plusieurs accès, ou que la maladie est grave, on s'en aperçoit à la manière incertaine dont il marche, à la raideur de ses reins, à ses mouvemens plus ou moins saccadés, à sa physionomie, à ses yeux, qui ont quelque chose d'égaré, et à sa manière d'être, qui annonce la souffrance et la gêne. Mais quelquefois aussi les intervalles des accès ne sont marqués par aucun signe relatif à cette affection.

Du tétanos. Le *tétanos* est une maladie ou un symptôme de maladie que caractérisent le resserrement spasmodique des mâchoires, la raideur et l'immobilité de l'encolure, du tronc et des membres.

Cet état est des plus graves, et n'offre que peu de ressources, même à un traitement méthodique et suivi; aussi n'en est-il question ici que pour mémoire.

Des blessures, des opérations ou une douleur très-vive suffisent pour le déterminer.

Une observation importante à faire sur les moyens de reconnaître qu'un cheval a déjà été attaqué, et surtout traité pour l'une ou l'autre de ces maladies nerveuses, c'est d'avoir soin de consulter s'il ne porte pas, aux fesses particulièrement, des traces de sétons ou de vésicatoires, qu'on emploie généralement pour la guérison de ces affections. Cependant, ce ne peut être un renseignement positif, puisqu'on place, pour d'autres causes, des exutoires à cette partie; mais on doit y voir un motif d'exploration plus attentive.

—

CHAPITRE II. — *Soins du cheval malade.*

ARTICLE PREMIER.

MOYENS DE CONNAITRE L'ÉTAT DE MALADIE D'UN CHEVAL.

Après l'énumération des maladies dont le cheval peut être atteint, se présentent deux choses inséparables pour en entreprendre le traitement ; reconnaître ces maladies et leur appliquer les remèdes curatifs convenables. Or, c'est ce qui constitue les actions médicales et chirurgicales, que le vétérinaire doit et peut seul prescrire, parce qu'il faut pour cela des études spéciales, que ne remplacent jamais des demi-connaissances toujours plus nuisibles qu'utiles. Cependant, dans l'intérêt de la conservation du cheval, il est bon que celui qui l'emploie ait des moyens de reconnaître la présence des maladies qui l'empêcheraient de continuer son service, et réclameraient les soins de l'art vétérinaire. C'est le but de cet article.

La classification des maladies du cheval, établie dans le précédent chapitre, nous servira de guide pour la description des symptômes qui les annoncent, et permettra de les réduire à un petit nombre facile à saisir, tandis que la science médicale en signale de très-nombreux et de très-compliqués.

L'article premier a classé dans trois séries les affections et tares relatives

1° Aux mouvemens,

2° Aux aplombs,

3° Aux proportions et formes extérieures.

Si les tares et défectuosités maladives, comprises dans ces trois séries, sont plus ou moins nuisibles aux services que doit rendre le cheval, c'est par les difficultés qu'elles apportent au libre exercice de ses mouvemens, et surtout par les claudications qu'elles déterminent. L'embarras, la raideur des membres, les changemens de direction des rayons articulaires, les engorgemens de la peau, les tumeurs synoviales et osseuses ; toutes ces défectuosités, quelle que soit leur cause, ont des caractères matériels qui les font d'abord reconnaître. On voit aussi au premier coup d'œil qu'un cheval boite; mais il est plus difficile d'assigner quel est le membre affecté de claudication, surtout lorsqu'elle est peu marquée.

Un cheval *boite*, quand, par une cause ou une autre, il cherche à soustraire une ou plusieurs de ses extrémités à un mouvement, à un choc, ou à un appui douloureux. Mais, pouvant souffrir dans les parties qui font mouvoir le membre, aussi-bien que dans celles qui supportent la masse, il s'ensuit que l'action de boiter est très-variable, selon les vitesses, selon les directions, selon les terrains durs, mous, ascendans, horizontaux, l'animal étant ou monté ou conduit en main, ou quand on le monte soi-même.

Sans s'attacher à tous les cas particuliers, il suffit de considérer les simples effets que doit produire sur l'animal son instinct de conservation et de bien-être, puisque la boiterie n'a d'autres effets que de diminuer la douleur qu'il ressent. Dans ce but, et pour débarrasser l'extrémité affectée d'un poids qui l'incommode, l'animal n'a que deux moyens, ou d'abréger le temps du support, ou de diminuer le poids lui-même. Cette théorie se trouve confirmée par l'expérience.

Que l'on considère un cheval boitant beaucoup et marchant au pas, on le verra élever son corps au moment où l'extrémité malade pose sur le sol, le mouvement est prompt dans l'extrémité voisine pour venir supporter le corps, qui s'abaisse en effet sur elle lorsqu'elle touche le terrain.

Si l'on presse la marche de l'animal, et que le pas devienne très-accéléré, ou dégénère en un trot soutenu

(car il arrive souvent qu'au petit trot le cheval boite comme au pas lent), alors on voit ou l'avant ou l'arrière-main s'abaisser quand le pied malade pose sur le sol, et l'autre membre est prompt à venir au secours. C'est donc tout-à-fait le contraire du cas précédent. Cette différence est si vraie, que les personnes qui n'ont pas l'habitude et les moyens de bien juger, se trompent presque toujours inversement en examinant les chevaux boiteux, d'abord au pas, ensuite au trot.

Au galop il est très-difficile de distinguer une claudication : le mouvement est alors trop rapide pour qu'on puisse attribuer l'action de boiter à telle ou telle extrémité. On remarque cependant, et cela peut servir à préjuger le degré de gravité d'une tare quelconque, que les chevaux galopent de préférence sur la jambe dont ils souffrent le moins, et surtout quand ils ne sont pas contraints par des moyens trop rigoureux, qui font alors disparaître une douleur moins vive par une plus forte.

Il est maintenant facile de concevoir quel rôle jouent l'avant et l'arrière-main dans les claudications de leurs membres; quelle différence offre le marcher de l'animal, soit qu'il monte, qu'il descende, qu'il tourne du côté où existe la cause de claudication, ou qu'il tourne de l'autre; enfin quelle influence a le pavé sur les claudications du sabot, qui s'en augmentent, et sur celles du reste du membre, qui n'en souffre pas beaucoup plus que de marcher sur des terrains peu durs.

Il est inutile de traiter particulièrement les symptômes des affections dont parle l'article 2. La claudication est le principal; les flegmons ou tumeurs se reconnaissent d'abord à leur gonflement ordinairement accompagné de chaleur et de douleur, et qui va toujours en s'augmentant. Il n'y a rien à dire sur les blessures et fractures, mais les maladies exposées dans les séries du troisième article, ayant leur siège et leur action principale sur les organes intérieurs, demanderaient de longs développemens pour en faire connaître et apprécier les symptômes. Ceci rentre tout-à-fait dans le domaine du vétérinaire : pour l'officier de cavalerie on en a dit assez dans la description des maladies elles-mêmes, surtout de celles comprises dans les trois dernières séries du dernier article. Une toux sèche et fréquente, l'écoulement d'humeurs par les naseaux, l'engorgement des glandes de la ganache, surtout leur adhérence et leur sensibilité, l'inquiétude et la tristesse du cheval, son dégoût des alimens, son abattement, l'altération des flancs, indiquent ordinairement une de ces maladies intérieures qui réclament les secours de l'art médical. Le poil se pique et perd son luisant, la fièvre se déclare, et si le cheval, se levant et se couchant sans cesse, regarde ses flancs d'un air triste, on reconnaît qu'il est attaqué de coliques.

Tels sont les symptômes généraux qui indiquent que la santé du cheval est altérée.

ARTICLE II.

INDICATION DU RÉGIME ET DES PREMIERS SOINS A PORTER A UN CHEVAL MALADE.

On ne saurait trop le répéter, il n'est pas dans l'intérêt des régimens, et il n'est point du devoir d'un officier de cavalerie, d'entreprendre le traitement et la cure des maladies qui affectent le cheval. Cette science, pour être apprise et exercée, demande toute la vie d'un homme, et les études qu'elle nécessite détourneraient l'officier de ses obligations spéciales; le plus sûr sera toujours de s'en rapporter au médecin vétérinaire. Cependant il est utile de ne pas ignorer les premiers soins à donner à un cheval qui tombe malade, et d'être en mesure de lui appliquer, en cas d'absence forcée du vétérinaire, les prompts remèdes que l'invasion des maladies violentes réclame quelquefois instantanément.

Parmi ces soins, il faut distinguer ceux qui appartiennent aux maux décrits dans les deux premiers articles du chapitre précédent, de ceux que réclament les maladies signalées par le troisième article. Les premières ne sont pas, en général, de nature à provoquer des changemens aussi chanceux et aussi graves que les autres, qui agissent à l'intérieur et souvent sur l'ensemble des fonctions.

Une première chose à savoir, c'est la différence qui existe entre les maladies aiguës et les chroniques, parce qu'elle établit des nuances très-grandes dans les soins que ces maladies réclament. On appelle *maladies aiguës* celles qui ont une certaine intensité actuelle et qui parcourent leur période en peu de temps. Les *maladies chroniques* sont accompagnées de symptômes moins violens et sont plus longues dans leur cours. En général, beaucoup d'affections *aiguës* deviennent *chroniques*, et il est peu de celles-ci qui n'aient commencé par un état plus ou moins aigu.

PREMIÈRE SÉRIE.

Lorsqu'un cheval feint, boite, ou éprouve simplement de l'embarras dans les mouvemens, il faut d'abord en rechercher les causes, qui sont difficiles à connaître.

Lorsqu'elles tiennent à la fatigue, le repos et les soins suffisent souvent pour les faire disparaître. Si elles proviennent d'un mal aigu, d'une blessure ou autre accident analogue, elles demandent alors le repos absolu et une cure relative et prompte. Il en est autrement lorsque l'usure les a produites, parce que l'altération est, dans ce cas, devenue organique pour ainsi dire. Il n'y a que le feu dont l'énergie soit capable de produire quelque bien; encore ce bien est-il borné, lorsque c'est sur les muscles qu'on agit.

Dans les mêmes considérations se trouvent comprises les claudications de vieux mal, tout-à-fait passées à l'état chronique.

L'éparvin sec, n'étant pas même connu dans son siège, est jusqu'à présent incurable.

En général, lorsqu'un cheval boite et que la cause n'en est pas visible, on peut regarder presqu'à coup sûr le pied comme étant le siège de la claudication, tant à cause des accidens nombreux auxquels la ferrure donne lieu, que par l'organisation même du pied, qui le rend bien plus susceptible d'être offensé que la partie

supérieure des membres. On fait alors déferrer et son-
der la corne, après toutefois avoir jugé comparativement la marche de l'animal sur des terrains de dureté
différente. Ensuite, des cataplasmes émolliens et la
soustraction de quelques clous à l'endroit où existe de
la chaleur et où l'animal témoigne de la sensibilité,
sont les premières précautions à prendre : elles suffisent même souvent pour faire disparaître le mal, lorsqu'il n'est ni ancien ni grave.

DEUXIÈME ET TROISIÈME SÉRIES.

La majeure partie des affections des deux séries suivantes sont de nature chronique, ou y passent promptement. Produites par les travaux et les fatigues, il n'y
a guère que le repos et des palliatifs incertains à leur
offrir, surtout lorsqu'elles ont acquis une certaine gravité. La mise au vert, la diminution du travail, et des
ménagemens bien entendus dans l'emploi, ainsi que le
choix d'un service convenable, sont les moyens généraux à leur opposer.

Parmi ceux d'une énergie efficace, il en est un
excellent sans doute, mais dont l'abus, comme de
toutes les bonnes choses, a cependant son mauvais
côté. Ce moyen est celui du *feu*. Il consiste dans l'application d'un fer rougi au feu sur les parties extérieures répondant à celles affectées intérieurement,
dans l'intention de solliciter une réaction vitale, susceptible de fortifier les parties dont le ressort est perdu
ou affaibli : car le feu ne paraît pas agir par des propriétés qui lui soient particulières, mais bien comme

excitant au plus haut degré une activité vitale, que d'autres moyens déterminent aussi, mais à un bien moindre degré.

C'est surtout pour les exostoses que le feu paraît offrir le moyen curatif le plus heureux, non pas en déterminant leur complète disparition, mais en arrêtant leurs progrès; d'où il est facile de conclure la nécessité de l'employer plus tôt que plus tard. On ne le fait presque jamais en France, dans la crainte d'imprimer au cheval la preuve permanente d'un mal qui eût pu être ignoré sans les traces que laisse le feu toutes les fois qu'il a été mis avec assez de force pour que ses effets soient complets. Un pareil calcul, étranger aux intérêts des régimens dont les chevaux ne sont exposés à aucune transaction mercantile, ne doit pas empêcher d'employer le feu dès qu'il est jugé utile, et surtout dès l'instant que ses effets peuvent être le plus fructueux.

Les moyens secondaires du feu, et que souvent on emploie avant lui pour éviter les inconvéniens des traces, sont les frictions de substances spiritueuses ou aromatiques, ainsi que des lotions ou des bains de lie de vin, ou autres matières analogues.

Les bains d'eau froide, et surtout ceux d'eau de mer, sont encore d'un fort bon effet pour raffermir les tissus après des fatigues et des courses ; mais ils restent insuffisans pour remédier à l'usure, et surtout aux affections osseuses.

L'usure par rétraction des tendons est la plus rebelle à tous ces palliatifs; on pense même que le feu augmente le raccourcissement au lieu de le diminuer. Il a été dit que c'était tout le contraire pour les effets

de l'usure ou de la fatigue par engorgemens. (Voir capelets, etc.)

Il faut attendre, pour employer le feu, qu'il n'y ait
pas d'inflammation dans la partie; car il ne pourrait
que l'exaspérer et ne ferait alors qu'augmenter le mal.
Au reste, on voit que l'application du feu ne peut être
que bien rarement ordonnée, sans consulter le vétérinaire.

SOINS POUR LES MALADIES DE L'ARTICLE II DU CHAPITRE PRÉCÉDENT.

PREMIÈRE SÉRIE.

Parmi les accidens du second article se présentent
les luxations et les entorses, qui demandent, les premières surtout, les soins les plus prompts et les mieux
entendus; car les tentatives de l'inexpérience sont ici
particulièrement à redouter. Aussi n'est-ce que par nécessité absolue qu'il faut les entreprendre.

La première des choses, dans les luxations, est de
replacer les abouts articulaires; la seconde, de les fixer
en place, et d'obtenir dans la partie un repos, sans
lequel on ne peut espérer aucune issue favorable. Il
faut, de plus, lorsque l'accident est récent, frapper la
partie par l'action de l'eau froide salée, la tenir exposée
à l'effet des excitans jusqu'à ce que l'inflammation pa-
raisse; alors on change de système. Les cataplasmes ou
les lotions émollientes, qui entretiennent la chaleur
et l'humidité, sont les seuls moyens qu'il y ait à employer, sauf à revenir, après que la période inflammatoire est passée, à l'emploi des fortifians, dont le feu
est le plus énergique.

Les entorses réclament, à la réduction près, les mêmes soins que les luxations. Quoique moins graves en général, il faut cependant leur procurer du repos et y donner beaucoup d'attention; encore ne triomphe-t-on pas toujours de la faiblesse qu'elles produisent dans les ligamens. Le feu est quelquefois lui-même un tonique insuffisant.

Les écarts sont de ces maux fréquens et fâcheux, pour lesquels les donneurs de recettes emploient incessamment leurs secrets. Les premiers soins à y apporter sont le repos de l'animal, et des lotions émollientes sur la partie enflammée.

DEUXIÈME SÉRIE.

Les maux compris dans la seconde série du deuxième article sont les plus fréquens en campagne, et ceux dont le traitement préparatoire est le plus facile à prescrire, quoiqu'il ne triomphe pas toujours d'un mal que l'éloignement des causes déterminantes suffirait seul pour arrêter, si l'activité du service militaire permettait d'employer ce moyen à volonté.

Ces maux, produits par des coups ou par l'action des objets d'équipement et de harnachement, apparaissent d'abord comme de simples meurtrissures avec gonflement, mais sans dilacération de la peau. La première chose à faire, dès qu'on s'en aperçoit, est d'arrêter le développement de l'inflammation par des lotions d'eau fraîche vinaigrée ou salée, ou par des frictions d'eau-de-vie unie à du savon ou à du camphre. Ces moyens sont les seuls bons préservatifs des blessures qui se déclarent ordinairement après ces gonflemens, lorsque la selle et le cavalier ont comprimé très-long-temps les tissus.

Quant aux blessures de toutes les sortes, soit qu'elles proviennent de coups d'instrumens tranchans ou de la part de corps contondans par choc, comme il arrive si fréquemment à la guerre, soit qu'elles résultent de la pression de la selle ou de l'introduction d'un corps étranger quelconque; il n'y a d'autre précaution, dans l'attente d'un traitement méthodique, que la propreté, l'éloignement de toute pression, et, s'il est possible, l'extraction du corps étranger.

Il faut encore, et comme soins des plus pressans, arrêter les hémorragies, qui suffisent, dans de certaines blessures, pour causer la mort de l'animal; mais ces accidens, fréquens dans les combats, sont peu susceptibles alors d'être soignés, et ce n'est pas ordinairement dans ces circonstances qu'on s'occupe des blessures des chevaux. Les moyens généraux sont la ligature des vaisseaux rompus, et surtout des artères, la compression et le tamponnement : ces moyens varient selon la partie lésée, selon la facilité que l'on a, et selon mille circonstances qu'il est impossible de préciser ici.

Ce que l'on peut dire de mieux pour les blessures en général, c'est que les plus dangereuses pour leurs suites, à part leur gravité propre, sont celles dont l'entrée est moins grande que le fond : c'est surtout pour les clous de rue ou accidens analogues survenus au pied, que ces remarques sont plus vraies. Les moyens d'empêcher les plaies de se fermer sont d'entretenir les ouvertures extérieures par l'application d'étoupes ou de charpie. On peut encore agrandir ces ouvertures; mais cela doit être fait méthodiquement, sans quoi on pourrait aggraver le mal, rendre la cicatrisation très-longue, et quelquefois impossible.

Il faut observer que la propreté est indispensable sans doute pour la cure des blessures, mais qu'il ne faut pas cependant faire enlever trop complètement le pus de leur surface, parce que la nature le développe pour faciliter la cicatrisation. Il faut s'abstenir d'y mettre des onguens ou des corps étrangers quelconques, si ce n'est un peu d'étoupe ou de charpie.

Les fractures sont très-graves dans le cheval; celles des membres sont en général incurables par l'impossibilité d'empêcher les mouvemens dans la partie, mouvemens que l'irritation seule produit, et contre lesquels on ne saurait opposer, comme dans l'homme, les moyens physiques unis à ceux de la raison.

SOINS POUR LES MALADIES DE L'ARTICLE III.

PREMIÈRE SÉRIE.

Jusqu'à présent il a été question des accidens extérieurs, dont le traitement ressort des soins chirurgicaux; mais les maladies de l'article troisième appartiennent plus particulièrement à la médecine, et offrent bien plus de difficultés; car il s'agit d'attaquer leurs causes premières, et il faut, avant tout, les pouvoir discerner. Les études théoriques médicales, ainsi qu'une pratique longue et raisonnée, sont seules capables de diriger dans ce cas : tout traitement, ou essai de traitement qui n'est pas basé d'après ces principes, ne peut être que tâtonné, empirique, et à coup sûr inférieur aux effets de la nature, que l'on doit surtout éviter de contrarier.

C'est ainsi que la surdité, que les affections des yeux et celles des naseaux ne sont que rarement bornées à ces parties seules, et qu'elles proviennent plus souvent d'une cause intérieure, particulière ou générale; d'ailleurs elles ne sont pas de celles dont la médication soit tellement urgente qu'on ne puisse attendre le vétérinaire, et par conséquent elles se trouvent rarement du nombre des maladies pour lesquelles il peut être utile de faire connaître le traitement d'expectative.

Il n'en est pas de même de certaines maladies aiguës, dont les symptômes, aussi violens que prompts, mettent l'animal dans une situation plus ou moins fâcheuse; telles sont les maladies de la poitrine et celles des viscères de l'abdomen. Mais ici se reproduit encore la difficulté de distinguer le siège réel de la maladie et sa nature, avant de prescrire les moyens curatifs. Cette distinction est d'autant plus essentielle, qu'il s'agit d'appliquer des remèdes dont l'activité doit être proportionnée au mal, et par conséquent dont les effets sont d'autant plus fâcheux qu'ils ne sont pas judicieusement ordonnés.

Les moyens généraux à opposer à ces affections sont les saignées, les sétons et les vésicatoires; mais une saignée mal appropriée peut tuer, comme elle peut sauver faite à propos, et il suffit de distinguer ce résultat, pour mettre en garde contre des prescriptions intempestives et irréfléchies.

Les sétons n'ont pas en général des suites aussi immédiatement fâcheuses; cependant ils peuvent en avoir de grandes, étant mal à propos appliqués à une maladie pour une autre.

Un parti reste à prendre, et le meilleur sans aucun doute pour l'officier qui craindrait la responsabilité de l'emploi de ces moyens ; ce parti est celui de mettre l'animal à la diète, ou à la paille et à l'eau blanche très-légère, et de laisser le reste à la nature, se bornant à suivre ses efforts, et à les seconder, lorsqu'ils sont bien énoncés.

Quant aux recettes et remèdes préparés à l'avance pour telle ou telle maladie, ils ne conviennent qu'à ceux qui font une loterie de la médecine. Trop de livres et trop de gens en parlent pour en grossir inutilement ce traité, qui offre d'ailleurs aux officiers assez de matériaux d'étude et de réflexions, plus utiles à leur instruction que ceux de la médecine vétérinaire, qui a ses agens spéciaux.

DEUXIÈME SÉRIE.

Les affections de la deuxième série ne sont la plupart encore que des effets de dérangemens intérieurs : telles sont les eaux aux jambes, et les crevasses de toutes sortes, pour lesquelles les recommandations les plus utiles sont celles qui ne conseillent que la propreté et l'absence de tout système désastreux, comme laver les jambes des chevaux avec de l'urine, ou de l'eau de vaisselle, etc.

Les affections du pied ont un caractère particulier qu'elles tiennent de la corne, qui empêche de juger facilement leur véritable siège, ainsi que les ravages qu'elles déterminent à l'intérieur. La corne est de plus un obstacle à leur traitement d'expectative, parce qu'elle demande, pour être coupée, une habitude que possèdent seulement les maréchaux et les hommes adonnés au maniement d'instrumens et d'outils consa-crés à cet usage.

Les plus prompts secours que réclament les affec-tions du pied, se bornent aux précautions à prendre à la suite des coups susceptibles de produire l'*étonne-ment du sabot*, et ils rentrent dans les principes géné-raux précédemment donnés. Tels sont les bains froids dans le commencement de l'accident, et les émolliens en cataplasme, surtout quand la chaleur et la douleur sont très-sensibles. On fait de plus déferrer le cheval et couper la corne sous le pied, pour diminuer autant que possible la compression qu'elle exerce sur les par-ties intérieures. Si l'animal doit et peut marcher, il faut que le fer soit rattaché, mais avec peu de clous et de façon à tenir seulement. Sans ces précautions, l'in-flammation pourrait déterminer la suppuration dans les feuillets de chair, ce qui détacherait la corne d'avec la peau, et produirait même la chute de l'ongle : mais il faudrait pour cela que tout le pied eût été meurtri, et qu'aucuns soins n'eussent été apportés, ou qu'ils eus-sent été trop long-temps différés.

La fourbure se traite dans son principe par les bains froids et salés; ensuite on enveloppe le pied avec des linges trempés de vinaigre, qui l'entourent jusqu'à la couronne. On persiste long-temps dans l'emploi de ces répercussifs ; car il s'agit surtout d'empêcher l'afflux du sang. On seconde l'effet de ces moyens par de fortes frictions aromatiques et spiritueuses aux jarrets et aux genoux, afin d'y fixer une irritation qui diminue celle du pied. Mais avant tout, on fait déferrer l'animal et on fait couper la corne, surtout à la pince plutôt que vers le talon; l'on va même jusqu'au vif, de façon à laisser saigner le pied; car il existe, précisément à la réunion de la paroi avec la sole en pince, un réseau veineux très-favorable à cette évacuation.

Les autres soins que réclame la fourbure, dépendent de ses causes, que l'on a vues être très-variables.

Les bleimes commençantes se traitent par l'extraction du fer et la diminution de la corne, pour mettre le mal à découvert et le panser avec des étoupes mouillées d'essence de térébenthine ou de substance analogue.

Les clous de rue ou corps étrangers quelconques, comme on l'a dit aux blessures en général, demandent à être retirés, mais avec la précaution de ne pas les rompre dans la plaie, et de chercher à connaître leur direction. On peut ensuite couper la corne au dehors, en forme d'entonnoir, afin que le fond soit à découvert, chose la plus importante dans les blessures du pied particulièrement; on remplit la plaie avec un peu d'étoupe ou de charpie imbibée d'une liqueur spiritueuse ou aromatique, et l'on maintient cet appareil par une éclisse que l'on introduit sous le fer.

Les piqûres, nommées encore *enclouures*, sont causées par la maladresse des maréchaux, ou l'ignorance de ceux qui veulent les remplacer dans l'action de fixer avec les clous le fer sous le pied. Elles rentrent tout-à-fait dans la classe des clous de rue, excepté que le siège en est moins dangereux. On les traite de la même manière et avec les mêmes précautions. L'essentiel est de leur donner des soins sur-le-champ, parce que les accidens les plus graves ne sont dus souvent, dans le pied, qu'à la négligence de quelques précautions.

Quant au crapaud, on sait à peine quel traitement employer envers lui, par conséquent il n'y a rien à faire par précaution.

La fourchette échauffée se montre le plus souvent aux pieds de derrière, à cause de leur séjour dans l'urine et le crottin ; c'est dire que la propreté est le meilleur curatif à opposer à ce léger mal.

TROISIÈME SÉRIE.

Les maladies épizootiques sont de nature très-diverses, et se compliquent, pour la plupart, de plusieurs symptômes ou affections qui les rendent très-difficiles à reconnaître dans les premiers temps de leur existence ; ce n'est même souvent que lorsqu'elles ont fait un plus ou moins grand nombre de victimes que les vétérinaires les plus instruits savent les attaquer par le traitement qui leur convient le mieux. Les localités, les saisons, la nature des travaux, etc., sont autant de causes qui changent la manière d'être de ces terribles affections. Souvent les moyens qui sauvent un animal en tuent un autre, et le même moyen employé à diverses périodes de la maladie, quelquefois cause la mort ou devient salutaire, *et vice versa* ; ce qui rend les *à-peu-près* en fait de traitement tout-à-fait inutiles.

Quelquefois les maladies épizootiques sont contagieuses, d'autres fois elles ne le sont pas ; mais cette question, devenue problématique pour beaucoup de ces affections qui semblaient le mieux connues sous ce rapport, attend encore, pour être résolue, les lumières de l'expérience.

Les soins pressans que réclament les maladies regardées comme contagieuses, consistent bien plutôt dans les précautions que leur caractère contagieux exige, que dans un traitement quelconque. S'agit-il de la morve, par exemple ; à peine si on connaît son véritable siège et si elle est contagieuse ou non. L'éloignement de toute communication de la part des animaux, des hommes qui les approchent et des effets qui servent à les panser, ou à les faire travailler, est la première chose à faire lors du simple doute d'existence de cette terrible affection. Mais lorsque la morve est caractérisée, il est toujours prudent de faire abattre de suite les animaux infectés, plutôt que d'attendre le résultat d'expériences que les artistes et les écoles vétérinaires peuvent seuls tenter : il est du devoir de l'officier de s'opposer, dans ce cas, à toutes tentatives qui pourraient devenir cause de plus grands désastres. Lorsqu'il sera bien prouvé que la morve n'est pas contagieuse, on en devra naturellement agir autrement ; mais jusque-là aucune raison ne doit faire dévier du principe énoncé, et l'abattage ne peut être différé sans danger.

S'il est question du farcin, même précaution d'éloignement jusqu'au traitement méthodique ; mais cette maladie n'étant pas aussi incurable que l'autre, on diffère l'abattage des animaux attaqués.

Le charbon se traite par des cautérisations au moyen du feu sur toute l'étendue de la tumeur ; on ajoute même l'onguent vésicatoire, ou autres substances susceptibles de réveiller la force vitale dans la partie, et de produire la séparation de ce qui a été frappé de mort par le charbon, d'avec les tissus circonvoisins.

Une pareille précaution et un semblable traitement sont même le meilleur et le seul moyen d'arrêter les progrès de cette maladie chez l'homme, qui la peut contracter de la part des animaux, comme ceux-ci peuvent la prendre de lui.

On conçoit qu'avant d'employer un traitement aussi violent, il ne faut pas confondre le charbon avec un flegmon dans son principe, ou autre tumeur analogue, parce qu'on pourrait rendre le mal beaucoup plus grave par cette méprise.

La gale demande aussi l'isolement, la propreté, les bains ou les lotions émollientes, en attendant l'emploi d'un traitement méthodique à lui opposer.

La rage reste un fléau incurable pour les hommes et pour les chevaux, lorsque des accès en ont constaté l'existence : heureusement on peut employer avec fruit plusieurs précautions pour arrêter son développement.

Les principales sont de faire saigner le plus possible l'endroit mordu, puis de cautériser avec le feu, ou avec des substances caustiques, dans l'intention d'exciter une abondante suppuration qui enlève toutes les parcelles du virus. Outre cela, les sudorifiques, administrés à l'intérieur, sont conseillés; les uns vantent l'anagallis ou mouron rouge uni à l'alcali volatil, autrement dit ammoniac liquide; mais on peut regarder ces moyens comme tout-à-fait secondaires, et inférieurs à la cautérisation.

QUATRIÈME SÉRIE.

La pousse. Cette maladie paraît incurable, jusqu'à présent du moins, par deux motifs; l'un parce qu'elle est organique, l'autre parce qu'elle n'est connue que par ses effets, mais nullement dans son siège ni dans ses causes réelles. Le régime seul peut en diminuer les symptômes et les effets; il doit être peu échauffant, et par cela même contraire à celui qui provoque presque toujours le développement de cette maladie. Les uns assurent que la nourriture verte est favorable aux chevaux poussifs; d'autres sont d'un avis tout opposé, et, à cet égard, le régime préservatif n'est guère plus connu que le traitement. Cependant la soustraction du foin, remplacé par la paille, et à laquelle on joint au besoin un supplément de grain, est le moyen généralement employé et celui dont on éprouve les meilleurs résultats.

La courbature et la fortraiture étant une dégénérescence de maladies aiguës, ne paraissent susceptibles d'aucun traitement d'une efficacité complète. Les soins, le régime et les ménagemens, sont les seuls moyens à leur opposer; mais ils suffisent pour obtenir souvent un assez bon service de garnison.

Le cornage est encore une affection contre laquelle la médecine n'oppose que peu de moyens. On a essayé le feu au-dessous de la gorge et de la trachée-artère, mais sans aucun résultat marqué.

Le tic non apercevable à l'usure des dents, ne diffère de ceux qui sont apercevables que par la manière de le reconnaître, ce qui n'intéresse en rien le traitement qui lui convient.

CINQUIÈME SÉRIE.

Les maladies réputées nerveuses offrent, dans leurs accès surtout, l'apparence de l'état maladif le plus aigu, et cependant ne sont pas toujours accompagnées d'un état inflammatoire correspondant. Leur traitement, encore peu déterminé, est toujours très-difficile, les vraies causes n'étant pas toujours faciles à saisir. On emploie souvent les excitans extérieurs les plus énergiques, tels que les sétons, les vésicatoires et tous les moyens d'attirer au dehors l'affection qui se porte sur le cerveau ou sur d'autres organes.

L'immobilité est en général plutôt chronique qu'aiguë, ce qui en rend le traitement plus difficile encore et plus incertain.

Quant au tétanos, il consiste en un état tellement aigu et si souvent désespéré, qu'il est inutile d'en parler ici autrement que pour mémoire.

QUATRIÈME PARTIE.

DES HARAS ET REMONTES.

TITRE Ier. — DES HARAS

CHAPITRE Ier. — *Connaissance des races.*

ARTICLE PREMIER.

DES RACES ET DES DIFFÉRENTES ESPÈCES.

LE mot *race* est synonyme de famille, souche, li-
gnée, et semblerait ne devoir être consacré qu'à la
désignation des animaux issus des mêmes parens ou
du moins ayant une commune origine ou une descendance identique. Cependant il a été employé diversement par les auteurs qui ont écrit sur ces matières; les
uns désignent par ce mot les chevaux d'une contrée,
d'un royaume ou d'une province; d'autres expriment
par là le genre de service auquel appartiennent certains
chevaux; quelques-uns donnent à cette expression un
sens général, relatif seulement à l'origine distinguée ou
commune du cheval.

Lorsqu'on dit *un cheval de race*, l'usage a consacré
que cette expression indique toujours une descendance

des chevaux les plus distingués par leur origine et par leurs qualités ; tels sont principalement ceux que produit l'Arabie.

Si on se borne à dire qu'un cheval *a plus ou moins de race*, cela exprime que cet animal possède quelques-uns des caractères distinctifs de ces races précieuses.

Tout le monde sait actuellement qu'en Angleterre, l'idée corrélative se rend en disant qu'un *cheval est de sang* ou *qu'il a du sang*. Le cheval ou la jument de *pur sang* est, dans ce pays, le cheval ou la jument née de père et de mère descendant directement de la race créée en Angleterre, il y a environ deux siècles, par des étalons *arabes* et des jumens *barbes*. Le cheval de *demi-sang* est le produit d'un cheval ou d'une jument de *pur sang*, croisée avec un individu de race perfectionnée.

La distinction des races ne se rapporte pas seulement à un motif de simple curiosité, elle intéresse les haras pour éclairer les croisemens, et elle fournit à l'observateur des données précieuses sur les qualités, sur l'emploi et sur l'appréciation du cheval ; non qu'il soit constant qu'un cheval de *race* soit toujours bon, mais c'est très-habituellement un premier renseignement favorable.

L'influence des climats agit puissamment sur les races, et c'est à cette influence qu'on doit sans doute attribuer une partie des différences que ces races présentent sous des latitudes opposées ou même différentes ; mais l'action de l'homme, lorsqu'elle est forte et constante, change infiniment ces résultats.

La première distinction qu'on peut faire, parmi les

races de chevaux, est celle des *chevaux sauvages* et *chevaux domestiques*.

Du cheval sauvage.

Le cheval sauvage diffère, en général, autant par les formes que par les qualités, de celui que les soins de la civilisation ont produit. On trouve des chevaux sauvages de deux sortes ; les uns que l'on pense être d'origine première, et les autres qui le sont devenus. Les premiers se rencontrent en troupes innombrables sur les plateaux de l'Asie, près du Volga, dans la Tartarie et dans la Chine ; les autres, devenus sauvages en Amérique après la conquête de cette partie du monde, se sont multipliés en très-grande quantité, et y offrent les mœurs et beaucoup des habitudes appartenantes aux chevaux sauvages de la première sorte : tant la nature a de puissance, tant sont faibles et de peu de durée les efforts de l'homme pour changer sa direction et ses vues !

Les chevaux sauvages ont en général la tête longue, se rapprochant de la forme et de la dimension de celle de l'âne ; le front est très-souvent busqué, le chanfrein droit, les oreilles longues ; le poil s'alonge infiniment dans l'hiver ; la plupart de ces chevaux ont des moustaches ; les membres sont gros et plutôt long que court-jointés. La couleur de la robe varie peu de *l'isabelle* au *souris* (*). Tels sont, en partie du moins, ceux que le Tartare, descendant des anciens Scythes, prend au

(*) C'est une remarque générale, au reste, que la constance du pelage des animaux sauvages, et la variété très-grande qu'offre au contraire, celui des animaux domestiques.

filet sur le bord de la mer Caspienne, ou qu'il tue à coups de fusil. Des auteurs rapportent qu'on dresse des oiseaux de proie à poursuivre ces chevaux, et qu'en s'attachant à leur cou, ils en facilitent la capture.

Des chevaux demi-sauvages.

On peut compter dans cette classe les chevaux qu'on rencontre dans l'Ukraine, sur le Don, en Finlande, en Transylvanie, etc., dont la plupart, pris jeunes par l'homme, sont assujettis aux travaux, mais qui restent confiés en partie à la nature pour les soins et la nourriture. Les uns, en effet, vivent des herbes qu'ils trouvent sous la neige pendant l'hiver; les autres, ainsi qu'on le fait en Islande, sont nourris avec du poisson salé. Leur valeur, en général, est bornée à celle de leurs services momentanés. Généralement petits en Norvège, ils se battent hardiment contre les ours. En Finlande, on les lâche au mois de mai; ils se réunissent alors par troupes, sous la direction d'un chef, et se cantonnent pour vivre : l'hiver on sait les retrouver pour le travail. En Russie et en Pologne, il y a une quantité considérable de ces petits chevaux, d'une grande vigueur et d'une parfaite bonté, malgré une aussi misérable existence. La France possède aussi des espèces de chevaux demi-sauvages dans les Landes et dans l'île de la Camargue.

La vivacité et le courage sont le partage ordinaire de tous ces petits chevaux, et comme la compensation de leur chétif développement.

Chevaux domestiques.

Dans cette classe sont compris les chevaux qui doivent leur naissance, leur éducation, leur nourriture, aux soins de l'homme. Les races ou les espèces en sont très-nombreuses ; on en reconnaît d'*étrangères* et d'*indigènes*, par rapport à la France.

Si l'opinion est généralement fixée sur la valeur des races les plus saillantes, quant aux qualités qui les distinguent, il n'en est pas de même quant au résultat de leur alliance, dont les effets ne sont pas généralement déterminés encore par l'observation.

ARTICLE II.

DES CHEVAUX ÉTRANGERS ET DES CHEVAUX FRANÇAIS.

PREMIÈRE SECTION.

Chevaux étrangers.

Parmi les races étrangères, il n'y a qu'un avis sur la supériorité du cheval arabe ; qualités physiques et qualités morales, douceur, sobriété, patience, il possède tout. Il est de taille moyenne, et même plutôt petit que grand ; généralement étoffé, il a la peau fine, les membres de la plus grande beauté, le corps un peu plus long que haut, l'encolure bien sortie, la tête aplatie et presque carrée, la ganache un peu forte, les formes très-sèches quoique arrondies et agréables ; enfin il est le prototype de l'espèce du cheval, se rapprochant beaucoup de la beauté des proportions, jointes aux plus parfaits aplombs. Cependant il ne paraît pas dans le repos ce qu'il est effectivement; c'est dans l'action que ses avantages se développent. Qu'il doive sa valeur à son origine, au climat, à la nourriture, ou aux soins constans de génération, cette valeur est incontestable, et a été tout au plus égalée, encore par ceux mêmes qui sont issus de lui et qui se rencontrent dans des circonstances analogues.

Les chevaux *persans* viennent après le cheval arabe, parce qu'ils descendent de lui. Supérieurs en taille, ils sont infatigables comme les arabes, mais moins sobres et exigeant beaucoup de soins. La Perse, en perdant les provinces qui avoisinent le Caucase, et en les cédant à la Russie avec le pays des Turcomans, sur les bords de la mer Caspienne, s'est vue privée de ses chevaux les plus distingués, et l'empire Russe est réellement en possession maintenant des meilleures souches, après l'Arabie.

Depuis que la Russie possède la Géorgie et la Circassie, elle n'a plus rien à envier aux autres pays, pour la remonte de sa cavalerie, en chevaux qui ne craignent aucune fatigue, aucun climat, et qui s'accoutument à toute nourriture.

Quant aux chevaux *tartares* et à ceux des montagnes du Don, on en a vu lutter, non de vitesse, mais de fond et de vigueur avec les meilleurs chevaux anglais, et c'est en faire un assez bel éloge : ils n'en ont pas certains défauts, et conviennent certainement mieux comme chevaux de guerre.

La Turquie a des chevaux excellens dans l'Asie et dans l'Afrique; elle participe de tous les avantages de la Perse et de la Russie qu'elle avoisine. On peut, au

reste, en dire autant de la Hongrie et de la Transylvanie, dans les parties limitrophes de la Turquie.

La côte d'Afrique, où sont situés les royaumes de
Tunis, d'Alger, de Fez, de Maroc, fournit des chevaux
qui, sous le nom général de *Barbes*, ont eu de tout
temps une réputation très-grande. Leur encolure est
longue et un peu grêle, leur tête est parfois busquée;
mais les oreilles sont jolies et bien placées, le rein court,
les flancs pleins, la croupe un peu longue et les jambes
fort belles. Ils ont concouru à améliorer les races de
tous les chevaux auxquels ils ont été alliés. Les Anglais,
qui ont eu aussi souvent recours à eux qu'aux arabes,
ont observé que leurs productions avaient fourni les
animaux dont la vitesse a été la plus remarquable.

Le cheval d'Espagne est un de ceux qui ressemblent
le plus aux *Barbes*. En prenant pour base les caractères
les plus saillans que présentent les chevaux espagnols,
chez qui on trouve, on peut le dire, un certain air de
famille plus déterminé que dans nos chevaux français, ils ont la tête trop longue, l'encolure un peu forte
et rouée, le ventre presque de vache, souvent la croupe
de mulet, le paturon un peu long, le pied trop petit
et sujet à s'encasteler; mais leur peau est très-fine, ils
ont les extrémités fort sèches et sans poil, les allures
extrêmement agréables, le galop plus cadencé que vite.
L'avant-main se développe en général mieux que l'arrière-main, et ils sont plus propres au manège qu'à la
guerre. Les plus renommés se trouvent dans l'Anda-
lousie. Cette province, ainsi que le reste de l'Espagne,
n'en possède maintenant que fort peu de distingués,
et ceux mêmes qui ont le plus de qualités sont peu appréciés aujourd'hui en France, où les chevaux de ma-

nège n'obtiennent plus la prééminence sur ceux des autres services.

Parler de l'Allemagne pour les chevaux, c'est citer l'une des contrées où il en existe le plus, de ceux surtout dont l'espèce convient aux divers besoins d'une armée. On leur adresse avec raison plusieurs reproches : les uns sont très-gros mangeurs, d'autres ne le sont pas assez; ceux-ci sont mieux partagés dans leur arrière-main que dans leurs membres de devant; ceux-là ont plus d'ardeur que de force, et malheureusement c'est presque le plus grand nombre. Dans la funeste épreuve qu'a fournie la campagne de Moscou, ce ne sont pas les chevaux allemands qui ont résisté le mieux; ceux de la France ont eu, sous ce rapport, la supériorité; mais elle ne compense pas l'avantage énorme pour l'Allemagne, que la quantité offre comme ressource et comme dédommagement. Au reste, on peut dire qu'en toutes circonstances les chevaux français s'acclimatent plus facilement que tous les autres dans les contrées étrangères, et qu'ils sont moins sensibles aux privations de soins et de nourriture.

Il en est de l'Allemagne comme de la Russie; l'étendue du pays, comprise sous cette dénomination générale, est trop considérable pour en circonscrire les diverses races de chevaux dans une même classification, et, sous ce rapport, beaucoup de ses provinces, qui sont des royaumes, exigeraient un examen particulier. Dans les chevaux allemands on comprend en effet ceux du Danemark, de la Suède, de la Pologne, et de cette partie de l'Italie qui borne l'Allemagne. On trouve en outre le Mecklembourg, si connu par la belle tournure de ses chevaux; le Holstein, où on en voit beaucoup de mauvais, mais qui en produit quelques-uns de distingués et d'un bon service ; le Hanovre, qui a si puissamment contribué à remonter les nombreuses armées que la France faisait détruire en Allemagne et dans presque toute l'Europe. Près du Hanovre on trouve les grands chevaux de l'Oldembourg, et, en entrant en Hollande, ceux plus forts encore de la Frise, et ces *hart-draven* si renommés par la vitesse de leur trot. La Prusse est riche en chevaux d'armes et en chevaux fins ; l'Autriche a des haras multipliés, dont plusieurs, sous le nom de haras militaires, assurent des ressources à ses armées ; la Bavière et le Wurtemberg offrent des chevaux moins bons, plus grands, mais utiles et nombreux. Cette observation s'applique aux chevaux qui naissent sur les bords de l'Elbe et du Rhin. Quant aux chevaux napolitains, qui ont eu de la réputation particulièrement comme chevaux de manège, ils sont aujourd'hui trop rares pour qu'il soit utile de définir ici les caractères distinctifs de cette race.

De tous ces pays, aucun ne peut être comparé à l'Angleterre, qui paraît avoir résolu le problème de l'amélioration du cheval. Ses races indigènes ont presque disparu, ou du moins comptent peu dans le nombre et les qualités de ses chevaux améliorés, en appelant ainsi ces chevaux de *course* si vites et ceux de *chasse* si vigoureux, produits dans le principe par les alliances avec les plus beaux chevaux arabes et barbes, mais dont les rejetons anglais ne sont plus alliés maintenant qu'entre eux. Ce nouveau système soutiendra-t-il les qualités des chevaux anglais, et *l'acclimatation* est-elle assez bien établie pour empêcher le besoin du recours aux souches arabes? C'est ce que l'expérience seule décidera.

Les chevaux en Angleterre ne sont pas spécialement désignés, comme partout ailleurs, par rapport à l'endroit qui les a vus naître, mais selon leur service. Ainsi on parle de chevaux de course, de chasse, d'attelage, etc., et non de chevaux de telle ou telle contrée; du moins cette distinction n'y est que secondaire et particulièrement applicable aux chevaux de trait.

Le cheval de *course* a l'encolure longue, renversée à sa partie inférieure et rouée parfois à la supérieure. L'œil en est vif, la tête carrée, rarement busquée, les oreilles sont grandes, le corps long, les extrémités hautes mais très-sèches, et la croupe longue.

Le cheval de *chasse* a de plus belles formes que celui de course, plus d'étoffe et beaucoup de fond; sa taille est élevée, l'encolure se rouant bien, la tête carrée, l'œil grand et vif, la ganache un peu forte, portant la queue au niveau des reins, ayant beaucoup de race dans les jambes; on lui reproche d'avoir les épaules peu libres.

Les chevaux d'*attelage* ont la tête grosse, l'encolure assez courte, le corps très-étoffé, la croupe surtout large et très-fournie, les membres fort solides, mais les allures peu relevées; on leur reproche d'avoir la bouche et les réactions très-dures : ils sont généralement gros mangeurs.

Les chevaux de *trait* passent pour des modèles dans ce genre, par la beauté de leurs formes, et surtout par la largeur et par la sécheresse de leurs membres.

L'Irlande n'a pas été étrangère à l'amélioration qui s'est opérée dans la race des chevaux anglais. Les ir-

landais sont particulièrement renommés pour leur aptitude à soutenir la fatigue, et à franchir toute sorte d'obstacles.

DEUXIÈME SECTION.

Chevaux français.

Considérée sous le rapport du luxe, la France est pauvre en chevaux distingués. Étudiée dans ses ressources en chevaux de guerre, on lui en trouve des germes pour toutes les armes. Mais dans les besoins de son agriculture et de ses services publics, elle offre qualité et quantité suffisantes. Or, les chevaux de luxe sont ceux qui ont reçu tous les soins, tous les encouragemens du Gouvernement ; on ne fait presque rien pour les races dites communes, que les postes, les messageries, les rouliers, les cultivateurs emploient, et elles suffisent aux besoins. Quelles réflexions ne fait pas naître une pareille opposition ! Quelles lumières ne jetteraient pas sur la matière les causes d'une semblable différence, approfondies et jugées !

Bourgelat disait en 1770 : « Si les haras n'étaient
« point, parmi nous, au point de dépérissement où ils
« sont, nous parlerions de l'avantage que nous pour-
« rions retirer pour la multiplication et même pour la
« perfection de l'espèce, en chevaux de selle, des éta-
« lons *limousins*, des étalons *normands*, et d'une infi-
« nité d'autres étalons que pouvaient fournir autrefois
« différentes provinces de France, telles que l'Auver-
« gne, le Roussillon, une partie de la Navarre, la plus
« grande partie de la généralité d'Auch, le Morvan, le

« Bugey, le Forez, etc.; mais tous nos établissemens
« sont en quelque sorte détruits, et les vraies races
« françaises sont absolument éteintes.

« Le cheval limousin n'existe plus, pour ainsi dire;
« il est tellement dégénéré, que l'on ne le connaît plus
« à aucun des signes et à aucune des nuances auxquelles
« on le distinguait.

« Le normand, plus étoffé que ce dernier, et ayant
« ordinairement plus de dessous, s'est abâtardi; la
« beauté de ses membres semble avoir totalement dis-
« paru, et cette race, bien plus capable de servir que
« le limousin, toujours tardif dans son accroissement
« et très-lent à acquérir sa force, s'est aujourd'hui en-
« tièrement démentie. L'on ne retire de cette partie,
« l'une des plus petites de la France, en chevaux de dis-
« tinction, que les fruits informes d'un accouplement
« prématuré et peu réfléchi, c'est-à-dire que des ré-
« sultats de poulins de deux ans et de jumens vieilles
« ou jeunes qui leur sont appareillés indistinctement
« et sans choix (*). »

Non-seulement on ne remédia pas au mal qui existait alors, mais pendant les guerres de la révolution
on détruisit, sans exception, tous les haras. Aussi la
France, qui a le bonheur de posséder les souches des
meilleurs chevaux pour tous les genres de services,
et qui peut en élever plus qu'il ne lui en faut pour remonter parfaitement sa cavalerie, se voit-elle tribu-
taire de ses voisins et privée de tous les avantages que
son climat, son sol et sa situation lui promettent.
Heureusement la guerre, qui lui a fait tant de mal,

______

(*) Traité de la conformation extérieure du cheval. Troisième
partie, *Des chevaux français.*

l'a enrichie de quelques germes précieux, que le Gouvernement s'est hâté de mettre en œuvre, comme moyen d'assurer un avenir meilleur.

Les chevaux français qui ont le plus de race sont ceux du *Limousin*, dont l'origine paraît être la même que celle des chevaux anglais, c'est-à-dire provenant des chevaux barbes et arabes. Ils ont la peau très-fine, la tête carrée, l'encolure droite, souvent grêle et parfois avec le coup de hache; les membres en sont très-sûrs, mais ceux du devant un peu minces; ils ont le tendon failli. Les jarrets sont trop rapprochés et les hanches saillantes. Du reste, ces chevaux sont pleins de franchise et de moyens, légers coureurs, d'une grande haleine, et comparables à la race dont ils descendent. Les meilleurs sont d'une moyenne taille; car les plus grands ont généralement le corps trop étroit, à commencer par la poitrine; ils manquent d'aplomb, et ne valent pas leur réputation.

Les chevaux limousins ne peuvent être mis en plein service qu'à sept ans; quand ils ont été ménagés jusqu'à cette époque, ils conservent leur vigueur jusqu'à vingt ans. Ils sont parfaits pour la chasse, et par conséquent pour la guerre, qui demande la même docilité et la même légèreté. Améliorés avec le sang arabe, on a l'espoir qu'ils redeviendront ce qu'ils ont été, et nous n'aurions alors plus rien à envier à nos voisins. On espère aussi d'heureux résultats de leur croisement avec les chevaux anglais.

On trouvait, il y a quelques années, dans l'Auvergne, des chevaux pleins de courage et de fond, qui provenaient de la même souche que les limousins : cette espèce perd sa réputation. Il en existe cependant encore de bons germes de race. Il s'est perpétué dans cette contrée quelques petits chevaux montagnards, excellens pour la cavalerie légère, mais qu'il faut choisir avec beaucoup de soin, car ils sont mêlés à une quantité d'animaux défectueux.

Les chevaux qui, pour la légèreté et la race, viennent après les limousins, sont ceux de la *Navarre*. Ils en diffèrent cependant par les formes et par les mouvemens. Ceux de la vieille race navarrine ont de la ressemblance avec les chevaux espagnols. Leur encolure est assez fournie et un peu rouée, la tête moins aplatie que celle du cheval limousin, quoique sèche ; ils sont sujets aux exostoses, et rentrent un peu dans la classe des chevaux de manège. L'introduction, dans ce pays, des étalons arabes a modifié l'ancienne race ; les formes de la nouvelle sont en rapport avec la souche dont elle sort.

Il y a, dans les environs de Tarbes et d'Auch, des chevaux qui ont le corps un peu long, et qui sont trop haut montés ; ils ont des mouvemens moins relevés que les navarrins proprement dits, mais ils sont plus légers qu'eux à la course. Ils nous paraissent une dégénération plutôt qu'une amélioration de cette race.

Le Roussillon était anciennement renommé pour ses chevaux de selle, par rapport à leur légèreté et à leur haleine ; mais on a peine à en retrouver les restes, et en donnant les caractères qui les distinguaient, on courrait risque de ne plus rencontrer dans ce pays d'animaux qui fussent semblables.

La *Normandie*, par ses ressources, aurait été placée au premier rang, si l'on avait dû s'occuper d'abord des caractères de race ; les chevaux limousins et navarrins les possèdent réellement à un plus haut degré que les chevaux de la Normandie ; mais cette dernière province a l'avantage de fournir pour tous les services ; par exemple, de beaux chevaux de carrosse, très-propres à la cavalerie ; des chevaux de chasse de moyenne taille, pour les remontes de la cavalerie légère ; enfin d'excellens chevaux pour l'artillerie.

On a appelé la Normandie le *Haras de la France*, et l'on a eu raison de le dire d'une province qui fournit depuis long-temps une si grande quantité de chevaux. Cependant beaucoup de ceux qui en sortent n'y sont pas nés, mais y ont été amenés jeunes par les éleveurs. Cette spéculation est une des causes qui ont fait perdre aux productions de ce pays leur ancienne réputation. Toutefois elle commence à se rétablir, et le cheval normand peut redevenir ce qu'il était jadis, si l'on persiste dans le système actuellement suivi de croiser la race normande avec la race anglaise. Les produits de ce croisement se multiplient, surtout aux environs du haras du Pins, et l'espèce qui en résulte promet de rivaliser un jour avec les chevaux anglais.

On reconnaît le véritable normand à sa rondeur et au développement de ses formes ; il est un des plus beaux pour la tournure. Sa tête est un peu busquée et trop forte, l'oreille mal placée, l'encolure très-fournie et souvent droite, le poitrail large, le ventre bien prononcé, la croupe très-ronde ; elle ressemble quelquefois à celle des chevaux anglais pour l'attache de la queue ; d'autres ont la croupe plus large et double même au milieu.

Les membres du cheval normand le distinguent et sont dans les plus belles proportions, cependant trop empâtés, la peau épaisse, les éminences osseuses tellement saillantes qu'on les prendrait souvent pour des exostoses, le genou en dedans et trop gros, le pied un peu volumineux.

On reproche à ces chevaux d'être froids et même mous, ce qui pourrait bien tenir au travail prématuré auquel on les soumet; car le fond, la solidité et un excellent service sont le fait des véritables bons chevaux de ce pays, ménagés dans leur jeunesse.

Les plus distingués viennent du Melleraud et du Cotentin, et la cavalerie y trouverait, ainsi que l'artillerie, des chevaux excellens pour tous les genres de services; mais l'élévation du prix rend impossible d'y composer les remontes des plus belles productions de ces deux cantons.

La plaine de Caen, où l'on trouve des chevaux de toutes les tailles, ne produit aucune espèce particulière. C'est là surtout que les éleveurs se contentent d'acheter, à cinq ou six mois, dans les départemens circonvoisins, les poulains qui donnent le plus d'espérance. Les prairies des bords de la Charente, et en particulier les immenses pâturages de Saint-Gervais, les fournissent en grande partie. Le voisinage de la capitale rend ce commerce fort lucratif.

Dans le pays de Caux, on trouve ces jumens excellentes pour le trait, qui, bien moins distinguées que les autres chevaux normands en raison de leur tête bien plus commune, de leurs oreilles longues, de leur encolure courte et trop étoffée, de leur croupe large, mais ayant du dessous et de beaux membres, n'en sont pas moins une variété précieuse et une de celles qui ont le moins perdu.

Les chevaux normands travaillent bien plus tôt que les limousins, et à cinq ans ils peuvent rendre des services. Leur prompt développement favorise les ruses des maquignons, qui leur arrachent les dents et les vendent, à trois ou quatre ans, pour cinq ans, aux nombreux marchands dont fourmille ce pays. Ruinés promptement par les travaux précoces auxquels on les soumet, ils sont rachetés à vil prix par les maquignons, qui les renvoient dans les herbages de la Normandie pour les y *refaire*, et les revendre ensuite à un prix fort élevé encore; car les chevaux normands aident le mieux à tromper les personnes qui n'achètent que la tournure.

La *Bretagne* fournit une grande quantité de chevaux d'excellente qualité, essentiellement propres au trait. On en a tiré cependant beaucoup pour la cavalerie légère, et, si leur tournure est commune, la bonté et la solidité de leurs services compensent et au-delà ce défaut. On leur reproche d'avoir l'avant-main trop lourde et la bouche dure.

Le cheval breton a la tête grosse et aplatie, il est même camus; l'encolure est courte et fournie, l'épaule forte, la croupe double et coupée, la queue attachée très-bas, les membres forts et larges, très-court-jointés, le jarret un peu droit; il est généralement petit. On a voulu élever sa taille; mais les premiers essais ont fourni des productions sans ventre, décousues, et qui demandent de nouvelles tentatives pour donner à cette espèce les qualités qui lui manquent.

Les chevaux bretons ont besoin d'être attendus; quand on les sort trop jeunes de leur pays, ils ne s'accoutument qu'à la longue au nouveau régime auquel on les soumet. Communément pendant l'année qui suit leur sortie de la Bretagne, ils sont très-délicats et souvent malades; mais ce temps passé, ils deviennent très-durs à la fatigue, faciles à nourrir, et capables de résister à de forts travaux. On peut citer, par exemple, les postes bien montées, qui ont toutes des chevaux bretons : ils fournissent très-vieux à ce service des plus irréguliers et des plus fatigans. Cependant beaucoup sont exposés à la fluxion périodique.

Le *Poitou* fournit des chevaux inférieurs à ceux-ci ; ils ont plus de taille, l'encolure maigre, la croupe très-large et les extrémités grêles.

Les habitans de cette province s'occupent essentiellement d'obtenir des mulets, parce que ces animaux ont beaucoup de réputation, et qu'ils les vendent très-cher aux Espagnols. Ils consacrent à ce genre de spéculation leurs plus belles jumens, en sorte que l'espèce du cheval y est négligée. Le nombre cependant en est des plus considérables dans la partie des Deux-Sèvres appelée *le Marais*, dans les prairies des bords de la Charente, et surtout dans les immenses pâturages de Saint-Gervais, d'où la Normandie, le Perche et le Berri tirent annuellement des milliers de poulains. Si quelques poulains donnent de l'espérance, ils sont achetés jeunes et conduits en Normandie, où ils sont vendus ensuite comme normands.

L'*Anjou* produit peu de chevaux, et de peu de réputation.

Quant à la *Vendée*, on n'y élève guère que des bêtes à cornes, ce qui annoncerait la possibilité d'y obtenir des chevaux d'un beau développement.

Nous trouvons dans le *Nivernais* et le *Morvan*, pays

de montagnes et de forêts, des chevaux qui ont un peu la tournure des bretons, mais plus propres qu'eux à la selle, par la forme de l'encolure et de la tête. On en tire quelques-uns pour les dragons, et davantage pour la cavalerie légère.

La *Franche-Comté* offre des chevaux d'assez grande taille, et propres surtout au trait. Ils sont lourds, ont les pieds gros et la corne mauvaise, ce qui est leur principal défaut. Les eaux aux jambes, et surtout les maux d'yeux, sont des maladies auxquelles ils sont particulièrement sujets. On faisait de bonnes remontes dans ce pays pour la grosse cavalerie, avant que l'espèce ne fût autant épuisée qu'elle l'est aujourd'hui. Quant aux départemens de la Champagne et de la Bourgogne, ils ne sont d'aucune ressource pour la remonte de la cavalerie, et nous devons de suite passer dans les *Ardennes*, pour y trouver les restes d'une excellente race de chevaux, propre à la cavalerie légère, mais malheureusement presque totalement détruite. Petits, pleins de nerf et durs à la fatigue, ces chevaux ont les jambes assez sèches, qualité rare dans les chevaux français : la tête est peu distinguée; souvent ils sont crochus.

Les *Picards* ont assez de corps, ils sont souvent même un peu lourds; leurs extrémités, celles du devant surtout, sont grêles, ils ont le tendon failli, avec beaucoup de poil aux jambes.

Il y a, dans l'*Artois* et aux environs de Boulogne-sur-Mer et de Montreuil, d'assez bons chevaux de trait fortement étoffés et un peu dans le genre des bretons, mais sans autant de ventre et de jambes, la tête et l'encolure moins grosses, et ayant moins de fond qu'eux; leur service est aussi sûr, quand ils sont bien choisis.

Les grands étalons de la *Flandre*, par le moyen desquels on a voulu donner plus de taille à l'espèce artésienne, l'ont perdue, comme cela est arrivé, au reste, partout où, en alliant deux espèces de chevaux disproportionnées entre elles, on s'est flatté de les améliorer.

Les chevaux flamands ont, en général, une mauvaise conformation pour la selle; leur grande taille, leurs membres trop longs, trop grêles et court-jointés, le pied gros avec la corne mauvaise, la longueur de leur corps et le resserrement de leur poitrine, les rendent peu propres à supporter les fatigues de longue durée. Beaucoup ont trop d'ardeur, et ils sont de plus très-sujets aux eaux : mais leurs épaules sont parfaitement faites. Ils ont en général les réactions très-dures. Ce pays produit des chevaux de trait qui participent des qualités de ceux de la Belgique pour le service du roulage.

Le séjour du roi Stanislas en Lorraine y a introduit une espèce de chevaux qui descend de la race polonaise et en a conservé les caractères distinctifs. Le haras de Rosières tend à en enlever la taille.

La *Lorraine allemande* et l'*Alsace* renferment une espèce de chevaux qui ont déjà quelques caractères des allemands leurs voisins; mais leur corps est mieux proportionné, et, s'ils ne sont pas beaux, du moins leurs services sont bons.

CHAPITRE II. — *Notions sur les haras.*

ARTICLE PREMIER.

CONSIDÉRATIONS GÉNÉRALES SUR LES HARAS ; LEUR ORGANISATION.

PREMIÈRE SECTION.

Considérations générales.

La dénomination de *haras* s'applique exclusivement à des établissemens formés par une réunion de chevaux des deux sexes, employés à la reproduction dans les localités qui permettent d'y élever des poulains. Ces établissemens sont assez généralement créés et dirigés par l'administration publique, ou du moins placés sous son influence ; cependant il en existe un grand nombre, hors de la France surtout, qui appartiennent à des particuliers, et n'ont d'autres règles que la volonté du propriétaire. Par suite de ces différences, on reconnaît des *haras du Gouvernement*, des *haras provinciaux*, des *haras particuliers.*

Les haras ne sont pas les seuls moyens de coopérer à la multiplication et à l'amélioration des chevaux. Quelques pays, quoique privés d'établissemens de ce genre entretenus par le Gouvernement, n'en sont pas moins riches en races de luxe et d'utilité. Est-il donc nécessaire que le Gouvernement ait des haras à lui ? Cette question serait facilement résolue dans un pays où le goût du cheval serait assez général pour que la consommation encourageât la production. Mais en France, où l'indifférence pour les exercices équestres est le propre des trois quarts de la nation, lorsque mille causes de politique extérieure et intérieure, après avoir détruit de fond en comble tous les élémens de prospérité chevaline que nous possédions, ont encore concouru à détourner les particuliers du soin de les rétablir, il était de l'intérêt du Gouvernement de chercher à ranimer une importante branche d'industrie prête à s'éteindre, en encourageant de toutes manières la propagation et le goût du cheval. Tel a été le but des haras. Si la réussite n'a pas encore répondu à l'attente qu'on s'en était faite, il faut en chercher les causes, en comparant les moyens employés chez nous avec ceux dont on fait usage dans les pays où les haras ont des résultats évidemment avantageux.

Le Gouvernement doit-il multiplier le nombre des haras, ou doit-il se borner à en entretenir un ou deux? Ces deux opinions sont également soutenues. A l'appui de la dernière, on cite l'exemple de l'Angleterre, où le Gouvernement ne s'occupe de la multiplication des chevaux que pour l'encourager par les lois générales, laissant tous les autres soins à l'intérêt particulier. En France, l'espèce des chevaux de labour et celle des chevaux de trait, dont les haras s'occupent le moins, suffisent cependant à tous les besoins pour le nombre et les qualités.

Mais il s'agit moins pour nous de multiplier les individus que de régénérer les races, ou plutôt d'en créer de supérieures. Il faut pour cela des soins, une patience et une lente persévérance, qui rendent les bénéfices trop incertains et qui éloignent trop l'instant de les réaliser pour que ces chances tentent l'intérêt particulier. Il faut surtout des avances trop considérables, soit en première mise, soit en frais d'entretien, pour n'être pas hors de proportion avec presque toutes les fortunes particulières du pays. Le Gouvernement seul peut donc entreprendre le grand œuvre de la régénération de ces races, en établissant des haras dans toutes les localités convenables.

Il fut un temps où les emplois dans les haras furent réservés aux officiers de cavalerie, dans la supposition que rien de ce qui regarde le cheval ne devait leur être étranger, et que, plus que tout autre, ils devaient posséder les connaissances indispensables pour bien diriger ces établissemens. Si le goût du cheval, son emploi raisonné, l'étude des soins de sa conservation, n'étaient pas assez généralement répandus dans la cavalerie pour justifier entièrement cette favorable supposition ; si les places qu'on donnait à ces officiers étaient regardées plutôt comme une retraite pour les services militaires que comme une récompense pour les connaissances acquises par l'étude, du moins l'habitude de voir beaucoup de chevaux, de les manier, de les soigner depuis long-temps, assurait aux haras des agens plus capables que s'ils avaient passé leur vie dans des occupations totalement étrangères à leur nouvel emploi. Aujourd'hui un avenir rassurant, préparé par des connaissances que l'Équitation militaire, théorique et pratique, répandra dans la cavalerie, porte à traiter cette question, sinon dans tous les développemens qu'elle nécessiterait, du moins dans l'indication des principales matières qui la concernent.

C'est au temps des croisades qu'il faut reporter l'époque de l'introduction en Europe des races asiatique et africaine, cause généralement reconnue de l'amélioration de l'espèce chevaline dans nos climats. Il y a deux siècles, la France possédait les meilleurs chevaux, et, en cela, elle se présentait comme l'héritière naturelle des Gaules, dont les chevaux avaient eu de tout temps la plus grande réputation. Mais lorsque Richelieu et surtout Louis XIV, qui couronna son ouvrage, surent, par l'influence du pouvoir et des faveurs, forcer les gentilshommes à vivre à la cour, ceux-ci commencèrent à négliger les soins du manoir, et peu à peu la supériorité des chevaux de la France s'éclipsa. L'Angleterre a su depuis s'en emparer et la conserve encore, par suite des efforts que le goût, l'intérêt et l'utilité du cheval ont fait faire à ce peuple, dont la persévérance naturelle ne pouvait mieux s'appliquer qu'à l'amélioration du cheval, qui réclame cette qualité par-dessus tout.

Sous Louis XIV, Colbert fit beaucoup pour les haras ; mais les guerres continuelles de ce règne épuisèrent les ressources du royaume, et l'on porte à cinq cent mille le nombre de chevaux que le Gouvernement fit acheter à l'étranger pour les remontes de sa cavalerie.

Depuis lors, les haras, en ce qui regarde leur administration particulière, furent tantôt dirigés par des administrateurs spéciaux, tantôt placés dans les attributions de différens ministères. En 1770, ils étaient dans celui de la guerre, qui les vit plus tard passer sous l'influence directe des intendans de province. Ils furent mis ensuite sous la direction du grand écuyer, et y restèrent jusqu'au moment où la révolution éclata.

A cette époque, la France pouvait encore lutter sans désavantage avec toutes les nations de l'Europe, par les productions de ses haras ; les races s'y conservaient avec soin. Certaines provinces, entre autres le Limousin, reproduisaient des chevaux qui, pour les qualités et les formes, avaient beaucoup d'analogie avec le cheval arabe regardé comme le type de l'espèce. Dans les autres, on trouvait des chevaux pour tous les genres de services.

Lors de la révolution, les haras disparurent comme toutes les autres institutions. Les étalons les plus précieux, les jumens les plus nécessaires à la propagation, les poulains mêmes qui eussent pu remplacer les uns et les autres, furent la proie des réquisitions et du vandalisme de l'époque : peu d'années suffirent pour disperser et détruire tous les élémens d'existence et de prospérité des haras ; la destruction fut à peu près complète.

Au retour de l'ordre, dès que le Gouvernement se fut consolidé, il s'occupa de réorganiser les haras, et en même temps, par une heureuse coïncidence, il réunit les élémens d'instruction de la cavalerie, à Versailles pour l'équitation, dans les écoles vétérinaires pour l'hippiatrique.

Au moyen des débris des races françaises et de quelques étalons dont nos victoires nous avaient rendus possesseurs, il fut formé, par décrets du 4 juillet 1806 et du 6 janvier 1807, six établissemens généraux sous le nom de *haras*, trente simples dépôts d'étalons, et deux écoles d'expérience.

Les écoles d'expérience, placées à Alfort et à Lyon, durent avoir pour objet spécial de chercher à éclaircir et à décider les questions douteuses, relatives à l'amélioration, au croisement, à l'hérédité des qualités naturelles ou des défauts accidentels, etc.

DEUXIÈME SECTION.

Organisation.

Depuis leur réorganisation, les haras sont restés dans les attributions du ministère de l'intérieur. Un directeur général était à la tête de leur administration.

En 1829 la direction générale a été supprimée, et remplacée par une commission des *haras* de dix membres, y compris le président. Cette commission doit comprendre trois officiers-généraux, les trois plus anciens inspecteurs généraux des haras, et trois propriétaires s'adonnant à l'éducation des chevaux.

Les *haras* sont composés d'étalons, de poulinières et de poulains. Quelques dépôts d'étalons sont aussi chargés d'élever des poulains.

Le Pin, Rosières, Pompadour, Pau, Tarbes, Langonnet, ont été jusqu'à présent les lieux choisis pour établir des *haras* ou des *dépôts d'étalons et poulains*.

Les *simples dépôts* d'étalons sont répartis en plusieurs arrondissemens qui comprennent, dans la circonscription de leur service, tous les départemens de la France.

La surveillance des haras et dépôts est confiée à des inspecteurs généraux, dont chacun est attaché à l'un des arrondissemens, dans lequel il doit faire des tournées habituelles.

Le personnel de chaque haras et de chaque dépôt est plus ou moins nombreux, en raison de l'importance et de l'étendue du service qu'ils ont à faire.

Les haras ont pour but d'accélérer l'amélioration,

en fixant les idées par des essais et en déterminant ainsi les bonnes méthodes à suivre pour les croisemens, les soins pendant la gestation et après le part, l'allaitement, l'élève des poulains, et enfin pour la direction des étalons.

Le service des dépôts consiste à nourrir, soigner et exercer les étalons, pendant le temps qui n'est point consacré à la saillie. Durant le service de la monte, les étalons sont répartis, dans les départemens, chez divers particuliers, pour donner aux propriétaires les moyens d'utiliser leurs jumens, sans déplacement trop considérable et trop coûteux. Il reste toujours au dépôt le nombre d'étalons nécessaires à la monte dans l'endroit où il est établi.

A ces moyens de propagation le Gouvernement a joint les *étalons approuvés* et les *étalons autorisés*, qui sont la propriété des particuliers.

Les premiers doivent être exempts de tares et de maladies transmissibles, et réunir les qualités propres à améliorer sensiblement la race du pays où ils doivent faire la monte. Les seconds, également exempts de tares et de maladies héréditaires, doivent être propres, sinon à améliorer, du moins à conserver l'espèce au degré d'amélioration auquel elle est parvenue.

Les *primes* et les *courses* contribuent encore à ce but d'encouragement et d'amélioration.

Les *primes* s'appliquent aux chevaux et poulains des deux sexes, jugés supérieurs d'après les concours ouverts à cet effet.

Les *courses* furent organisées à la même époque que les haras. Cet exercice nous vient des Anglais. Ils ont toujours regardé les courses comme un moyen d'essayer les chevaux, et ils les livrent à cette épreuve avant de les employer à la reproduction. En effet, la vitesse qui est une des qualités du cheval, ne peut exister chez lui à un degré supérieur, qu'en vertu d'une réunion plus ou moins considérable de qualités; et, pour qu'un cheval soit bon coureur, il lui faut une conformation physique qui laisse peu à désirer, et un moral qui seconde puissamment ses moyens. On a donc pu être autorisé à regarder comme le meilleur, le cheval qui parcourt le plus d'espace en moins de temps.

La France voit, chaque année, modifier et agrandir les bases d'un exercice qu'on cherche à améliorer de plus en plus.

Les prix des courses sont distingués en prix locaux ou de département, en prix d'arrondissement et en prix principaux. Ceux-ci se distribuent à Paris, où se rendent, pour les disputer, les chevaux qui ont remporté ceux d'arrondissement. D'autres prix ont été institués depuis peu par la famille royale, et c'est à cette auguste bienveillance que sont dus le prix du Roi et le prix du Dauphin, qui servent à encourager les concurrens.

Enfin, le goût et la connaissance du cheval ayant fait, depuis quelque temps, de grands progrès en France, nous avons vu se former plusieurs haras particuliers, qui donnent de justes espérances pour l'avenir.

Monsieur le Dauphin, à qui rien n'est étranger de ce qui peut contribuer à la prospérité du pays, a voulu donner par son exemple un puissant élan à cette branche d'industrie. Grace à S. A. R., nous possédons en

France des chevaux qui le disputeraient en beauté et en bonté aux productions anglaises les plus renommées. Les haras de MM. le duc d'Escars, de Rieussec, de La Bastide, et de plusieurs riches particuliers, concourront aussi de leur côté à nous affranchir du tribut onéreux que nous payons à l'étranger pour nos chevaux de luxe, et quelquefois de guerre.

C'est pour suivre de pareilles traces et pour servir de complément à l'instruction des officiers, que l'École royale de Cavalerie a été autorisée à former un haras. Par son institution toute militaire, elle a dû chercher, dans l'organisation de cet établissement, les moyens d'obtenir de bons chevaux de guerre. Le grand nombre de chevaux entiers et de jumens qu'elle possède, joint aux étalons et aux jumens de pur sang qu'elle a pu se procurer, lui permet de tenter des essais de tous genres.

Tout chez elle devant avoir trait à l'instruction, elle ne doit pas se contenter de produire, mais elle doit apprendre à améliorer. Les localités intérieures et extérieures y sont distribuées de la manière la plus favorable à l'entretien et au développement des élèves. Des écuries saines et spacieuses permettent que les étalons et les poulinières y soient constamment en liberté. Ces dernières peuvent aussi être réunies ou isolées à volonté dans les prairies qui avoisinent l'École. Le régime alimentaire, le pansage, l'exercice, tout enfin est mis en harmonie avec la nature du cheval, sa conservation et son emploi. C'est au temps à faire connaître les résultats de la méthode qu'on y suit pour la propagation.

ARTICLE II.

DE LA PROPAGATION : CHOIX DES ÉTALONS ET DES JUMENS
POUR L'AMÉLIORATION DES RACES.

PREMIÈRE SECTION.

De la propagation.

A considérer les immenses avantages que présentent en France, pour l'élève des chevaux, la fertilité du sol, l'heureuse température du climat, la situation avantageuse du pays ; en réfléchissant aux dépenses et aux soins dont nos haras sont l'objet, on se demande comment il se fait que nos chevaux soient encore si médiocres que nous restions tributaires des autres peuples en cette partie. Ce n'est pas d'aujourd'hui qu'on se plaint de la dégénération de nos races ; Bourgelat, en 1770, en faisait un tableau effrayant, et La Guérinière disait déjà avant lui : « Ce n'est que par la négligence, « le manque d'attention et le mauvais choix qu'on a « fait des étalons, que nous sommes privés de l'avan- « tage d'avoir des chevaux tels qu'on les désirerait, « soit pour la selle ou les beaux attelages. » Les mêmes causes s'opposent-elles encore à l'amélioration que les haras tendent en vain de nous donner depuis leur réorganisation ? Des voix nombreuses accusent la direction et les méthodes qu'ils emploient. On leur reproche un choix peu judicieux de leurs employés, le défaut de fixité dans les principes, le manque d'encouragemens donnés aux propriétaires ; des croisemens, des appareillemens irréfléchis ; l'épuisement prématuré des étalons dont on abuse pour grossir les recettes, l'inaction dans laquelle on les laisse pendant la plus grande partie de l'année, trop de complaisance dans les saillies et surtout dans les approbations et autorisations d'étalons.

De leur côté les haras, en repoussant ces reproches avec force, se plaignent de l'incurie et de l'ignorance des propriétaires; de leur peu de persévérance qui les fait désespérer dès le début; de leur empressement à vendre les meilleures poulinières, dès qu'ils trouvent à s'en défaire avantageusement; du trop bas prix des remontes, et de l'importation des chevaux étrangers. Les éleveurs, à leur tour, objectent les sacrifices auxquels ils sont condamnés en France, et le peu de bénéfice qu'ils retirent de leurs élèves. On peut leur répondre que, s'ils en produisaient de bons, on ne leur préférerait pas les chevaux étrangers, qui pour la plupart dépassent de beaucoup les prix ordinaires; mais aussi, il faut en convenir, ils présentent des qualités supérieures, et en harmonie avec les besoins du temps.

Sans vouloir discuter la vérité et l'exactitude des reproches et des récriminations, on ne peut se dissimuler qu'ils constatent un fait trop réel, c'est la dégradation des races françaises. Cependant il est à remarquer que nous avons beaucoup gagné pour le goût et l'étude du cheval. L'équitation, redevenue ce qu'elle n'aurait jamais dû cesser d'être, un plaisir et un délassement, est cultivée dans les classes aisées de la société et surtout dans l'armée. On devient chaque jour plus difficile dans le choix d'un cheval. On veut trouver dans cet animal du fond, de l'énergie, de la vitesse, et une conformation extérieure en rapport avec ces qua-

lités. Ce n'est plus pour suivre la mode et par engoue-
ment pour les productions étrangères qu'on délaisse
nos chevaux indigènes; c'est parce que les chevaux
étrangers ont été étudiés et appréciés. D'une autre
part, les haras royaux et particuliers possèdent actuellement un bon nombre d'étalons étrangers très-distingués.
Ces étalons amèneront sans doute de l'amélioration
dans l'espèce, si les croisemens sont sagement dirigés,
c'est-à-dire si les étalons ne servent que des jumens
susceptibles d'offrir de bons produits. Ce n'est pas que
l'on n'ait eu jusqu'à présent la prétention de suivre
cette marche; mais comme les faits prouvent que,
parmi ceux qui se mêlent de l'élève des chevaux, tous
n'ont pas réussi, il est prudent de voir comment les
meilleurs résultats ont été obtenus. Les Anglais ont en
cela une supériorité si évidente, que ce qui pourrait
arriver de plus heureux à la France, serait d'égaler
leurs succès. On ne peut rien faire de plus raisonnable
que d'étudier leurs méthodes, regardées comme les
meilleures, pour en faire ensuite judicieusement l'application en France, avec les modifications que les
différences du climat et de l'état du pays réclament.
Sans doute ce qui réussit dans une contrée ne convient
pas toujours dans l'autre; mais cette vérité ne peut
avoir ici son entière application: nous avons sous les
yeux l'exemple du haras fondé par M. le Dauphin, de
ceux établis par plusieurs riches propriétaires, et même
des haras allemands, où l'emploi des méthodes anglaises
a produit ce qu'on est en droit d'en attendre.

Lorsque les Anglais ont voulu se créer une race, ils
ont dû penser qu'une régénération complète ne serait
pas l'ouvrage d'un jour. Ils l'ont entreprise cependant,

et la poursuivant avec une patiente persévérance, ils sont parvenus à obtenir les meilleurs chevaux du monde. Mais ils les ont attendus long-temps et payés par de grands sacrifices. C'est peut-être là le motif des soins continuels dont cet animal est l'objet chez eux: nulle part, en effet, il n'est plus employé ni mieux traité.

L'origine de ces chevaux remonte à plus d'un siècle et demi. Elle est due à l'importation d'étalons arabes et de jumens barbes. On s'accorde assez généralement maintenant à reconnaître que, lors de leur première introduction, ces animaux ne furent point employés à croiser ceux existans déjà en Angleterre, mais que le croisement s'opéra entre eux. Quoique les premières productions laissassent beaucoup à désirer, surtout sous le rapport de la taille, ils persistèrent rigoureusement dans une méthode qui, plus tard, devait produire *ces chevaux de sang*, devenus, depuis nombre d'années, un objet d'admiration et d'envie.

Ce n'est qu'après de pareils résultats, qu'ils commencèrent à employer leurs chevaux de sang à l'amélioration des espèces inférieures: ils obtinrent par ce moyen ce qu'on appelle aujourd'hui le *cheval de chasse* (demi-sang), et plus tard enfin ces *chevaux d'attelage* et *de trait* qui surpassent en élégance, en taille et en force, tous ceux existans.

Ce que les Anglais ont attendu plus d'un siècle, ne pourrions-nous l'obtenir de suite, sinon pour la quantité, au moins pour la qualité? A l'aide de leurs chevaux et jumens de sang, ne pourrions-nous transplanter en France la race créée en Angleterre, sans avoir recours aux moyens primitifs? C'est ce que l'on conteste. Jamais, dit-on, l'étalon ne doit être conduit du nord au midi, si l'on ne veut pas avoir des productions dégénérées. On ne les améliore qu'en amenant les étalons du midi au nord · l'expérience l'a constamment prouvé. Et d'ailleurs, pourquoi renoncerions-nous à rétablir nos anciennes races renommées du Limousin, de la Navarre, de la Normandie, qui faisaient autrefois la gloire de nos haras, et une des causes de la richesse de ces provinces? Si le cheval anglais est, à bon droit, réputé pour sa solidité, son fond d'haleine, la vitesse, la franchise de ses allures, il est privé cependant de deux qualités précieuses au cheval de guerre, la finesse de la bouche, et la souplesse des mouvemens. Avec les excellens chevaux que fournit l'Angleterre, elle n'a pas ce qu'on appelle une bonne cavalerie, et cependant ce n'est ni l'instruction ni le courage qui lui manquent. Ses hussards hanovriens, montés sur des chevaux allemands, sont supérieurs aux troupes de cavalerie légère montées sur des chevaux indigènes, et les meilleurs qu'elle possède n'ont pas les qualités nécessaires aux exercices du manège.

Ces objections ne restent point sans réponse. Si le cheval de pur sang conserve ses qualités en Angleterre, sans qu'il soit besoin de recourir aux souches premières, le climat de la France, surtout dans les provinces de l'Ouest, n'est pas tellement disparate de celui de ce pays, qu'on ne puisse espérer les mêmes résultats dans la propagation, en observant les mêmes principes. Rien n'empêche d'ailleurs de tenter en même temps les deux manières; nos ressources, l'étendue et la variété de notre territoire en donnent toute possibilité; c'est un moyen que nous avons de plus que les Anglais pour obtenir de prochains résultats. L'expérience fera bientôt connaître quel genre d'étalons est propre à chaque localité. Essayons au moins : il ne s'agit, pour réussir comme les Anglais, que d'avoir le même esprit de persévérance et d'observation dont ils font un si bon usage. Pour cela, il faudrait considérer les chevaux importés sous le double rapport de l'amélioration dans l'espèce, et de la création d'une race nouvelle; dans le premier cas, être extrêmement difficile sur le choix des étalons; dans le second, ne jamais croiser une jument de sang qu'avec un étalon de sang. Par ce moyen, ces chevaux seraient bientôt plus communs : toutes les classes de la société pouvant en profiter, l'amélioration en serait la suite, et la France s'affranchirait du tribut onéreux qu'elle paie à l'étranger.

Quant aux reproches faits aux épaules et à la bouche des chevaux anglais, il faut s'en prendre au genre d'équitation de leurs maîtres et non aux chevaux eux-mêmes. Ils perdent ces défauts par les principes de l'équitation française, et s'il en est quelques-uns dont les allures sont trop alongées pour devenir jamais de vrais chevaux de manège, on en serait grandement dédommagé par la certitude d'avoir les meilleurs chevaux de guerre.

Il faut attendre du temps et de l'expérience la décision de ces questions. L'époque est des plus favorables; partout l'impulsion est donnée, et nous devons espérer qu'enfin nos progrès en ce genre suivront l'amélioration de notre situation financière, et les besoins du luxe qui en sont le résultat.

Dans cet état de choses, il serait téméraire de vouloir donner des règles positives sur ces matières. Aussi est-ce plutôt pour planter les jalons d'une route nouvelle, que pour indiquer un chemin tracé et certain, que nous allons entrer dans quelques détails sur la propagation et l'amélioration des chevaux. On ne peut trop mettre les officiers de cavalerie sur cette voie; mais on ne peut avoir la prétention d'indiquer les moyens de rendre aux chevaux français la supériorité dont ils jouissaient jadis. Il ne s'agit que de faire connaître la manière de diriger un haras dans le choix, les soins et l'appareillement des étalons et des poulinières afin d'obtenir de bonnes productions, et le régime qui convient aux poulains. C'est la méthode mise en usage au haras de l'École de cavalerie.

DEUXIÈME SECTION.

De l'étalon et de la jument.

Les qualités désirables pour obtenir de bons produits doivent être recherchées dans l'étalon comme dans la jument que l'on destine à la reproduction : leur genre de vie seul diffère. Dans l'une comme dans l'autre, il ne doit exister aucun vice ou défaut reconnu héréditaire, et l'on doit chercher les plus grands rapports de conformation, de proportion et d'aplomb, accord qui peut seul faire préjuger à l'avance la nature du produit. C'est en vain que l'on espérerait effacer complètement tel vice de la mère par l'absence de pareille défectuosité dans le père; en agissant ainsi, on donnerait trop au hasard. Sans doute les qualités du père peuvent corriger les défauts de la mère et réciproquement; mais il ne faut pas s'exagérer les avantages de cette compensation. Ainsi lorsqu'on a cru élever la taille d'une race, en en faisant saillir les jumens par des étalons beaucoup plus grands qu'elles, on n'a obtenu que des produits étiolés.

Quels que soient le degré de sang et les qualités de l'étalon, il ne doit jamais être mis en service avant qu'il ait cinq ans révolus. A cet âge seulement, le cheval a acquis toutes ses forces et tout son développement. Lui présenter plus tôt la jument, serait arrêter sa croissance et le ruiner entièrement. Jusque-là il doit être isolé, ne conserver aucune communication avec les jumens, et son régime doit être semblable à celui de l'étalon en service. On fera bien aussi d'attendre que la jument ait quatre ans faits pour la livrer à la reproduction.

Régime de l'étalon.

S'il est vrai que les soins dont l'homme a entouré le cheval pour se le soumettre et le réduire à l'état de domesticité, sont parvenus à le développer et à embellir ses formes, à étendre ses moyens de force et d'action, on ne peut se dissimuler qu'il n'ait vu par là diminuer et s'affaiblir quelques-unes des qualités qu'il doit à l'état d'indépendance. Que l'on mette en parallèle le cheval sauvage et le cheval domestique, on verra le premier joindre à la sobriété l'avantage d'être peu impressionnable aux intempéries des saisons, par suite des habitudes de sa vie toute naturelle. Le second, quoique plus développé, ne pourra sans danger supporter les variations atmosphériques, à moins que des soins et un régime particuliers ne viennent au secours d'une existence pour ainsi dire artificielle. Non-seulement ces chevaux ne se ressembleront pas, mais leurs productions se ressentiront des vices ou des qualités des pères.

L'étalon, dont le régime participerait des avantages de la vie domestique et de l'état de liberté, serait donc placé dans la situation la plus favorable à la reproduction. Le local qui lui sera affecté doit être clos et assez spacieux pour qu'il puisse y jouir d'une entière liberté, et y trouver un terrain d'exercice, indépendamment du travail régulier et méthodique auquel il est avantageux de le soumettre pour l'entretien et le développement de ses facultés. Le système le plus vicieux serait celui qui condamnerait un étalon bien portant à ne faire qu'une promenade d'une heure ou deux sur vingt-quatre, et à demeurer le reste de la journée attaché au râtelier, tandis que cet animal, vigoureux et doué de toutes ses facultés, éprouve un besoin continuel d'action et de mouvement. Son écurie, qui lui laissera la liberté d'entrer et de sortir à volonté, lui servira de refuge dans les mauvais temps, et contiendra ses alimens. Son régime alimentaire sera le plus substantiel, surtout pendant la monte. Le vert ne saurait lui être administré impunément : cette nourriture peu favorable à un animal destiné à la propagation, ne peut convenir à l'étalon que lorsqu'il est en état de maladie, ou qu'il a besoin d'être calmé et rafraîchi après la monte.

Quelques poignées de graine de lin mêlée avec la ration d'avoine pendant la monte, ont pour effet de rafraîchir les étalons auxquels un excès d'ardeur ou d'échauffement pourrait faire perdre une partie de leurs qualités prolifiques.

Régime de la jument poulinière.

Il diffère beaucoup de celui de l'étalon. Après avoir été saillie, la jument destinée à l'amélioration de l'espèce, et particulièrement celle de pur sang, est mise à la pâture, en prenant garde que des chevaux hongres ou poulains n'approchent pas de l'enclos qui la renferme, surtout pendant les premières semaines après la conception. Elle reste ainsi pendant tout le temps de la gestation qui est de douze lunes ou onze mois ordinaires. Il peut y avoir quelquefois plusieurs jours de différence : mais l'expérience a prouvé que ce terme était à peu près invariable, lorsqu'il ne survenait pas d'accident.

Au moment du *part* seulement, on replace la jument dans une écurie où se trouve une litière abondante : on la veille jour et nuit afin de prévenir les accidens qui pourraient survenir. Six ou huit jours suffisent pour son entier rétablissement : rendue ensuite à la prairie avec son poulain, elle est en état de recevoir l'étalon dès ce moment, qui est même le plus favorable pour la conception. Mais une jument peut-elle, sans inconvénient pour elle-même ou pour ses productions, donner chaque année un bon poulain, si on ne la laisse jamais reposer ? Le raisonnement indiquerait qu'un repos, tous les trois ou quatre ans, ne peut qu'être avantageux dans l'intérêt de la jument. Cependant les éleveurs présentent, chaque année, la poulinière à l'étalon, parce qu'ils prétendent que la nature prend le soin de rendre stériles celles qui ont besoin de repos.

Quant aux poulinières moins distinguées, on s'en sert

ordinairement à la selle ou au trait, jusqu'à ce qu'elles soient prêtes à mettre bas. Si l'on n'en exige qu'un service modéré, il est rare de les voir avorter : cela n'arrive guère que par un travail forcé ou un accident. On en a même vu qui, étant pleines sans qu'on s'en doutât, ont résisté aux sauts les plus dangereux, et qui, après avoir soutenu des chasses extrêmement fatigantes, ont mis bas à terme des poulains bien portans.

Quoi qu'il en soit, ces exemples sont rares, et le mieux est toujours, autant qu'on le peut, de ne faire travailler que modérément une jument qu'on croit pleine.

De la monte.

Elle doit commencer selon les localités et suivant que l'herbe nouvelle est plus ou moins précoce ; car cette nourriture est la plus favorable à la poulinière qui vient de mettre bas, pour allaiter son poulain. Le moment où la jument entre en chaleur détermine l'époque des saillies ; les refus qu'elle fait de l'étalon indiquent qu'il faut les cesser.

On ne peut préciser le nombre de jumens qu'un étalon peut servir dans une saison ; cela dépend de son âge, de son tempérament et de sa constitution. Cependant on a calculé, comme terme moyen, sur quarante jumens par an pour chaque étalon. L'intérêt particulier fait souvent dépasser ce nombre ; il est cause aussi que le même étalon fait souvent plusieurs saillies par jour. Mais si quelques exceptions particulières viennent à l'appui de cette méthode, on ne peut cependant la consacrer en principe.

L'étalon qui va saillir doit être en bonne santé, et si une nourriture substantielle lui est nécessaire, il faut se garder de lui donner des stimulans ou des provocatifs, cette méthode, à peine bonne pour celui qui ne cherche que le gain, est nécessairement mauvaise pour la progéniture, qui ne peut manquer de s'en ressentir soit dans sa conformation, soit dans le développement de ses forces. C'est à cette funeste précaution, ainsi qu'à la non moins funeste coutume de faire saillir des étalons trop jeunes, qu'on doit attribuer ces races dégénérées et abâtardies qu'on rencontre dans tous les pays.

De toutes les manières de faire la monte, la plus sûre et la plus convenable est celle dite *à la main*. Dans la monte dite *en liberté*, même en ne plaçant qu'une jument avec l'étalon, la jument elle-même n'est pas à l'abri des risques que court celui-ci, et pour peu qu'il ait de prix, on fera bien de les lui éviter. Ainsi la jument aura de légères entraves, serrées ou relâchées au besoin par des palefreniers qui en tiendront les extrémités : un autre lui élèvera la tête, et l'on n'aura recours au torche-nez qu'à la dernière extrémité. L'étalon, conduit avec un double filet ou caveçon fort doux, est retenu par deux longes. Dès qu'il est *en état*, on relâche peu à peu les longes, pour le laisser sauter la jument. Un palefrenier écarte la queue et les crins, et dirige le membre dans la vulve, pour prévenir l'introduction dans le rectum, qui est toujours très-dangereuse. Alors on abandonne l'étalon à lui-même. Quand il a fini, on avance un peu la jument, afin qu'il descende sans secousses, sans saccades, et sans être obligé de reculer. On ne doit jamais non plus, afin de ménager ses jarrets, le laisser s'élever sur ses jambes de derrière avant qu'il ne soit *en état*.

Après le saut, l'étalon ramené dans son écurie, est bien bouchonné et couvert ensuite. Quant à la jument que l'on remet aussi à l'écurie, il est bon qu'elle y demeure isolée et dans l'obscurité pendant quelques heures, et qu'on la laisse reposer tranquillement, sans s'occuper des pratiques ou dangereuses ou ridicules, de lui jeter de l'eau fraîche, de lui frotter le dos avec un bâton, de la faire saigner, etc.

TROISIÈME SECTION.

Soins à donner au poulain.

Le poulain, pendant les premiers jours qui suivent sa naissance, trouve auprès de sa mère les soins et la nourriture les plus conformes à ses besoins : pendant un temps assez considérable, on pourrait se borner à une simple surveillance. Au bout de deux ou trois mois, on donne au poulain de l'avoine concassée. Cet aliment substantiel, réduit à cet état, est d'une mastication plus facile et plaît à ces jeunes animaux. Ce régime alimentaire, soutenu et augmenté graduellement, met bientôt le poulain en état de se passer du lait de sa mère, en sorte qu'au bout de cinq ou six mois, on peut l'isoler pour lui en faire perdre l'habitude. Cette méthode a le double avantage de ne gêner en rien le développement du poulain, puisqu'il trouve, dans la nourriture administrée, des moyens suffisans de réparation, et de permettre une concentration nouvelle des forces de la mère au profit du fœtus qu'elle porte.

La séparation des sexes et des âges est une règle qu'on doit exactement observer. En les confondant, ces jeunes animaux s'épuiseraient de bonne heure et les moins développés courraient le risque d'être maltraités par les plus forts.

Lorsque les poulains sont destinés à servir, soit à la selle, soit au trait, il faut songer à les faire castrer à l'époque qui nuit le moins à leur développement. Une habitude des plus funestes à signaler, est celle qui fixe cette époque au moment où le poulain a acquis tout son développement. Considérant seulement l'influence des organes de la génération dans l'exercice des fonctions, on a pensé que l'œuvre de la nature devait être terminée avant de se permettre cette opération. Certes, il est loin de toute espèce de doute que ces organes ne jouent un très-grand rôle dans le développement du cheval, et leur extraction doit être considérée comme tout-à-fait contre nature. C'est donc un mal, mais un mal devenu nécessaire, d'après la destination réservée à certains chevaux, même à la plupart.

En France, on est dans l'usage de castrer les chevaux à l'âge de quatre ou cinq ans, c'est-à-dire au moment où cet animal, livré au commerce, doit être soumis au travail. Quelque facile et sûre que l'art vétérinaire ait rendu cette opération, il ne s'en fait pas moins une révolution considérable dans le cheval, révolution qui attaque son moral et son physique au moment où il aurait besoin de plus de forces et de courage. De là, l'espèce d'abâtardissement qui se remarque dans nos chevaux hongres, leur ruine plus prompte, et souvent les vices de méchanceté qui ne devraient jamais se rencontrer dans un animal essentiellement doux et obéissant.

La castration ne saurait être faite trop tôt, c'est-à-dire aussitôt que les testicules apparaissent à l'extérieur. A cette époque, l'opération n'a aucune suite dangereuse, et sauf les soins à apporter aux premiers momens qui la suivent, et pourvu qu'une nourriture saine et abondante soit administrée, le poulain se formera sans jamais éprouver de désirs, et sans avoir à regretter des jouissances dont il n'a pas eu le pressentiment.

La nourriture qui peut convenir au poulain est assez variée. Le pâturage dans un lieu sec et montueux, où croissent les meilleures herbes, lui donnera plus de distinction dans les membres, et lui fera en même temps acquérir plus de force pour résister à l'influence de la mauvaise saison, à laquelle il ne peut être efficacement dérobé qu'au moyen d'un abri convenable et d'une bonne nourriture. L'avoine doit être mise au premier rang, ensuite la paille hachée, l'orge, le froment, le foin et la paille proprement dite, ainsi que les fourrages que fournissent les prairies artificielles. On a fait connaître, dans la troisième partie, les propriétés de ces divers alimens et la manière de les administrer. On y a démontré que le son, regardé par d'anciennes habitudes comme une bonne nourriture, ne pouvait être considéré ainsi, qu'en raison des parties farineuses qu'il contenait. On insistera davantage ici sur la *carotte*, plante qu'on a seulement indiquée, parce qu'elle convient parfaitement aux chevaux de tous les âges. Cette racine est tellement bonne, qu'on s'est toujours bien trouvé d'en avoir fait manger aux chevaux : elle soutient même ceux qui font de forts travaux, et l'on a remarqué que ceux qui s'en étaient nourris pendant l'hiver, étaient au printemps plus forts et plus vigoureux que les autres. Non pas cependant qu'on veuille y réduire les poulains pour toute nourriture; mais on en conseille l'usage comme un accessoire sain, qui peut suppléer au défaut d'autres alimens dans la disette, et qui est utile et profitable en tout temps.

Le moment des gourmes est toujours critique pour les jeunes chevaux. Il faut alors cesser tout régime alimentaire trop échauffant, tels que l'avoine et les autres grains, et remettre les poulains à l'usage du vert.

Il devrait être inutile de parler ici des soins que l'on doit apporter à familiariser de bonne heure le poulain avec l'homme. En considérant les services qu'il est appelé à rendre plus tard, ce motif ne doit-il pas nous porter à traiter cet animal de manière qu'il s'habitue, dès son enfance, à regarder l'homme plutôt comme son bienfaiteur, que comme un maître toujours prêt à le châtier? Ses habitudes devant changer tôt ou tard, il faut le conduire le plus progressivement possible à l'état où nous le désirons; pour cela, ne jamais l'aborder sans le flatter, ou sans lui offrir quelque peu des alimens dont il est le plus friand; lui lever souvent les pieds, et frapper sur la sole, afin que, plus tard, il soit docile à la ferrure; être présent quand il mange l'avoine; dès l'âge de deux à trois ans, lui faire porter une selle, puis de légers fardeaux; plus tard, le faire monter quelquefois par un individu d'un poids proportionné à sa faiblesse; enfin, l'accoutumer peu à peu au séjour de l'écurie, et l'amener insensiblement au point d'éducation qu'on lui désire.

Le cheval, mâle ou femelle, parvenu à cet état, devrait avoir au moins quatre ans : il serait d'un meilleur service et durerait plus long-temps, si l'on attendait la fin de la dentition. A cette époque seulement, il cesse de croître et de se développer; mais souvent l'impatience ou le besoin le livrent au travail ou au commerce avant cet âge. C'est ainsi que l'on voit des poulains de deux à trois ans soumis à des fatigues au-dessus de leurs forces : ces animaux, ruinés de bonne heure et vicieux ordinairement, ne donnent qu'une idée imparfaite de ce qu'ils auraient pu être si on les avait attendus plus long-temps.

Enfin, lorsque le cheval est parvenu au point d'être appliqué au service qui lui est propre, il faut s'assurer de ses moyens et de ses facultés pour le remplir. C'est surtout lorsque le jeune cheval est destiné à la reproduction qu'il est indispensable de connaître ses facultés physiques et morales. Les Anglais ont le bon sens de préférer de beaucoup la bonté à la beauté dans l'étalon ou la poulinière. C'est certainement une des causes qui les ont conduits au point de supériorité où ils sont. Ils ne manquent pas de soumettre leurs jeunes chevaux à l'épreuve des courses, et ce système leur a constamment réussi. Ils vont jusqu'à prétendre qu'il est encore sans exemple qu'un cheval de demi-sang, de la conformation la plus heureuse, ait gagné un cheval de sang, même d'une espèce médiocre. On pourrait cependant leur adresser un reproche sur le peu de mesure qu'ils apportent dans ces courses. C'est bien plutôt aujourd'hui dans un but de spéculation que dans l'intérêt bien entendu de l'amélioration de la race, qu'ils font courir les chevaux dès l'âge de trois ans et même avant.

Quoique la longueur des courses soit proportionnée
à leur force, on conçoit aisément le fâcheux effet qu'elles
doivent produire sur ces jeunes animaux. Aussi, depuis
quelques années, présentent-elles, dans ce pays, des
résultats de moins en moins satisfaisans. On pourrait
rappeler qu'*Eclips*, le cheval le plus vite qui ait jamais
existé, a été indomptable jusqu'à cinq ans : à cet âge
seulement, il fut réduit, et surpassa toutes les espérances.

Des courses.

Le travail de la course peut être divisé en *travail
préparatoire* et *travail d'exécution*. Le premier s'entend
des exercices progressifs auxquels on soumet les chevaux destinés à courir (entraînement); le second s'entend de la course même exécutée sur le terrain.

De l'expression française *train, mettre en train*, les
Anglais ont fait le mot *training*, action de préparer en
instruisant ; d'où nous avons à notre tour formé les
expressions, peu satisfaisantes dans notre langue, *d'entraînement*, ou *action d'entraîner le cheval*. L'entraînement consiste à donner, par les soins administrés au
cheval jeune encore, une force, une énergie, pour
ainsi dire prématurée. Pour obtenir ce résultat, le régime intérieur et l'exercice auxquels est soumis le sujet
destiné à courir, doivent être en rapport. C'est ainsi
que par le pansage de la main, la peau devient le siège
d'un travail continuel, et que les déperditions sont
sollicitées, afin que l'animal se dégrossisse, pour ainsi

dire, et se débarrasse d'une graisse inutile qui, amollissant les tissus, diminue d'autant la force musculaire. Les alimens toniques et substantiels concourent moins alors au développement des formes qu'à la densité des muscles : les agens locomoteurs jouissent du plus haut degré d'énergie, sans avoir un déplacement de masse trop considérable à opérer.

Le régime extérieur ne contribue pas peu à produire ces effets; il doit être commencé et suivi avec méthode. La vitesse dans l'allure ne doit être obtenue que très-progressivement. Le cheval que l'on prépare est d'abord conduit au pas pendant quelque temps, ensuite au trot, et enfin au galop. C'est alors que le travail commence, travail dont les effets seraient des plus funestes, si les soins les plus minutieux ne le suivaient immédiatement. Outre la progression à suivre dans les allures, il en est une aussi à observer dans la durée du travail et dans les fatigues que l'animal doit et peut soutenir : tout doit être calculé d'après son âge, son énergie, sa force et ses moyens.

Le cheval ou la jument, ainsi *entraîné*, est présenté aux courses. C'est là que la valeur de cet animal est justement appréciée, et que, suivant les qualités et les moyens qu'il déploie, il en sort, s'il s'est distingué, pour propager sa race en faisant la fortune de son propriétaire, ou, s'il n'a pas répondu à ce qu'on en attendait, pour être livré au commerce ou consacré à tout autre usage qu'à la reproduction.

Après les courses, le régime des chevaux qui ont couru doit nécessairement changer; peu à peu on les rapproche de la vie ordinaire; c'est ainsi qu'on ne les tiendra plus continuellement enveloppés de couvertures, que l'habitation sera de plus en plus aérée, jusqu'à ce qu'ils puissent enfin, sans danger, supporter le contact de l'air extérieur, et suivre le régime qui convient à l'étalon ou à la poulinière.

TITRE II. — Des Remontes.

CHAPITRE Ier. — *Instruction sur les remontes.*

ARTICLE PREMIER.

MANIÈRE D'EXAMINER LES CHEVAUX ET DE JUGER DE LEURS
QUALITÉS : RUSES EMPLOYÉES POUR CACHER LEURS DÉFAUTS.

PREMIÈRE SECTION.

Des remontes.

On entend par *remonte* un certain nombre de chevaux achetés pour le compte du Gouvernement, et destinés à compléter l'effectif des corps et à remplacer ceux que les combats, l'âge, les maladies, les accidens, l'usure ou les fatigues ont détruits ou mis dans le cas d'être réformés.

La question des remontes se rattache à de hautes considérations d'économie politique. Le développement de la richesse nationale, les progrès d'une industrie précieuse trop long-temps négligée, les ressources chevalines qui doivent être assurées à l'armée pour la guerre comme pour la paix, sont autant de points d'une importance majeure que cette question présente, mais que ce cours n'est pas appelé à traiter. Il suffira de remarquer que si, comme tout paraît le prouver, la France peut fournir aux besoins de ses divers services civils et militaires, le Gouvernement a raison de vouloir s'affranchir de l'importation des chevaux étrangers, qui est une véritable calamité pour le pays.

Plusieurs méthodes ont été tour à tour admises et rejetées pour les remontes, parce que chacune d'elles offre des inconvéniens. Ou les soins en sont laissés aux corps, ou le Gouvernement se charge lui-même de faire les remontes par ses agens.

Dans le premier cas, les régimens achètent les chevaux sur les lieux mêmes, ou les font acheter par des officiers envoyés dans les pays d'élèves, ou enfin passent marché avec un fournisseur, qui se charge de présenter les chevaux de remonte à la réception des conseils d'administration, sous les risques de tous les frais et de toutes les chances de leur transport, et de l'admission ou du rejet.

Dans le second cas, le gouvernement fait réunir les chevaux de remonte dans des dépôts placés sous la direction d'agens spéciaux, pour de là être répartis dans les différens corps.

Quelle que soit la méthode adoptée, l'officier chargé d'une remonte a des devoirs nombreux et difficiles à remplir. Il doit savoir apprécier les circonstances locales, les différentes espèces de chevaux qu'elles présentent pour les appliquer aux services qui leur conviennent, le voisinage ou l'éloignement des corps, les changemens qu'éprouvent les chevaux en sortant d'une contrée pour être amenés dans une autre; la différence qu'il y a de les conduire du nord au midi ou du midi au nord, pendant l'été ou pendant l'hiver; il saura dans quelle occasion il vaut mieux les acheter après la castration, ou ne les faire couper qu'après leur arrivée. Dans sa position, une probité sévère, qui n'exclut pas l'adresse nécessaire dans les transactions commerciales, est aussi indispensable qu'une instruction profonde; et si les remontes, confiées aux soins des officiers, n'ont pas toujours eu des résultats heureux, on ne peut l'attribuer qu'à la difficulté de rencontrer des hommes aussi accomplis, pour ainsi dire, que l'exige une semblable opération; des hommes que l'amour du bien enflamme et que l'intérêt seul du service anime.

Que l'officier, chargé d'une remonte, la fasse pour son régiment ou comme agent spécial du Gouvernement dans un dépôt, son premier soin, en arrivant au lieu assigné pour cette opération, doit être de se mettre en relation avec les autorités administratives et municipales, dont le secours lui est toujours nécessaire pour avoir des renseignemens sur les ressources du pays, pour faire publier l'objet de sa mission et son désir d'entrer en rapport avec tous ceux qu'elle intéresse. La gendarmerie peut lui servir très-utilement dans le même but, et il ne doit pas négliger de prendre, auprès des officiers et des chefs de brigades de cette arme, toutes les indications qu'ils sont à même de lui donner sur les propriétaires de chevaux.

Muni de ces premières données, il doit parcourir les foires et les marchés, et se présenter chez les propriétaires et chez les éleveurs, pour s'affranchir, autant qu'il le pourra, de l'obligation d'employer l'intermédiaire des marchands de chevaux et surtout des maquignons.

Cependant, il doit adroitement ménager les premiers, ainsi que les courtiers du lieu, en leur accordant un léger bénéfice pour les chevaux qu'ils désignent ou qu'ils amènent, parce que autrement ils ne manqueraient pas d'entraver de mille manières une opération qui les prive de grands bénéfices. C'est même là une des causes qui ont trop souvent rendu infructueux ce système de remonte. On a vu quelquefois ces marchands se liguer entre eux, faire des sacrifices considérables, afin qu'on fût forcé d'en revenir à leur ministère, et faire alors payer cher ce tardif recours à leur assistance.

Le désir de s'affranchir de leur dépendance est autant dans l'intérêt de l'économie que dans celui d'encourager la reproduction et de faciliter les remontes. Le marchand ne peut vendre qu'en gagnant. Si vous achetez directement du producteur, vous devez nécessairement bénéficier du gain qu'aurait fait le marchand; de plus, et c'est un point bien essentiel, vous habituez les producteurs à se mettre en relation avec les officiers des remontes; la confiance s'établit, la certitude du débouché, la facilité du paiement encouragent les essais, augmentent les ressources, et finissent par amener les éleveurs à venir eux-mêmes offrir leurs chevaux.

Mais il n'est pas toujours possible de se passer du recours aux marchands de chevaux, et même, dans certaines circonstances, l'assistance des courtiers devient indispensable. Il ne faut pas alors que d'anciennes préventions, qui subsistent encore contre tout ce qui se livre au commerce des chevaux, inspirent une injuste méfiance de ceux qu'on est obligé d'employer : il ne faut pas non plus surtout s'y confier imprudemment. Il en est de cette branche de commerce comme de toutes les autres;

la bonne foi dans les transactions, la qualité supérieure des fournitures, le bon marché des prix, la facilité des paiemens, attireront et mériteront toujours la confiance : on peut là-dessus s'en rapporter à l'intérêt personnel et croire qu'un marchand, connu et établi, ne risquera pas sa réputation, et par conséquent sa fortune, au métier d'un maquignon. Pour ceux-ci, il faut soigneusement les éviter; ils sont encore tels que les a peints Garsault. « Gens dont l'occupation consiste à « acheter de mauvais chevaux à bon marché, à les re- « faire et à les revendre le plus cher qu'ils peuvent, en « employant tous les moyens qu'ils ont à leur disposi- « tion pour cacher leurs défauts et en imposer sur leurs « bonnes qualités. »

L'âge auquel il convient de prendre les chevaux de remonte est déterminé par les réglemens. On doit observer que, dans le système actuel, le minimum a été sagement fixé à cinq ans, qui se désignent, pour éviter les fausses interprétations, par l'expression de soixante mois révolus. Avant cet âge, les chevaux sont rarement en état de rendre d'utiles services aux armées. Mais s'il était possible de les conserver un ou deux ans avant de les placer dans les rangs, il serait aussi économique qu'avantageux de les acheter à trois ou quatre ans. On pourrait alors suivre et aider leur développement : on essaierait leurs forces et leurs moyens; les gourmes, la castration, le changement de régime et la longueur des routes n'auraient plus des conséquences aussi désastreuses; les régimens, à qui ces causes font perdre tant de chevaux de remonte, seraient assurés de leur effectif, et ne seraient plus dans l'obligation d'attendre un an ou dix-huit mois avant de commencer leur instruction, sous peine de les détruire ou de les ruiner. Déjà même une autorisation ministérielle a permis de recevoir les chevaux de remonte à quatre ans; mais cette concession n'est due qu'à la pénurie de chevaux de cinq ans propres au service des armées, et ne coûtant que le prix affecté par les réglemens. Si les capitaines-instructeurs donnent à ces chevaux les soins qui leur sont nécessaires et qu'on veuille les attendre, on ne peut que bien se trouver de cette mesure.

Quand leur conformation est bonne et leur solidité assurée, on peut les admettre jusqu'à sept ans exclusivement. Ils sont alors en état d'être soumis aux fatigues et de mieux y résister. Par suite des mêmes motifs qui ont fait tolérer de les recevoir à quatre ans, on a aussi étendu jusqu'à huit le maximum de l'âge.

Les réglemens ont encore assigné la taille qui convient à chaque arme; mais ce qui ne pouvait être fixé et qui cependant mérite une sérieuse considération, c'est la largeur proportionnée du corps, sans laquelle il est rare de trouver les conditions d'un véritable cheval de guerre.

On ne doit pas oublier qu'un cheval rendra d'autant plus de services qu'il sera employé au travail le plus convenable à sa constitution. Sous ce rapport, on divise les chevaux de remonte en *chevaux de selle* et *chevaux de trait*: les premiers se partagent en *chevaux de troupe* et *chevaux d'officiers*.

Pour résumer tout ce qui a été dit sur ce sujet, dans les différentes parties du Cours, et notamment dans la deuxième, nous donnerons un tableau succinct des qualités du cheval de guerre.

Pour le cheval de selle, on peut les considérer d'abord comme générales, puis comme particulières à chaque arme.

Sous le premier point de vue, on recherchera une grande solidité, sans brillant, des mouvemens libres, la bouche ni fine ni dure, c'est-à-dire à toutes mains; la vue nette, la poitrine intacte, le pied bon et sûr, plus de fond que d'ardeur, un bon appétit et surtout de la franchise et du courage. Les chevaux rétifs et ramingues sont à écarter par les risques qu'ils font courir à leur cavalier, et par le danger de leur exemple sur les autres chevaux.

Les chevaux de trait, employés dans les armées, ne doivent pas avoir exclusivement ni même entièrement les caractères qui appartiennent à ce genre de service, parce qu'il s'agit moins pour eux de vaincre habituellement d'énormes résistances, que de fournir souvent à des mouvemens très-rapides, par exemple, à toute la promptitude des évolutions de l'artillerie légère : aussi devront-ils participer des conditions fixées pour les chevaux de selle.

La grosse cavalerie est la plus difficile à bien remonter, parce qu'elle ne trouve le plus souvent à choisir que parmi de grands chevaux décousus et pleins d'ardeur, ou d'autres trop massifs et trop lourds, sans agrément, sans vitesse et servant mal leurs cavaliers qui, par conséquent, ne s'y attachent guère.

Les chevaux de dragons, auxquels les réglemens assimilent ceux de l'artillerie légère, tiennent le milieu entre ceux de cuirassiers et des chasseurs ou hussards; ils doivent être assez étoffés, mais légers d'allure. L'espèce de ces chevaux est devenue plus rare en France qu'elle ne l'était autrefois.

La cavalerie légère est celle qui peut faire le plus facilement ses remontes, parce que, d'une part, les petits chevaux sont plus nombreux en France que les grands, et que, d'un autre côté, ils y sont plus généralement bons : il y aurait même abondance, si l'on se décidait à diminuer la taille exigée. Le cheval de cavalerie légère doit se distinguer par un nerf, un fond d'haleine et presque une vivacité particulière. On lui désire surtout le rein et les jarrets solides, comme on veut qu'il soit souple et maniable, afin de servir avec avantage son cavalier dans les découvertes et entreprises hardies dont il est souvent chargé.

L'officier, libre de changer un cheval qui ne lui convient plus, peut ne pas consulter toujours des règles aussi sévères que celles qui doivent présider à l'achat des chevaux de troupe. Ainsi, en temps de paix, sacrifiant quelquefois le solide à l'agréable, il recherchera un cheval d'une taille avantageuse, afin d'être bien en vue de sa troupe ; l'encolure en sera bien sortie, la robe distinguée, les mouvemens trides, la bouche belle ; réunissant enfin le brillant des allures à la beauté des formes. Mais pour faire campagne, c'est la réunion au plus haut degré de toutes les qualités du cheval de troupe, jointes à plus de distinction, qui doit déterminer le choix du cheval d'officier. Ceux qui ont de la race et qui se nourrissent bien sont les meilleurs, parce que leur légèreté et leur vigueur donnent à l'homme de guerre la sécurité, sans laquelle il ne peut se livrer à toute l'impulsion de la bravoure.

Les chevaux les plus légers à la course, ceux remplis d'ardeur, conviennent parfaitement aux généraux, aux officiers de l'état-major, et aux aides-de-camp, dont le devoir est souvent de franchir rapidement de grandes distances, mais qui ont toujours plus de moyens de changer de monture et de laisser reposer un cheval fatigué.

Pour appliquer ces principes au choix et à l'achat des chevaux, il faut se prescrire une marche très-méthodique dans l'examen de réception, afin de ne rien oublier d'essentiel et de ne pas s'appesantir sur les objets de détail; il faut encore savoir se garantir des ruses, dont les vendeurs cherchent souvent à se servir pour tromper les acquéreurs.

DEUXIÈME SECTION.

Examen méthodique du cheval.

En premier lieu, il est une précaution dont une nécessité absolue doit seule faire départir pour l'achat ou la réception des chevaux, c'est de toujours les revoir à deux fois, soit à un ou deux jours d'intervalle, soit au moins à plusieurs heures. Si on le peut, on laisse chez les propriétaires ceux qui offrent des doutes, et on les fait surveiller par des gens de confiance, ou en venant soi-même les visiter à l'improviste.

La première inspection doit se faire dans les écuries, afin d'y voir les animaux abandonnés à eux-mêmes et se tenant dans leur position naturelle. On examine comment ils sont attachés, si quelques-uns sont séparés des autres, ce qui porte à croire qu'ils sont méchans; comment ils mangent, et de quelle manière ils se laissent panser, etc.

Ensuite le cheval sort de l'écurie, pour être présenté à la montre dans le lieu préparé à cet effet. Quand l'animal est placé et tranquille, on jette un coup d'œil sur l'ensemble. On juge de suite les aplombs, l'état des extrémités, celui des flancs et de la bouche pour reconnaître l'âge. On s'assure ensuite de sa taille. On aura fait attention à la vue, dès la sortie des écuries; on y revient encore, puis on fait changer le cheval de main et l'on recommence à l'examiner, le considérant aussi de face et par derrière. Si on a quelques doutes sur l'intégrité de la vue, on inspecte les yeux de l'animal successivement dans un endroit obscur et dans un lieu bien éclairé, pour juger du degré de dilatation et de contraction de la pupille.

De là on passe à l'exercice; on examine, d'abord au pas, le jeu des extrémités postérieures, et quand le cheval revient à vous, celui des extrémités de devant; enfin des unes et des autres, quand il traverse; on en fait autant au trot et en suivant le même ordre. Il faut que le cheval soit en main, tâcher qu'on laisse à sa tête le plus de liberté possible, pour mieux juger la franchise de ses allures, la manière dont il s'arrête, et comment il tourne sur les deux côtés.

Revenu à l'endroit de la montre, on le fait reculer, marcher de côté, puis monter. On juge une seconde fois de la solidité du rein, de la franchise des mouvemens, de la docilité du montoir, de la manière dont il se bride, etc. On doit aussi le faire galoper un moment en ligne droite et en cercle, afin de hâter la respiration et de s'assurer de l'intégrité des organes qui l'effectuent, aussi bien que de la non-existence du cornage.

Il ne faut pas oublier que les chevaux ruinés, au lieu

de trotter franchement, cherchent toujours à prendre le galop, parce que cette allure convient davantage à la raideur de leurs articulations.

On termine cet examen en faisant lever les pieds du cheval et frapper sur le fer, pour savoir s'il se laisse ferrer facilement; objet fort important pour la guerre.

Quand il s'agit d'un animal de prix, on le monte soi-même, et on apprécie la douceur de ses allures, la bonté de sa marche, sa légèreté, son adresse, sa docilité, etc., etc.

Il est des circonstances où un semblable examen est impossible : dans les foires, par exemple, où des milliers d'animaux et d'individus se croisent et se choquent en tout sens, c'est à peine si l'on a le temps de voir les chevaux; il faut un coup d'œil et une habitude que l'expérience donne mieux que les préceptes. On ne peut donc rien prescrire à cet égard, et chacun alors agit comme il le juge le plus convenable, d'après les circonstances.

L'officier qui procède à une réception de chevaux de troupe, ne peut sans doute les monter tous; mais rien n'empêcherait qu'il les fît monter, avant la réception définitive, par des cavaliers ou sous-officiers en qui il aurait confiance pour cela. Si la jeunesse et l'inexpérience des chevaux sont un obstacle à ce qu'on ne soit jamais trompé, la précaution indiquée ne peut qu'être avantageuse, d'une part, en recevant les observations particulières de celui qui a monté le cheval, et, de l'autre, en le voyant monté par une personne, qui le laisse dans un état moins gêné et moins tourmenté qu'entre les jambes du garçon maquignon.

Ruses dites des maquignons.

Sur les ruses que pratiquent les gens qui commercent en chevaux, écoutons Garsault, dont les avis, en cette matière, ont toujours été et seront sans doute long-temps encore utiles. « Les moyens qu'emploient « les maquignons, dit-il, sont d'arracher les dents aux « poulains; de les scier et limer aux chevaux..... de les « contremarquer..... de leur peindre les sourcils, quand « ils ont cilié..... de leur faire des taches sur la robe, « pour qu'on ne reconnaisse pas ceux qui ont été vo- « lés..... de leur mettre de fausses queues..... (*); de « leur faire mâcher des drogues pour les faire saliver... « de faire disparaître les molettes, les crevasses, les « eaux, etc..... ajoutant à tout cela mille propos plus « faux les uns les que les autres, et capables de per- « suader l'homme qui ne serait pas prévenu de leurs « audacieux mensonges et bavardages..... Puis, comme « ils sont attentifs à tout ce qui peut faire valoir leurs « chevaux, s'ils en ont qui soient lourds et paresseux, « ils leur donnent tant de coups de fouet, dehors et « dedans l'écurie, qu'à la seule vue du maquignon, ils « sont tout en l'air.....

« Quand le cheval est ombrageux, le maquignon le « fait passer à force de crier..... Quand il a quelques

(*) Il est encore un moyen qui, connu depuis long-temps, est, dit-on, employé fréquemment encore en Angleterre; il consiste à retrancher une portion de la peau entre les oreilles, de façon, après la cicatrisation, à en opérer le rapprochement. On assure que cela produit pendant long-temps son effet, malgré l'élasticité de la peau qui tend à en diminuer les résultats.

« grosseurs ou quelques maux apparens aux jambes et
« aux pieds, il choisira un terrain plein de boue pour
« vous le montrer..... Si son cheval a les jambes raides
« de fourbure ou autrement, il le dégourdira et l'é-
« chauffera à marcher sur un terrain doux, avant de
« l'exposer en vente... L'habitude de tous les marchands
« de chevaux, pour les montrer en main, est de les bri-
« der avec des mors dont les branches sont très-lon-
« gues, afin de leur tenir la tête haute..... On ne peut
« enfin limiter toutes leurs fourberies, car ils en inven-
« tent à mesure qu'ils en ont besoin.....

« S'agit-il de faire monter le cheval? Premièrement,
« ils ne le laissent guère en repos; plus il est pesant et
« paresseux, moins vous venez à bout d'empêcher celui
« qui le monte de le tenir perpétuellement en agita-
« tion..... S'il part au galop, et qu'il sache que les
« reins ou les jambes du cheval ne valent rien, il s'a-
« gitera et lui donnera des mouvemens qui sont ca-
« pables de vous éblouir..... Enfin ces gens-là ont une
« façon de conduire les chevaux si extravagante, qu'on
« ne peut presque rien découvrir, si on ne les fait mon-
« ter par quelqu'un de confiance, ou si on ne les monte
« soi-même..... »

L'obscurité la plus complète règne assez ordinairement dans les écuries, dont le plus souvent l'entrée
n'est permise qu'après la cérémonie du fouet. Véritable talisman, c'est par lui que les paresseux se ré-
veillent, que les boiteux se redressent, et que l'ardeur
arrive à tous. C'est au *gingembre* qu'il est réservé d'o-
pérer les autres miracles (*).

(*) Aux yeux du connaisseur, cette pratique gêne le mouvement

Le lieu de la montre est entouré de murs blanchis, pour contraster avec l'obscurité de l'écurie ; le terrain en est disposé en dos d'âne, afin d'élever l'avant-main et de corriger à l'œil le défaut de conformation assez habituel d'être bas du devant.

Enfin il n'est qu'une manière de ne pas être pris pour dupe, c'est d'apporter à cet examen un imperturbable sang-froid et la ferme résolution de juger par soi-même, en se gardant bien d'avoir trop de prévention pour ou contre le cheval qu'on examine.

ARTICLE II.

DES CAS REDHIBITOIRES, DE LA GARANTIE ET DES RÉGLEMENS RELATIFS AUX REMONTES.

Les réglemens sur les remontes ont toujours varié selon le système adopté pour les faire, les circonstances et les localités ; mais il est des principes généraux qu'il est indispensable de faire connaître aux officiers de cavalerie, parce qu'ils règlent généralement la jurisprudence commerciale de la vente des bestiaux et animaux domestiques.

de l'arrière-main, le cheval se berce, et marche souvent plus mal que dans l'état ordinaire ; mais la masse des gens qui achètent des chevaux ne s'y connaît pas assez pour juger ces différences, et le marchand finit toujours par trouver plus de profit que de dommage à user du gingembre. Du reste, mettre le gingembre sans que l'acheteur s'en aperçoive est le tour de force des garçons d'écurie, et il n'y a guère moyen de les en empêcher ; il vaut mieux même en finir de suite, en les laissant faire, quitte à juger en conséquence.

PREMIÈRE SECTION.

De la garantie (*).

La garantie est la convention par laquelle le vendeur répond à l'acheteur que l'animal qu'il lui vend n'a aucun défaut. Il y a deux sortes de garanties : l'une de droit, qu'on appelle *naturelle*, et l'autre de fait, que l'on nomme garantie *conventionnelle*.

La garantie *de droit* ou *naturelle* est celle qui résulte de l'exécution de la loi, de la coutume ou de l'usage de l'endroit où se fait la vente, et indépendamment des stipulations; le vendeur est obligé à cette garantie, quoiqu'il n'y ait point de convention, et elle n'a besoin d'être prouvée ni par écrit ni par témoins.

La garantie *de fait* ou *conventionnelle* est celle qui résulte de la stipulation ou de la convention, soit qu'elle restreigne la garantie naturelle, soit qu'elle lui donne plus d'extension.

Cette espèce de garantie, qui tire sa force de sa convention, doit être prouvée par écrit ou par témoins; rien n'empêche cependant que, pour affermir davantage la garantie de droit, on ne la stipule; mais la stipulation ne change rien à la nature de la garantie, et elle n'empêche pas qu'elle ne soit naturelle ou de droit.

La demande en garantie au-dessous de 5o francs n'est pas admise; les maladies contagieuses sont néanmoins exceptées de cette règle, attendu la contagion à laquelle elles peuvent donner lieu. Aussi la garantie

(*) Extrait des répertoires et collections de jurisprudence applicable aux marchés.

s'exerce à leur égard dans toutes les circonstances. Il n'en est pas de même pour les échanges sans argent, qui ne donnent pas lieu à la garantie de droit.

Quoiqu'il soit vrai, en général, que la garantie n'a pas lieu, si elle n'est stipulée, lorsque les vices sont apparens ou que l'acheteur a pu les connaître, il est également vrai que, s'il y avait dol ou fraude de la part du vendeur, il serait tenu de la garantie, et plus d'un jugement le prouve; mais il n'y aurait pas lieu à cette garantie, même pour un vice caché et redhibitoire par sa nature, ou pour toute autre défectuosité, si le vendeur avait déclaré à l'acheteur ce défaut avant la vente, et qu'il en justifiât. Le plus sûr, dans ce cas, est de tirer de l'acheteur une reconnaissance par écrit que l'animal lui a été vendu sans garantie, ou avec tel ou tel défaut.

Lorsque la garantie a lieu, soit de droit, soit en vertu de stipulation, elle s'exerce non-seulement sur les choses qui ont fait l'objet principal de la vente, mais encore sur les accessoires, pourvu que ceux-ci aient été spécialement désignés : si, au contraire, elle ne regarde que les accessoires, le marché subsiste pour les choses principales.

Il est nécessaire, pour qu'il y ait lieu à la garantie, que l'acquéreur prouve que le vice qui y donne lieu existait au temps de la vente. Si le fait est prouvé, le vendeur est tenu à payer la nourriture, les frais de fourrière et ceux de visite de l'animal qu'il aura vendu, ainsi que les dépenses de l'instance; le tout à compter du jour de la demande formée contre lui.

Si l'animal a été employé par l'acheteur comme s'il n'avait pas eu de vices redhibitoires, il n'y a point d'action, ou du moins il serait plus difficile d'obtenir justice à cet égard ; car, d'une part, cela prouverait que le vice n'a pas empêché l'animal de servir, et, de l'autre, il pourrait en résulter une aggravation du mal, ce que le vendeur ne peut supporter légitimement. Dans tous les cas, l'acheteur doit remettre l'animal qui lui a été vendu dans le même état où il était avant la vente, et comme s'il n'y en avait jamais eu.

Les maîtres sont garans des faits de leurs domestiques.

La garantie a lieu du moment où la vente a été consommée, et dure en général neuf jours, ou plus clairement neuf fois vingt-quatre heures ; elle ne commence que du moment de la livraison. S'il y a une quittance de paiement ou un billet de garantie, la vente est comptée du jour de la date de ces écrits. Ce laps de temps, cependant, n'est pas fixe ; il s'applique surtout à la pousse, maladie envers laquelle s'exerce plus particulièrement l'action redhibitoire. L'usage du lieu règle presque toujours la question de la durée de la garantie, dont les effets sont toujours d'autant plus sûrs, qu'il s'est passé moins de temps entre la vente et la demande en résiliation.

DEUXIÈME SECTION.

Des cas redhibitoires.

On appelle *cas redhibitoires* les vices d'un animal vendu, vices qui étaient ignorés par l'acheteur, et dont la découverte l'autorise à forcer le vendeur de le reprendre ; on les nomme *latens* ou cachés. La redhibition est par conséquent la reddition de l'animal entre les mains du vendeur.

Les défauts extérieurs et apercevables, qu'on appelle aussi vices *patens* ou visibles, pouvant être reconnus par l'acheteur, n'entraînent pas la redhibition, à moins d'une convention particulière.

Les chevaux sont sujets à des accidens ou maladies, que ceux qui en font le commerce ont intérêt de cacher; on en compte trois principales : la *morve*, la *pousse* et la *courbature*. Ces affections forment les cas redhibitoires les plus ordinaires; car le nombre en varie suivant les provinces de l'ancienne division de la France.

Pour la Normandie, on trouve que le *cornage* a été ajouté à ceux indiqués ci-dessus, par arrêt de la grand'chambre, du 25 janvier 1781.

Quelques auteurs ont mis les *tics* dans les cas redhibitoires; mais, par arrêt du 26 juillet 1769, ils n'y sont pas compris, à moins d'une garantie stipulée expressément. Sur le marché de Paris, cependant, le tic est redhibitoire; mais il ne faut pas qu'il soit apercevable à l'usure des dents, et la demande doit être formée dans les vingt-quatre heures qui suivent la vente. L'usage a placé aussi, dans la juridiction de Paris, au rang des cas redhibitoires, l'*immobilité* et l'*épilepsie*, ainsi que certains vices de méchanceté.

Dans les départemens qui répondent aux provinces de la Gascogne, du Dauphiné, du Languedoc et en général du midi de la France, la *fluxion périodique* est sujette à la garantie pendant quarante jours.

Les diverses boiteries non apercevables au moment de la vente, et celles surtout qu'on appelle de *vieux mal*, se trouvent ou peuvent se trouver au nombre des cas redhibitoires, d'après la disposition du Code civil.

Lorsqu'on est convenu et qu'on a stipulé par écrit, dans le marché, que les animaux vendus sont *sains* et *nets*, la redhibition a lieu pour les vices même les plus apparens, tels que la boiterie, l'aveuglement, etc.

Quand on a fait un marché pour plusieurs chevaux réunis, la redhibition prononcée pour un entraîne la reddition des autres; il en est tout autrement, si le prix a été stipulé pour chaque cheval en particulier.

L'action redhibitoire peut être exercée dans le cas où l'animal acheté ne remplirait pas l'objet pour lequel il a été vendu, quoique ce ne fût pas un vice redhibitoire; par exemple, si on vend un cheval pour le trait et qu'il ne veuille pas y aller, ou un cheval de selle qui ne se laisse pas monter. Mais si l'acheteur a essayé le cheval avant de conclure le marché, il ne peut former cette action.

Elle ne peut non plus être intentée, quand l'acheteur a fait acte de propriété, comme quand il a fait couper la queue, les oreilles, etc...; ce qui prouve une prise de possession définitive.

Quant aux maladies contagieuses, il est défendu, par arrêt du conseil du 19 juillet 1784, sous peine de 500 francs d'amende (et même d'affliction corporelle), d'exposer en vente un animal qui en serait affecté ou même suspecté; le délinquant répond, de plus, des effets de la contagion dans les animaux qui auront communiqué avec celui ou ceux infectés. Cette loi des plus sages, sur laquelle repose la tranquillité publique, est admise dans la police de tous les marchés, foires, ventes, etc.

Pour éviter toute difficulté en justice (car souvent un mot ou une date douteuse entraîne la nullité d'un acte sur lequel est fondée la demande en garantie), il faut avoir attention de faire insérer dans la reconnaissance de la garantie :

1° Le nom, les qualités et la demeure du vendeur;

2° Ceux de l'acheteur;

3° Le signalement de l'animal, le plus exactement qu'il sera possible, afin qu'en cas de visite d'expert, le signalement qui en sera fait se trouve conforme à celui de la reconnaissance et ne puisse donner lieu à l'acheteur d'en nier l'identité;

4° Le prix de la vente en toutes lettres;

5° Le nom du lieu où elle s'est faite;

6° La date précise, aussi en toutes lettres.

Au reste, comme un mauvais accommodement vaut souvent mieux qu'un bon procès, il est toujours prudent de proposer d'abord, ou de faire proposer au vendeur de reprendre l'animal vendu : s'il y consent, l'acheteur doit le lui rendre pendant la durée de la garantie : s'il refuse, il doit le faire sommer par huissier, aussi avant l'expiration du délai. Le plus sûr, dans ce cas, est de cesser de se servir du cheval, et même de le mettre en fourrière, c'est-à-dire de le placer en main tierce pour être nourri et soigné, de façon à prouver qu'on ne le regarde plus comme acquis, et qu'on n'est plus responsable de ce qui peut lui arriver : les auberges sont en général les lieux que l'on choisit à cet effet. S'il n'y avait pas lieu à accommodement, on poursuivrait en justice, en se fondant toujours sur des pièces valables ou sur des témoins non récusables, c'est-à-dire qui ne soient ni parens, ni amis de celui pour qui ils témoignent, encore moins qui soient intéressés dans l'affaire. Une requête adressée au président du tribunal est la meilleure manière d'intenter une demande en garantie.

TROISIÈME SECTION.

Articles du Code civil qui ont rapport à la garantie et aux cas redhibitoires.

CLASSE IVme. — SECTION Ire.

Art. 1602. Le vendeur est tenu d'expliquer clairement ce à quoi il s'oblige. Tout pacte obscur ou ambigu s'interprète contre le vendeur.

Art. 1603. Il a deux obligations principales; celle de délivrer et celle de garantir la chose qu'il vend.

Art. 1614. La chose doit être délivrée en l'état où elle se trouve au moment de la vente. Depuis ce jour, tous les fruits appartiennent à l'acquéreur.

SECTION IIIe.

Art. 1625. La garantie que le vendeur doit à l'acquéreur a deux objets : le premier est la possession paisible de la chose vendue; le second, les défauts cachés de cette chose, ou les vices redhibitoires.

Art. 1641. Le vendeur est tenu de la garantie à raison des défauts cachés de la chose vendue qui la rendent impropre à l'usage auquel on la destine, ou qui diminuent tellement cet usage, que l'acheteur ne l'aurait pas acquise, ou n'en aurait donné qu'un moindre prix, s'il les avait connus.

Art. 1642. Le vendeur n'est pas tenu des vices apparens et dont l'acheteur a pu se convaincre lui-même.

Art. 1643. Il est tenu des vices cachés, quand même il ne les aurait pas connus, à moins que, dans ce cas, il n'ait stipulé qu'il ne sera obligé à aucune garantie.

Art. 1645. Si le vendeur connaissait les vices de la chose, il est tenu, outre la restitution du prix qu'il en a reçu, de tous les dommages et intérêts envers l'acheteur.

Art. 1646. Si le vendeur ignore les vices de la chose, il ne sera tenu qu'à la restitution du prix et à rembourser à l'acquéreur les frais occasionés par la vente.

Art. 1647. Si la chose qui avait des vices a péri par suite de sa mauvaise qualité, la perte est pour le vendeur, qui sera tenu envers l'acheteur à la restitution du prix et autres dédommagemens expliqués dans les deux articles précédens; mais la perte arrivée par cas fortuits sera pour le compte de l'acheteur.

Art. 1648. L'action résultant des vices redhibitoires doit être intentée par l'acquéreur, dans un bref délai, suivant la nature des vices redhibitoires, et l'usage du lieu où la vente a été faite.

Art. 1649. Elle n'a pas lieu dans les ventes faites par autorité de justice.

A la lecture de ces articles du Code civil et à la comparaison qu'on peut en faire avec ce qui précède, comme étant l'expression des *us* et *coutumes* en fait de garantie, on voit combien cette matière est encore embrouillée, et que les cas redhibitoires qui en font la base, sont obscurs et susceptibles d'interprétations souvent opposées.

En effet, non-seulement les cas redhibitoires ne sont pas les mêmes dans toute la France, actuellement encore, mais on juge tous les jours des questions en garantie contrairement à l'article 1641, qui n'admet pour cas redhibitoires que les *cas cachés*; c'est ainsi que la pousse qui, lorsqu'elle existe caractérisée, est toujours apercevable, se trouve partout cependant dans le cas de la redhibition; il en est de même du cornage, etc. D'où il résulte besoin évident d'amélioration dans cette branche de la jurisprudence, crainte continuelle de procès d'une issue fort incertaine, nécessité de leur préférer même un mauvais accommodement, et par-dessus tout, recours à des garanties conventionnelles toujours plus sûres, et que déterminent même généralement les conditions fixées pour les remontes.

La précaution de ces garanties conventionnelles est sage à prendre dans tous les cas. Le refus d'y souscrire de la part des marchands, à moins de circonstances particulières, doit conduire à une juste suspicion sur les qualités de l'animal qui fait l'objet de la vente.

ARTICLE III.

DES SIGNALEMENS SIMPLES ET COMPOSÉS.

Signaler un cheval, c'est le décrire suffisamment pour le distinguer individuellement de tout autre, et pouvoir le reconnaître en toutes circonstances. Un signalement est donc un portrait qui tire sa perfection de sa ressemblance, par l'exactitude de la description et par la durée des signes et des caractères qui servent à le tracer.

Le choix de ces caractères varie comme le but qu'on se propose: ainsi, tantôt il ne s'agit que de pouvoir constater l'identité du même individu, c'est ce qui constitue le *signalement simple*, que nous appelons de *reconnaissance;* tantôt on désire en outre offrir un historique plus ou moins détaillé des qualités du cheval, c'est ce qu'on nomme *signalement composé*, mais ce qui serait mieux désigné par l'expression de *signalement d'appréciation;* car ces dénominations de *signalemens simples* et *composés* peuvent appartenir à l'un et à l'autre de ceux indiqués, selon le degré d'importance ou d'intérêt qui en règle la rédaction.

Des signalemens simples ou de reconnaissance.

Leurs qualités principales sont d'être précis, courts et clairs, susceptibles d'être promptement faits, et facilement vérifiés en tout temps et en tous lieux. Pour cela, il paraît utile de choisir, parmi les qualités extérieures du sujet, celles qui ont le plus d'analogie avec le but qu'on veut atteindre, et la couleur précise de la robe n'est pas le choix le plus favorable à faire. Trop de causes en effet en font varier les nuances et même les mélanges, outre le peu d'ordre que les auteurs ont mis dans leur classification et leur désignation. L'âge de l'animal, l'état de santé ou de maladie, de maigreur ou d'embonpoint, l'effet des saisons, la manière de se placer par rapport au reflet de la lumière sur le corps, les soins de propreté, de pansage, la chaleur, le froid ou l'humidité, sont autant de causes de variations et de sources d'indécision et d'erreurs.

Il semble donc infiniment préférable de s'attacher aux signes les moins variables : tels sont une partie de ceux compris dans la section *particularités* de l'article des *robes et marques particulières.* (Première partie, titre II, chapitre II.) La désignation bien faite, ne fût-ce que d'une seule de ces particularités si elle est bien choisie, peut garantir de toute méprise, et empêcher que les changemens survenus à l'ensemble de la robe ne soient une cause d'erreur.

A cette première recommandation, on doit en ajouter une autre qui regarde les soins de la rédaction du signalement en lui-même, pour laquelle il ne faut pas se croire limité par le langage ou les termes de convention : ils cessent d'être bons dès qu'ils impliquent contradiction avec la chose qu'ils doivent désigner; il faut les remplacer alors par tout autre plus précis et plus analogue au but qu'on se propose. C'est ainsi que pour les robes qui offrent le plus de difficultés à être précisées, parce qu'elles ont souvent des conditions qui appartiennent à plusieurs de leurs divisions ou subdivisions, on ne peut mieux faire que d'unir les dénominations comme le sont les choses qu'elles doivent représenter : par exemple, les *gris* et les *aubères* se ressemblent souvent, au point de ne pouvoir rigoureusement dire si la robe est l'une ou l'autre. Que faire alors? La désigner ce qu'elle est, *gris-aubère* ou bien *aubère-gris*, selon la prédominance et le mélange. Sont-ce des parties du corps qui offrent ces robes isolées et distinctes; alors on le marque en mettant *aubère*, *gris*, *rouan*, etc., etc., à telle ou telle partie. Il ne faut pas oublier que nos règles, nos divisions et notre vocabulaire sont faits pour expliquer la nature, et que ce sont eux qui doivent fléchir devant elle, et non elle se plier au sens ou à l'ordre que nous avons établi.

Aux détails de la robe et des particularités, on ajoute

toujours le *sexe* et la *taille*. La race si elle est reconnaissable, et le service auquel l'animal est jugé propre à la première inspection, ne doivent dans ce signalement être donnés que comme simple indication, leur précision rigoureuse appartenant au signalement d'appréciation.

L'*âge* doit toujours être noté relativement à l'époque de l'année à laquelle l'examen est fait; c'est la date du signalement qui sert de base; s'il y a du doute, il faut l'indiquer de manière à le faire pressentir par ceux qui plus tard seraient appelés à vérifier ce signalement.

La *taille* s'entend de la hauteur du cheval mesuré du garrot à terre; mais ici une marche contraire à celle suivie généralement semble devoir être adoptée. Au lieu d'élever la tête du cheval, ce qui a l'inconvénient de masquer le garrot en faisant confondre avec lui toutes les parties voisines de l'encolure qui viennent le couvrir, il est préférable, pour atteindre le point réellement le plus élevé de ce garrot, de faire au contraire baisser la tête, ce qui dégage les vertèbres les plus saillantes, c'est-à-dire les quatrième et cinquième, et fait ressortir le point d'élévation réel de cette partie.

On se sert ordinairement d'une *potence* pour obtenir la hauteur du cheval; car, lorsqu'on emploie ce qui s'appelle une *chaîne*, elle porte sur le contour de l'épaule et du garrot, et indique toujours en plus ce que ce contour a ajouté à la ligne droite; la défalcation qu'on en fait, n'a jamais le degré de rectitude de la mesure à la potence. On indique dans le signalement si la mesure a été prise de l'une ou l'autre de ces manières.

Quoiqu'il n'y ait rien de bien utile à placer les diverses parties d'un signalement dans un ordre ou dans un autre, cependant il faut en établir un, et l'habitude ayant consacré le suivant, cette raison doit déterminer à l'adopter positivement. On s'occupera donc successivement du *nom*, du *sexe*, de l'*âge*, de la *taille*, (*du service*), de la *robe*, *des particularités* et des *observations*.

Signalemens composés ou d'appréciation.

La qualification proposée pour ces sortes de signalemens suffit pour en indiquer la nature, et en quelque sorte les détails. Ces signalemens doivent toujours être précédés des indications qui constatent ceux de reconnaissance. Ils varient selon les buts que l'on se propose, et demandent toutefois la connaissance théorique et pratique des diverses parties du Cours d'équitation militaire ; aussi ont-ils été placés à sa fin ; car il s'agit d'offrir par eux un historique complet de ce qu'a été, de ce qu'est et de ce que promet de devenir le cheval.

On conçoit dès lors que, pour être complètement satisfaisans, ils réclament les études et l'expérience de l'écuyer militaire, considéré comme homme de cheval et comme connaisseur de chevaux, versé dans l'appréciation des races, et dans tout ce que la cavalerie emprunte à l'art hippique.

Quant à la marche à suivre pour tracer un signalement semblable, aucune n'est plus essentielle qu'une autre dans sa forme ; mais cependant pour se rattacher à une base fixe, on peut considérer la division du cours, comme offrant l'ordre et la suite les plus favorables à observer dans un signalement composé. Ainsi,

après l'indication du nom, du sexe, de l'âge, de la
taille, de la robe et des particularités, on ajoute quelle
est la conformation du cheval, belle ou défectueuse,
son origine et sa race; quels sont ses tares et son degré d'usure, à quel service il est propre, ce qu'il peut
acquérir ou perdre par le travail et l'instruction; enfin
on termine par les observations qu'il peut offrir sous
quelque rapport qu'on l'envisage.

ARTICLE IV.

SOINS QU'EXIGENT LES CHEVAUX DE REMONTE.

§ Iᵉʳ. Soins pendant la marche.

Les chevaux de remonte, à l'âge auquel on les reçoit ordinairement, sont soumis à l'action d'un grand
nombre de causes plus ou moins défavorables. Leur
développement n'est point encore entier; la dentition
s'achève, quelquefois bien péniblement; les gourmes
les tourmentent ou vont les attaquer; ils sortent des
pâturages où ils ont été nourris, et quittent des habitudes toutes rurales, pour être soumis sans transition
à un régime tout opposé dans les écuries d'un régiment;
et même avant d'en venir là, ils ont trop souvent à
supporter les fatigues d'une longue route, augmentées
encore par les suites de la castration. C'est donc à combattre et à affaiblir l'influence de causes aussi fâcheuses
que l'officier, chargé des chevaux de remonte, doit apporter toute son attention.

Le premier soin à donner, qui dépend surtout des
chefs du corps, consiste dans le choix des cavaliers que

l'officier doit emmener. Ils doivent être pris parmi ceux que distinguent l'adresse, la patience et le goût du métier ; et si l'officier devait faire lui-même les achats, des cavaliers qui seraient nés dans le pays lui seraient très-utiles, afin d'avoir des renseignemens sur les localités, sur les habitans et sur leurs habitudes dans le commerce des chevaux ; car le succès de cette mission tient à une infinité de détails de ce genre.

Dès qu'un cheval est reçu, il faut établir son signalement, constater l'état de sa santé, et le mettre au régime hygiénique qu'elle réclame. C'est dans ce cas que les substitutions d'un genre d'aliment à un autre deviennent nécessaires, et qu'elles doivent être permises à l'officier, afin d'habituer par degrés le jeune cheval au régime alimentaire en usage dans la cavalerie.

On forme les ordinaires suivant le degré d'appétit des chevaux, tâchant de satisfaire à celui des gros mangeurs sans nuire aux autres. On fait mettre à part ceux qui souffriraient de vivre en commun. La ferrure, un exercice modéré, les soins du pansage, doivent sans cesse être l'objet de l'attention de l'officier. Il commencera déjà l'instruction des chevaux, en les familiarisant avec les hommes, les objets et les actions que le service doit leur présenter.

Lorsqu'il s'agit de conduire la remonte au régiment, on peut s'y prendre de deux manières : ou chaque homme conduit un ou deux chevaux, ou, comme le font les marchands, un seul homme en mène plusieurs à la suite les uns des autres.

La première manière, la plus usitée dans la cavalerie, est aussi la plus favorable. On ne permet pas de

monter sur les chevaux faibles ou souffrans. On veille
à ce que les couvertes ou les surfaix ne blessent pas
ceux qui sont montés, et l'ont fait souvent descendre
le cavalier. Ceux conduits en main doivent être menés
alternativement à droite et à gauche.

Si le manque d'hommes oblige à se servir de la
deuxième manière, il faut nécessairement que quelqu'un, au fait des soins qu'elle exige, y accoutume les
hommes et les chevaux avant le départ de la remonte,
et qu'il en dirige ensuite la conduite. On forme des espèces de chaînes d'un certain nombre de chevaux, au
moyen de longes et de barres qui les maintiennent à
distance, afin qu'ils ne puissent ni se mordre ni se donner des coups de pieds. Les plus vigoureux et les plus
ardens sont mis à la fin de chaque chaîne, parce que,
s'ils étaient en tête, ils traîneraient continuellement
les plusparesseux ou ceux qui, plus fatigués, tirent sur
les couples. Une fois en marche, jamais un conducteur
ne doit s'arrêter. S'il rencontre quelque obstacle sur
son chemin, la seule manière d'empêcher les chevaux
de se blesser, c'est de tourner sur place afin de les
tenir toujours en mouvement.

Le départ journalier doit être réglé de façon qu'il y
ait assez d'intervalle entre l'arrivée de chaque file à
l'étape, pour que les conducteurs des premières aient
eu le temps de placer leurs chevaux dans les écuries,
préparées à l'avance, et qu'ils puissent aider à décou-
pler ceux qui viennent ensuite.

Dans tous les cas, l'officier, après l'arrivée, ainsi
qu'avant le départ de chaque jour, passe l'inspection
des chevaux, afin de connaître tous les petits accidens,
si communs pendant de semblables voyages. Quelques

chevaux se coupent, d'autres reçoivent des atteintes; ceux-ci s'abattent, ceux-là, et c'est ordinairement le plus grand nombre, sont pris des gourmes. L'officier surveille les soins prescrits pour ces différens accidens; il fait mettre à l'un des bourrelets aux jambes; il fait ferrer l'autre, donner du miel à celui qui tousse, entourer d'une peau de mouton les ganaches engorgées par les gourmes, soigner les plaies occasionées par l'opération de la castration, etc., etc. Il forme quelquefois une espèce d'ambulance des chevaux qui suivent avec peine; il la confie au vétérinaire, ou, à son défaut, à celui de ses subordonnés qu'il juge le plus digne de cette confiance. Il conduit lui-même les chevaux bien portans; il n'en laisse en arrière que lorsqu'il y est absolument forcé, et en remplissant toutes les formalités prescrites par les règlemens, pour assurer les soins et la nourriture des chevaux détachés ainsi. Il devrait pouvoir régler le nombre et la durée des séjours, non d'après sa feuille de route, mais sur les besoins de la remonte qu'il conduit. Enfin, comme il doit toujours tenir à honneur de justifier l'attente de son corps et la confiance du Gouvernement, il ne néglige aucune des précautions qui peuvent assurer le succès de sa mission.

§ II. Soins qu'exigent les chevaux dans les corps.

Arrivés au corps, les chevaux sont remis aux soins du capitaine-instructeur. Celui-ci doit recueillir de l'officier de remonte tous les renseignemens et toutes les indications qui l'ont guidé dans la direction de ces chevaux. Le capitaine-instructeur règle en conséquence les ordinaires et le régime diététique. S'il peut faire séparer les chevaux avec des barres, au moins par ordinaire, il ne négligera pas une précaution qui évitera bien des accidens. Il tâchera surtout de leur laisser plus de place à l'écurie que les bâtimens militaires n'en consacrent à chaque cheval. L'aisance nécessaire pour se mouvoir dans leur place, et pour s'y coucher sans être gênés et continuellement pressés les uns par les autres, est une des conditions hygiéniques qui, jointe à une bonne litière sans cesse renouvelée, contribue plus efficacement à l'entretien et au développement des jeunes chevaux. Ces précautions permettent d'accélérer leur instruction, en leur donnant plus de force pour résister aux fatigues. Mais la litière, qu'on recommande d'entretenir continuellement sous eux, doit être fraîche et soigneusement faite; car elle serait plus nuisible qu'utile par les miasmes putrides qui s'en exhaleraient, si ce n'était qu'une espèce de fumier recouvert de paille fraîche. On fera remarquer, à cette occasion, que l'habitude où l'on est, dans les régimens, de relever la litière sous les mangeoires, peut aussi nuire à la santé des chevaux, si on n'y joint les soins d'une grande propreté.

Toutes les recommandations faites précédemment à l'officier de remonte s'appliquent également au capitaine-instructeur. L'exercice modéré est un des soins que l'hygiène indique comme indispensable; il faut le faire tourner au profit de l'instruction, et l'on ne doit pas oublier que celle d'un cheval de guerre ne se borne pas à le mettre en état d'exécuter les leçons du manège et de la carrière; mais qu'il est aussi important de lui apprendre à se laisser aisément ferrer, panser, soigner, seller, brider ; à ne pas s'effrayer des bruits de guerre, des détonations des armes à feu, du flottement des drapeaux, etc. Cette instruction, d'autant plus essentielle que, si elle était bien dirigée, on verrait rarement un cheval rétif et ramingue, doit être commencée du premier jour que les chevaux entrent dans les écuries du régiment. On trouvera la marche à suivre pour cet objet dans l'article suivant.

L'instruction des chevaux de remonte entièrement terminée, lorsque leur âge et l'état de leur santé leur permettront de supporter les fatigues qui sont le partage des chevaux de troupe, le capitaine-instructeur les proposera pour être admis à l'escadron. Un amour-propre malentendu fait quelquefois hâter ce moment, et, par un empressement inconsidéré, on ruine en peu de temps des jeunes chevaux, qu'il n'aurait fallu peut-être attendre que quelques mois de plus pour les conserver long-temps intacts. Si la bonté de leur tempérament résiste à ces épreuves, on est presque sûr au moins qu'ils contracteront quelques vices de méchanceté dus au défaut d'une éducation trop hâtée. Il faut donc suivre la marche opposée, et si quelques-uns des chevaux nouvellement admis à l'escadron prennent dans les rangs de mauvaises habitudes, il faut chercher à y remédier sans délai, et les renvoyer même à l'instruction des jeunes chevaux, si on le croit nécessaire.

Cette méthode progressive donnera des résultats plus assurés et même plus prompts qu'un empressement peu judicieux. Les besoins de la guerre ne permettent pas toujours d'en agir ainsi ; mais ce n'est au moins qu'à une pareille nécessité qu'on doit sacrifier les avantages d'une marche sage et méthodique.

Pendant l'instruction des chevaux de remonte, on observera une précaution qui doit même s'étendre à tous les chevaux d'un régiment. La négligence ou l'oubli dont elle a pu être l'objet a souvent produit les résultats les plus désastreux, qu'on était loin d'attribuer à une pareille cause.

Lorsque après le travail on fait mettre pied à terre et défiler, selon les principes de l'Ordonnance, pour rentrer les chevaux à l'écurie, on s'inquiète peu du temps plus ou moins long que peuvent demander les explications de ces mouvemens; on tient alors les chevaux dans un repos absolu, sans avoir égard à l'état de transpiration que le travail a pu exciter, sans même faire attention si la place où on les arrête n'est pas exposée à des courans d'air nuisibles. Il n'en faut pas davantage pour déterminer ces maladies qui quelquefois attaquent inopinément les corps de cavalerie.

On a les mêmes inconvéniens à craindre, en faisant passer brusquement les jeunes chevaux de la température, quelquefois très-élevée, de leur écurie, à celle de l'air extérieur, lorsqu'elle lui est tout-à-fait opposée. Il faut ménager les effets de cette transition, en mettant de suite les chevaux en mouvement. Par la même raison, le pansage ne doit se faire à l'extérieur que lorsque la saison et surtout le temps le permettent, et bien rarement le matin pour les jeunes chevaux. Il faut de plus que l'emplacement destiné à cet usage les mette à l'abri des vents et des courans d'air.

ARTICLE V.

PROGRESSION A SUIVRE POUR L'INSTRUCTION DES CHEVAUX DE REMONTE.

Si l'instruction du manège, appliquée aux chevaux de troupe, avait encore besoin de justification, on la trouverait dans l'indispensable nécessité où l'on est de dresser les chevaux de remonte. Quelques personnes prétendent que le manège les ruine. Cela peut arriver sans doute, non par la faute de l'art, mais bien par celle du cavalier, qui n'est pas toujours assez modéré, veut trop se hâter et exige trop du cheval. Il n'en est pas moins vrai que cette instruction, pratiquée avec discernement, assouplit les chevaux, leur apprend à se servir de leurs membres et à obéir à l'homme avec une facilité propre à lui donner de la confiance et à assurer ses succès dans le combat : aussi l'art de dresser les jeunes chevaux fait-il essentiellement partie de l'instruction de l'écuyer militaire.

C'est dans ce travail important qu'il sentira la nécessité de principes raisonnés, pour savoir se garantir d'une pratique routinière qui fait traiter également tous les sujets, malgré les différences nombreuses et sensibles que la nature a mises dans leur conformation et leurs moyens. Suivant ces différentes causes, sa position à cheval, sa tenue, la justesse de ses actions, son jugement et sa patience seront mis à chaque instant à des épreuves variées à l'infini, qui souvent encore se compliqueront des vices provenant d'une première éducation. La théorie lui ayant appris à ne demander à l'animal que ce que son âge, ses moyens, sa conformation, lui permettent de faire, jamais il ne le ruinera ni ne lui fera contracter des vices de méchanceté ou des habitudes fâcheuses.

L'objet qu'on doit se proposer, dans la pratique des leçons qui vont suivre, est de former des chevaux dociles, légers, adroits, marchant indifféremment seuls et réunis en troupe, et ne formant, pour ainsi dire, avec leurs cavaliers qu'une seule machine facile à se mouvoir en tout sens, et, au besoin, avec toute la vitesse dont le cheval est susceptible.

Pour dresser un jeune cheval, il faut observer comme règles générales, et sans lesquelles cette instruction réussira difficilement :

1° De ne jamais manquer de patience et de ne corriger, dans aucun cas, par un mouvement de colère;

2° De ne rien exiger qui soit au-dessus des forces de l'animal, lui donnant des leçons courtes, qu'il suive, qu'il entende bien avant de passer à d'autres;

3° De ne demander que le moins possible et toujours par degrés, ne rendant qu'après avoir obtenu ce qu'on exige du cheval, mais aussi lui donnant, immédiatement après, la récompense due à son obéissance et à sa docilité;

4° De se servir toujours des mêmes moyens pour obtenir la même action, afin de ne pas mettre le cheval dans le cas de les confondre, ce qui le rendrait incertain;

5° De ne jamais entreprendre de corriger deux défauts à la fois; car on risquerait de le faire se défendre, par la contrainte où on le mettrait;

6° D'avoir sans cesse égard à la force, à la souplesse, au caractère, aux habitudes, à la franchise, à la mémoire, à la conformation, pour exercer conséquemment aux dispositions qu'on aperçoit dans le sujet qui travaille.

Enfin, l'écuyer aura attention, pour dresser les jeunes chevaux, de n'employer que les élèves les plus capables, et de ne les laisser travailler qu'en sa présence, ou celle du sous-instructeur qu'il jugera avoir assez de talent pour le remplacer.

La connaissance du naturel du cheval est la première étude que doit faire celui qui veut le dresser, afin de l'amener à l'obéissance par gradation.

Éducation préparatoire aux leçons du manège.

Le jeune cheval doit être soigné avec douceur, prudence, surtout patience, mais sans timidité, car elle encourage les premiers caprices qu'il montre, et ils finissent par devenir des habitudes difficiles à détruire.

Quelle que soit sa douceur naturelle, il ne faut jamais l'aborder par derrière et surtout sans le prévenir de la voix. On le flatte de la main, que l'on promène sur toutes les parties du corps. On lui lève souvent les quatre pieds, l'un après l'autre, et l'on frappe dessus; cela se fait les premières fois pendant le pansage. Comme il a beaucoup de mémoire, ces soins répétés le familiarisent bientôt avec l'homme.

Pour l'habituer à porter la selle, on commence, au moment de lui donner l'avoine, par lui mettre un surfaix légèrement sanglé; quelques jours après, on lui met la couverture, puis la selle sans la croupière, et enfin avec la croupière. On lui laisse ces objets plus ou moins long-temps, selon l'habitude qu'il prend de les supporter paisiblement, ce qui ne manque pas d'arriver bientôt, parce que le moment où on les lui place sur le dos lui annonce toujours celui où il va recevoir son avoine. C'est ainsi que la distribution des alimens devient un moyen de rendre le cheval docile, si on a soin de les lui donner comme une récompense de sa docilité.

En suivant la même marche progressive, et par des moyens analogues, on lui apprendra à souffrir aisément la bride, à être facile au montoir.

Si cependant la prédominance du système nerveux dans son tempérament le rendait d'une susceptibilité excessive, il faudrait alors redoubler de patience et de douceur dans l'emploi des mêmes moyens, ne jamais en venir à la rigueur et à la force, qui ne font qu'irriter et par suite avilir un semblable cheval, et par des répétitions fréquentes du frottement de la main, de la brosse, de l'étrille, et en lui laissant long-temps à l'écurie les objets qu'il doit porter, chercher à corriger cette disposition fâcheuse.

S'il montre quelques vices de méchanceté, ce qui est toujours rare et ne provient ordinairement que du défaut d'une instruction ou d'une éducation appropriées, il faut chercher à en reconnaître les causes pour y porter remède, et n'en venir au châtiment qu'après avoir épuisé tous les moyens de douceur.

Une des choses qui méritent le plus d'attention dans l'éducation du cheval, c'est la ferrure. Le cheval difficile à ferrer présente les plus grands inconvéniens à la guerre : souvent il reste en route faute de ferrure. Il est d'ailleurs dangereux pour le maréchal et celui qui le fait ferrer.

Ce vice vient presque toujours de la mauvaise manière dont on s'y est pris, la première fois que le cheval a été ferré. Il est important qu'un instructeur préside toujours aux premières ferrures, et qu'il emploie tous les moyens possibles pour amener le cheval à céder à la douceur.

S'il paraît trop s'effrayer du bruit de la forge, c'est assez, pour la première fois, qu'il se laisse couper la corne loin de l'atelier, dans son écurie même, si cela est nécessaire. On essaie ensuite de ferrer un pied, sans brûler la corne, et ainsi de suite ; n'exigeant pas trop à la fois, l'habituant peu à peu à la vue et au bruit de la forge, le faisant passer devant l'atelier sans s'y arrêter, puis enfin l'y arrêtant quelquefois pour lui faire manger l'avoine. Si une trop grande ardeur le rend turbulent, on fera bien de le faire trotter à la longe avant de le conduire à la forge ; il jette son premier feu, devient plus calme et plus disposé à la docilité. Mais il ne faut pas l'exténuer par cet exercice ; car ce serait remédier à un mal par un autre. On n'épargne enfin aucun soin, aucune peine, pour l'empêcher de se défendre, ne souffrant pas surtout autour de celui qui se défend cette affluence de curieux et de gens animés d'un zèle malentendu, qui par leur présence et leur voix ne font qu'augmenter le désordre.

Il est utile que l'endroit où l'on ferre le cheval ne soit pas pavé, et de choisir l'instant de la journée où les mouches tourmentent le moins les animaux.

Le cheval doit être attaché soit à un anneau scellé dans le mur ou dans un poteau, soit à quelque objet fixe et solide qu'il ne puisse entraîner avec sa longe dans aucun cas.

La longe ne doit jamais être fixée à plusieurs nœuds, mais seulement par des boucles ou nœuds coulans, qu'on puisse défaire facilement à volonté. On veillera à ce qu'elle ne soit pas passée dans la bouche du cheval, surtout de manière à comprimer la langue; car celle-ci pourrait être entamée et peut-être coupée complètement, si le cheval venait à tirer en arrière. Il est encore important que la longe ne soit pas tortillée autour du nez, dans la crainte que, quelque objet venant à épouvanter le cheval, il ne tire sur la longe avec un effort assez violent pour qu'elle gêne le passage de l'air, au point même d'amener la suffocation.

La manière dont le pied doit être levé et tenu importe assez à la facilité de la ferrure et à la sûreté du maréchal pour qu'elle soit décrite.

Manière de tenir les pieds de devant.

Le cheval étant attaché, celui qui doit tenir le pied se porte à la tête du cheval, du côté droit, si c'est pour faire ferrer le pied droit : il s'approche en lui parlant, et le flatte en lui passant la main sur le bord de la crinière et au poitrail; coulant ensuite la main droite sur la partie inférieure et postérieure de l'extrémité jusqu'au fanon ou au paturon, il saisit l'une ou l'autre de ces parties, et commande à l'animal de *donner le pied*. Il est bon de l'habituer à comprendre ce commandement.

L'extrémité saisie avec la main droite étant levée, le teneur de pied, s'appuyant de la main gauche sur le garrot, fait plier le membre pour présenter en-dessus la face plantaire du pied. Si le cheval se raidit et refuse de donner le pied, on est quelquefois obligé de le pousser avec une main pour rejeter le poids du corps du côté opposé, afin qu'il puisse lever et fléchir le membre.

Celui qui lève le pied, le saisit ensuite avec les deux mains qui entourent le paturon, les deux pouces croisés. Il se place le corps droit, la jambe droite étendue en avant, de manière à ce qu'elle se croise avec la jambe gauche du maréchal ferrant ; il fixe le genou du cheval dans l'aine droite, afin d'avoir la facilité de lever le genou et baisser le pied à volonté, et de former un point d'appui nécessaire pour couper la corne.

Pour tenir le pied gauche, on se sert des moyens inverses.

Manière de tenir les pieds de derrière.

Elle exige quelques soins de plus et un autre exercice que pour les pieds de devant.

Suivant d'abord les mêmes principes pour aborder le cheval, on commence à se placer à la tête du côté du pied que l'on veut ferrer ; on se porte ensuite à la hauteur des flancs, passant la main gauche (pour le pied droit) sur le dos, puis sur la croupe, et saisissant ensuite la base de la queue. Dans cette position, on glisse légèrement la main droite sur le devant de la jambe droite, en descendant jusqu'au fanon ou paturon que l'on saisit. Alors on commande au cheval de donner le pied, et l'on se courbe en faisant un léger effort pour soulever l'extrémité et la forcer à se fléchir. A mesure que ce mouvement s'opère, on avance la jambe droite pour fournir un point d'appui au cheval, et quittant la queue de la main gauche qui saisit le paturon, on passe le bras droit sur la corde tendineuse du jarret, sans le comprimer fortement.

La position du teneur de pied doit être telle qu'il ait la cuisse droite légèrement portée en avant, la jambe verticale, l'épaule droite modérément appuyée sur la cuisse du cheval, et la jambe gauche pliée sous lui comme en arc-boutant.

Il importe de conserver cette position pour éviter la fatigue d'avoir à soutenir tout le poids du cheval, ou, si l'on s'appuyait trop fortement sur sa fesse, pour ne pas perdre l'équilibre et être renversé et foulé aux pieds, dans le cas où le cheval ferait un saut en avant.

—

MANUEL DE L'INSTRUCTION DES JEUNES CHEVAUX (*)

Lorsque le jeune cheval est en état d'être dressé, la connaissance qu'on a dû prendre de son caractère et de ses dispositions naturelles, son plus ou moins de docilité, de franchise, de souplesse et d'aplomb, indiquent si son instruction doit être commencée ou non par le travail à la longe. L'expérience a prouvé que

(*) Ce Manuel n'est pas destiné à être récité littéralement en donnant leçon, mais à servir de règle et de guide aux instructeurs chargés de dresser les jeunes chevaux. La plupart des préceptes qu'il contient ont été puisés dans les ouvrages des meilleurs auteurs d'équitation. On ne s'étonnera donc pas d'y trouver de leurs phrases entières textuellement rapportées. Feu M. Véron, officier d'un mérite distingué et capitaine instructeur à l'ancienne Ecole de Cavalerie, a laissé une précieuse compilation de ces préceptes, et son ouvrage a beaucoup servi pour faire le présent Manuel.

l'exercice de la longe, bien donné, développe, assouplit le cheval, augmente ses forces, et accélère de beaucoup son instruction. Mais il ne faut pas se dissimuler que cette leçon devient pernicieuse sous la conduite d'un homme qui ignore ce que c'est qu'aplomb et souplesse dans l'animal, et qui n'a pas l'habitude de se servir du caveçon et de la chambrière. Il n'est que trop facile d'en abuser : d'une saccade donnée dans certains cas, on peut abattre un cheval, ce qui prouve la puissance de l'effet de la longe et du caveçon, et combien leur action peut être dangereuse pour l'arrière-main du cheval, lorsqu'on les fait agir à contre-temps, et surtout lorsqu'ils deviennent un instrument de vengeance dans les mains d'un cavalier ignorant et colère.

C'est sans doute en raison de ces graves inconvéniens, qu'on fait si rarement usage de la longe pour dresser les chevaux dans la cavalerie. Mais puisque le Cours d'équitation militaire est destiné à répandre l'instruction théorique et pratique propre à faire disparaître les inconvéniens, il est probable qu'on appréciera mieux désormais un moyen qui donne des résultats prompts et certains dans les mains d'un bon instructeur.

Généralement, tous les chevaux qui se présentent avec confiance, qui annoncent de la docilité, et qui se servent bien de leurs membres, n'ont pas besoin de la leçon de la longe. Elle doit être réservée pour les chevaux paresseux, chargés d'épaules, bas du devant; ceux qui se ploient difficilement, qui ne veulent pas souffrir le cavalier; enfin pour les chevaux vicieux, qui se retiennent, se défendent, pointent ou ruent.

Avant d'entrer dans le détail des leçons, il est bon de donner quelques éclaircissemens sur le caveçon, la longe, la chambrière, et sur la manière de s'en servir; car c'est de là que dépend le succès de leur usage.

Du caveçon, de la longe et de la chambrière.

On a donné, dans la deuxième partie du Cours (titre I, chap. III, art. III), la description de ces objets, et indiqué comment doit être placé le caveçon; nous ajouterons qu'en le plaçant de manière à ne pas gêner, il faut avoir attention de ne le serrer ni fortement ni par à-coup, car cela pourrait exciter le cheval à se défendre.

Pour les chevaux sensibles, non-seulement la bande de fer du caveçon doit être recouverte en cuir, mais il est bon même de la rembourrer.

La longe doit avoir environ 8 mètres (24 pieds) de longueur, et ne pas être trop grosse, afin que son poids ne fatigue pas le cheval.

La chambrière doit être plus souvent une aide qu'un moyen de châtiment.

Comme *aide*, on la montre en arrière du cheval pour l'exciter à se porter en avant; on la présente vis-à-vis de ses épaules ou de ses hanches pour les éloigner du centre du cercle; on l'agite ou l'on en frappe la terre pour lui inspirer de la crainte et le porter en avant; enfin on en touche doucement le cheval à la croupe, aux épaules ou aux hanches, lorsque la vue ou l'ouïe n'ont pas fait obtenir ce qu'on demandait.

La chambrière devient un *moyen de châtiment*, lorsque l'animal n'obéit pas aux avertissemens précédens : on le frappe alors de manière à lui faire éprouver d'abord une douleur modérée ; puis enfin, si cela ne suffit pas, une douleur de nature à vaincre sa résistance ; mais on ne doit en venir là qu'à la dernière extrémité.

Toute action de la longe tend à ralentir le mouvement du cheval et à l'attirer vers le centre du cercle.

Toute action de la chambrière tend à augmenter le mouvement du cheval, et à l'éloigner du centre du cercle.

Il doit y avoir entre l'action de la longe et celle de la chambrière le même accord qu'on a recommandé entre l'action des mains et celle des jambes du cavalier, et qui constitue ce qu'on appelle l'*accord des aides*.

Ces principes prouvent que la longe et la chambrière doivent être maniées par le même homme. Quel que soit le degré d'intelligence et d'expérience de deux individus qui en seraient chargés séparément, ils ne pourraient, dans les mouvemens rapides du cheval, s'accorder de manière à ne pas jeter à chaque instant l'animal dans l'incertitude. Il faut seulement à l'écuyer un aide intelligent qui, fixé au centre du cercle où il sert pour ainsi dire de pilier, met tous ses soins à lâcher ou reployer la longe, selon l'ordre de l'écuyer, ou en raison de ce qu'il lui voit faire. Celui-ci, maintenant la longe de la main du dedans et tenant la chambrière de celle de dehors, tourne autour de l'aide qui reste au centre.

Pour ralentir le mouvement du cheval, on lui fait sentir de petites secousses de caveçon, en agitant doucement la longe horizontalement et non perpendiculairement, parce que de la première manière on peut modifier à sa volonté les ondulations de la longe. Il n'en serait pas de même en la tirant perpendiculairement; le caveçon fait alors presque toujours plus d'effet qu'on ne veut.

Pour faire agir ainsi la longe, le premier doigt doit être étendu sur elle, et, par une moelleuse action de la main, lui imprimer un léger mouvement d'ondulation. Ce mouvement doit être plus ou moins prononcé, selon les fautes que le cheval commet.

Lorsqu'on ne donne pas toute la longe, l'aide qui la tient au centre, doit en reployer soigneusement l'extrémité en anneaux bien rangés sur le bras, afin d'être toujours prêt à la déployer avec la plus grande facilité, dans le cas où le cheval s'élancerait hors du cercle. Si on ne pouvait la lui rendre promptement, il se donnerait lui-même une violente secousse dont l'effet serait pernicieux pour les jarrets; de plus, la douleur qu'il en éprouverait le rendant craintif, il serait possible qu'il se refusât ensuite à se porter en avant.

En renvoyant à ce qui a déjà été dit à l'article *des châtimens*, on rappellera ici qu'il faut toujours les appliquer au moment où la faute est commise, afin que l'animal conçoive à quoi ils se rapportent. Il est aussi très-essentiel de les proportionner à la faute, à la manière dont le cheval les reçoit; de les augmenter, diminuer ou cesser selon le besoin, et surtout de ne jamais les infliger par humeur, colère ou impatience, mais toujours de sang-froid. Il ne faut pas prendre toutes les fautes du cheval pour des vices ou des défenses, puisqu'il est certain que la plupart du temps elles proviennent d'ignorance ou de manque de moyens, et trop souvent du cavalier lui-même. Corriger un cheval pour les fautes qu'on lui a fait commettre soi-même, c'est le vrai moyen de le rendre rétif.

Pour l'ordre et l'intelligence des leçons du manuel, on suppose des chevaux qui n'ont pas de vices marquans, ou qui n'ont pas été gâtés par une première éducation vicieuse. Les principaux moyens de remédier aux vices et aux défenses des jeunes chevaux seront indiqués à la fin du manuel.

En général, le cheval doit avoir cinq ans pour être soumis au travail des leçons qui vont suivre. Avant cet âge, on doit se contenter de s'occuper de son éducation préparatoire, de le faire promener; cependant, s'il est fort et bien conformé, on pourra lui donner la première leçon de quatre à cinq ans.

PREMIÈRE LEÇON.

PREMIÈRE PARTIE.

Connaissance des aides pour le jeune cheval qui n'a pas besoin du travail sur le cercle à la longe.

1. Le cheval sera sellé et en bridon. Ce frein, dont l'effet est très-doux, doit être employé long-temps, parce qu'il n'occasione pas de vives douleurs à l'animal, et qu'il ne le contraint pas trop. On aura la plus grande attention qu'aucune pièce du harnachement ne puisse lui causer de la gêne ou de l'inquiétude, comme, par exemple, la croupière trop courte, les sangles trop serrées, les étriers frappant sur le cheval ou l'un contre l'autre, etc.

2. On lui placera aussi le caveçon; mais on substituera à la grande longe, qui est lourde et serait embarrassante, une légère longe en corde, de six à sept pieds de longueur. On s'en sert pour amener le cheval au manège, et pour lui faire faire quelques tours le long des murs, afin de l'habituer à les suivre sans en être effrayé, l'arrêtant souvent pour le caresser.

3. Lorsqu'il aura pris un peu de confiance, on lui donnera la leçon du montoir, qui n'en sera que plus facile, si l'on a déjà eu la précaution de le faire monter dans l'écurie, quand on l'habituait à porter la selle.

Un écuyer, tenant la longe de manière à prévenir les fautes du cheval, fait monter et descendre un élève d'abord une seule fois, puis plusieurs fois de suite, en se conformant aux principes de l'instruction pratique, première leçon, n°ˢ 3, 4, 12 et 13; mais en passant avec modération d'un mouvement à l'autre, s'arrêtant quelquefois sur l'étrier, caressant le cheval, et, s'il est docile, lui faisant donner, pour le récompenser, une poignée d'avoine par celui qui le monte. On doit l'habituer à être monté à droite et à gauche.

4. Lorsqu'on voit le cheval tranquille et confiant au montoir, on lui fait faire quelques pas en avant, étant monté. Le cavalier devra avoir dans chaque main une gaule, qu'il tiendra le petit bout en bas portant le long des bottes, le gros bout sortant un peu de la main du côté du pouce.

MARCHER.

5. Un sous-écuyer attire doucement le cheval par la longe, tandis que celui qui le monte, employant sans

effort les moyens indiqués dans l'instruction pratique, première leçon, n°s 20, 21 et 22, l'appelle de la langue pour l'exciter à se porter en avant: afin de lui faire concevoir ce que la pression des jambes lui demande, il frappe sur ses bottes avec les deux gaules en même-temps. Si le bruit qu'elles produisent ne suffit pas, il en touche le cheval derrière les sangles, très-légère-ment d'abord, augmentant progressivement l'effet des gaules jusqu'à ce que le cheval obéisse.

Enfin, si ces moyens sont insuffisans, l'écuyer qui dirige la leçon en chef, vient aider le cavalier avec la chambrière, en l'élevant vers la croupe du cheval, puis en frappant le sol et enfin le cheval lui-même, s'il faut en venir là.

Cette première leçon est très-importante, parce que, aussitôt que le cheval obéit à la pression des jambes, le cavalier peut prévenir beaucoup de fautes et la plu-part des défenses.

Arrêter.

6. Après avoir fait quelques pas en avant, le sous-écuyer qui tient la longe élève la main, en prononçant le mot *holà !* et le cavalier fait agir doucement les rênes du bridon pour arrêter le cheval. (Instruction pratique, première leçon, n° 26.) Alors on le caresse, et l'on re-commence ensuite à le faire marcher quelques pas.

Tourner a droite et a gauche.

7. Le cheval se portant en avant avec confiance, on lui fait faire quelques tours de manège à chaque main.

Pour le faire tourner, celui qui tient la longe l'attire dans la nouvelle direction, et celui qui le monte ouvre beaucoup la rêne du côté où l'on tourne, mais sans faire éprouver à la bouche du cheval un trop grand effet du mors du bridon. A mesure qu'il prend de la confiance et qu'il apprend à connaître le bridon, on se sert davantage des rênes et moins de la longe, jusqu'à ce qu'enfin il tourne sans le secours de cette dernière. Pourvu que le cheval tourne, on doit être satisfait et le récompenser en le caressant, sans s'inquiéter s'il exécute bien.

Changement de main.

8. Dans cette leçon, pour exécuter les changemens de main, on conduira diagonalement le cheval d'un grand mur à l'autre. Avant d'arriver à la nouvelle piste et à sept ou huit pas du mur, il faut arrêter le cheval et le caresser. Celui qui tient la longe, la change alors de main pour le remettre en mouvement et, en arrivant au mur, le placer à la nouvelle main.

Reculer.

9. A la fin de la leçon et après avoir fait mettre pied à terre, comme il est dit n° 3, on apprend au cheval à reculer, avant de le renvoyer à l'écurie.

Le sous-écuyer qui tient la longe la laisse d'abord sans effet; se plaçant en face du cheval, il saisit de chaque main une rêne du bridon, et portant les deux bras en avant, il fait agir le mors de manière à faire reculer le cheval. S'il s'y refuse, il place les deux rênes du bridon dans la même main, qui les fait agir comme on vient de le dire, tandis que l'autre main donne avec la longe de légères secousses du caveçon, ou bien touche doucement avec une gaule sur les jambes de devant, suivant que l'un ou l'autre de ces moyens paraît nécessaire.

Il faut beaucoup de douceur et de patience dans les commencemens, ne faire reculer que fort peu, très-doucement et sans s'inquiéter si le cheval recule droit, le caresser dès qu'il a obéi, et le renvoyer à l'écurie.

Observations.

10. Cette leçon a pour objet d'apprendre au cheval à être tranquille au montoir (point essentiel pour le cheval de guerre), à porter son cavalier sans impatience et sans s'effrayer, à marcher avec confiance, à connaître les effets des rênes et des jambes.

Il faut bien se garder de s'attacher à la correction des mouvemens; dès qu'on voit que le cheval obéit, bien ou mal, il ne faut pas demander davantage.

Lorsque le grand nombre de chevaux de remonte oblige à en réunir plusieurs à la fois pour cette leçon, l'écuyer doit se placer de manière à surveiller les moyens qu'emploient les cavaliers pour conduire leurs chevaux, ainsi que les sous-écuyers qui tiennent les longes, afin d'aller à leur secours et de les aider de la chambrière et de ses conseils.

Travail à la grande longe pour les chevaux qui doivent être débourrés et assouplis sur le cercle.

11. Si le cheval n'a pas encore contracté l'habitude de la selle, on ne le sellera pas les premières fois qu'on l'exercera à la longe, afin de ne pas ajouter à l'étonnement que cet exercice lui fait d'abord éprouver. Lorsqu'il commencera à concevoir la leçon de la longe, on lui mettra la selle avec les précautions indiquées ci-dessus n° 1.

12. Pour mettre le cheval en mouvement à main gauche, l'aide que l'écuyer emploie pour tenir la longe par le bout, en forme des anneaux réguliers qu'il tient dans la main gauche et qu'il puisse déployer facilement de la main droite selon l'ordre de l'écuyer. Celui-ci, placé entre son aide et le cheval, prend la longe de la main gauche à sept ou huit pouces de la tête du cheval, le pouce en dessus, le premier doigt en dessous; il met le cheval en mouvement, en l'attirant et marchant avec lui dans la direction qu'il veut lui faire parcourir. Lorsque le cheval marche tranquillement, l'écuyer le fait éloigner graduellement, en lui rendant de la longe et en lui présentant de la main droite la chambrière, dont il balance doucement la monture à hauteur de ses épaules, jusqu'à ce que le cheval décrive un cercle dont le rayon soit au moins de vingt pieds. Un cercle plus étroit contiendrait et fatiguerait trop le cheval, et il est très-nécessaire dans les premiers temps de lui laisser le plus de liberté possible.

13. L'écuyer mettra en usage tous les moyens que l'intelligence peut suggérer pour se faire comprendre,

employant à propos la longe, la chambrière, la voix, les caresses et toujours la patience, n'en venant jamais au châtiment que par gradation et qu'après s'être assuré qu'il est impossible de réussir par d'autres moyens.

14. Il ne faut pas s'étonner si le cheval, lorsqu'on lui a donné de la liberté, prend le trot ou le galop, s'il saute même et se livre à toutes sortes de gaietés. On doit laisser passer le premier feu, céder à l'animal, le ménager avec discernement; peu à peu il se calmera, et si on a su lui inspirer de la confiance, on le fera bientôt marcher à volonté au pas et au trot.

15. Si les épaules ou les hanches tombent vers le centre du cercle, on se servira de la chambrière pour les redresser, de la manière indiquée précédemment. Si les épaules et les hanches tombaient alternativement en dedans, il faudrait s'attacher d'abord à corriger les épaules, après quoi on travaillerait aux hanches.

16. Les chevaux raides ont de la tendance à s'éloigner du centre du cercle; ils tirent continuellement sur la longe, souvent avec tant de force qu'ils entraînent celui qui la tient. Il faut avec de tels chevaux résister et rendre alternativement, leur cédant surtout au moment où ils tirent le plus, et attirant à soi de temps à autre la tête du cheval, mais sans saccade; car cela le ferait se raidir encore davantage. Par cette méthode, ces chevaux finiront bientôt par s'assouplir et se soutenir.

17. Si le cheval rue, il faut se servir de la chambrière pour le chasser entre l'épaule et le ventre: s'il se cabre, on lui donnera une secousse de caveçon au moment où les deux pieds de devant seront près de poser à terre, et la chambrière chassera la croupe en même

temps. Mais ces châtimens seront toujours infligés avec la progression recommandée.

Arrêter.

18. L'écuyer agitera doucement la longe pour ralentir l'allure, et calmera le cheval en lui criant *holà !* jusqu'à ce qu'il arrête.

Si le cheval ne s'arrêtait pas, il faudrait se rapprocher de lui avec les plus grands ménagemens, et en lui inspirant de la confiance : car il arrive quelquefois que les chevaux s'effraient lorsqu'on veut les attirer à soi, et qu'ils s'enfuient de toute leur vitesse et de toutes les manières qui leur sont possibles.

Changement de main.

19. On commence par arrêter le cheval sur le cercle; ensuite l'écuyer l'attire doucement à lui vers le centre du cercle, en raccourcissant peu à peu la longe que l'aide-instructeur roule en anneaux réguliers, comme il a été dit.

L'écuyer, lorsque le cheval est arrivé près de lui, l'arrête, le caresse, lui donne un peu d'avoine, et après l'avoir laissé souffler un moment, le fait reculer d'après les principes donnés précédemment n° 9. Il l'achemine ensuite sur le cercle à l'autre main par les mêmes procédés qu'il a déjà employés.

La seconde reprise aura lieu avec les mêmes ménagemens que la première.

LEÇON DU MONTOIR.

20. Lorsque le jeune cheval commencera à obéir à la chambrière et à la longe, on lui donnera la leçon du *montoir* avant de le renvoyer à l'écurie et après avoir répété la leçon du *reculer*. Il faut bien se garder de faire travailler à la longe le jeune cheval étant monté, il ne faut pas même le monter en liberté les premières fois qu'on l'exerce à la longe, parce que souvent cette seconde leçon détruit l'effet de la première.

La leçon du montoir sera telle qu'on l'a expliquée n° 3.

Peu à peu l'écuyer donnera plus de longe et s'éloignera davantage du cheval; enfin il lui ôtera le caveçon pour lui donner cette leçon, après laquelle on le renverra. Mais s'il cesse d'être docile, on lui remettra le caveçon. On observera de monter le cheval à droite et à gauche, afin de l'habituer aux deux manières.

Observations sur le travail à la longe.

21. On ne peut rien fixer sur le temps du travail, ni sur la longueur des leçons. Ces choses doivent être proportionnées aux forces et aux moyens des jeunes chevaux. Les reprises doivent être courtes.

22. La longe est le meilleur et peut être le seul moyen de donner quelque souplesse et quelque légèreté aux chevaux lourds et raides, qui se présentent avec difficulté sur les cercles. Ils sont sujets à se défendre; il faut par conséquent proportionner les leçons à leurs

moyens et surtout n'exiger de vitesse qu'à mesure qu'ils acquièrent de la liberté. On laisse galoper ceux d'entre eux qui se présentent à cette allure, avec l'attention seulement de ne pas leur permettre de s'abandonner.

Au lieu d'entreprendre de lutter de force avec celui qui cherche à s'enfuir, il faut céder à propos, agir avec adresse, et le ramener peu à peu.

23. C'est donc à l'écuyer à juger si le cheval est assez souple et assez docile pour être monté en liberté; mais, règle générale, il ne doit l'être que lorsqu'il commence à trotter à la longe avec souplesse et force, se soutenant sans tirer sur son caveçon, sans forger, et lorsqu'il est docile à la leçon du montoir.

DEUXIÈME PARTIE.

Travail par le large, le cheval monté.

24. Le cavalier qui monte le jeune cheval doit avoir de la tenue et être assez instruit pour remédier aux fautes des chevaux. Loin de s'étonner de l'hésitation de quelques-uns, ou de l'ardeur et de l'impatience de quelques autres, il doit s'y attendre, observer, patienter, et agir avec défiance de soi-même, pour ne pas se tromper. Des actions moelleuses et progressives feront obéir le cheval sans surprise et avec confiance. Il faut surtout se donner la peine d'approfondir les causes de toute résistance de sa part, pour ne pas châtier en lui comme mauvaise volonté ce qui n'est qu'un effet de son ignorance.

25. Le cavalier exécutera tout ce qui est prescrit à

la première partie de la première leçon de l'instruction pratique.

Jusqu'à ce que le cheval ait appris à obéir à la pression des jambes du cavalier, celui-ci le montera avec une gaule dans chaque main.

26. Si l'écuyer juge le cheval docile et assez sage, il lui fera ôter la longe, ne lui laissant que le caveçon, qu'on finira aussi par lui ôter lorsqu'on n'aura plus à craindre de résistance. Dans le cas contraire, l'écuyer lui laissera la longe et la tiendra lui-même pour acheminer le cheval au large, s'opposer à ses désordres, et ne pas compromettre la sûreté de celui qui le monte. Après quelques tours, il ôtera la longe, qu'il remettrait sur-le-champ si le cheval n'obéissait pas.

L'écuyer se servira à propos de la chambrière, pour seconder l'homme à cheval.

MARCHER.

27. Le cavalier ayant bien assuré sa position de manière à n'être pas déconcerté par les fautes ou les sauts de gaieté que pourrait faire le cheval, le portera en avant ainsi qu'il est dit précédemment n° 5.

A mesure que le cheval comprendra mieux ce qu'on exige de lui par la pression des jambes, on se servira plus rarement de la longe et des gaules, et on finira par ne plus employer ces dernières que comme châtiment.

28. Dans cette leçon, il ne faut faire usage que de l'allure du pas. Le pas donne au cheval la facilité de sentir toutes les opérations du cavalier et de les distinguer. Il n'est pas distrait comme dans le trot, qui

occupe tous ses membres et qui l'anime en réitérant souvent ses mouvemens. D'ailleurs le fardeau du cavalier le gêne moins au pas qu'au trot, parce qu'à cette dernière allure, l'équilibre de l'homme est d'autant plus facilement dérangé que les mouvemens du cheval, non dressé, sont encore plus irréguliers.

TOURNER A DROITE ET A GAUCHE.

29. Instruction pratique, Ire leçon, n° 23.

On doit d'abord décrire un grand arc de cercle pour tourner. Les murs du manège sont d'un grand secours au cavalier pour donner cette leçon au cheval, car il est naturellement obligé de tourner à chaque coin, et comme il y éprouve toujours les mêmes effets des aides, il finit par y obéir à tout autre point du manège.

RALENTIR ET ARRÊTER.

30. Instruction pratique, Ire leçon, n°s 25 et 26.

L'ardeur, l'ignorance, la raideur, la faiblesse, ou enfin la douleur dans quelque partie du corps, sont les causes ordinaires qui font résister les chevaux à l'arrêt, ou du moins n'y obéir que difficilement. Une de ces causes suffit, et souvent il s'en trouve plusieurs réunies; il est donc nécessaire de ne pas être d'abord exigeant, de ralentir peu à peu l'allure, pour arrêter ensuite, sans rien brusquer ni prétendre arrêter le cheval droit : il faut aussi prendre bien garde que la raideur du cavalier, la pression des cuisses, des jarrets ou des jambes ne donnent pas d'incertitude au cheval.

Quand il est arrêté il faut le caresser.

RECULER.

31. Instruction pratique, IIe leçon, n°s 44 et 45.

Cette leçon est plus difficile à faire concevoir aux jeunes chevaux que celle de l'arrêt, et demande par conséquent encore plus de réserve. Elle se donnera à la fin du travail, avant de faire mettre pied à terre, afin que le renvoi à l'écurie soit pour le cheval une récompense de son obéissance.

32. S'il refuse d'obéir, on reviendra aux moyens indiqués à la première partie de cette leçon n° 9, mais avec d'autant plus de ménagement que le cheval est monté. On se bornera, les premières fois, à lui faire faire un pas en arrière; peu à peu on obtiendra davantage, au lieu que si une fois le cheval se défendait, il deviendrait peut-être très-difficile de réussir.

Il ne faut pas non plus exiger que le cheval recule droit, avant qu'il soit devenu plus souple, plus fort et plus obéissant.

33. Certains chevaux éprouvent tant de difficulté à reculer, qu'ils se cabrent lorsqu'on veut les y contraindre. Les poignets doivent alors agir avec beaucoup de modération et de justesse, et l'on doit souvent arrêter.

34. D'autres chevaux, au moindre avertissement du bridon, reculent avec précipitation et beaucoup plus qu'on ne veut. Pour les corriger, il faut, après les avoir fait reculer, les reporter en avant, d'abord plus qu'ils n'ont reculé, et diminuer ce mouvement à mesure qu'ils se corrigent.

Pour arrêter et reculer, l'action de *scier du bridon*

peut être employée avec un grand avantage, en la proportionnant à la sensibilité du cheval.

METTRE PIED A TERRE.

35. Instruction pratique, Ire leçon, n°s 12 et 13.

Observations.

36. Le jeune cheval, seul dans un manège, ou entouré d'autres chevaux aussi ignorans et aussi timides que lui, s'irrite d'un rien, et refuse l'obéissance. La présence d'un cheval sage et dressé, auquel on fait exécuter ce qu'on demande à l'autre, l'encourage, il le suit en confiance, et se soumet volontiers à ce qu'il lui voit faire. Peu à peu on écarte et enfin on retire tout-à-fait cette espèce de guide. On évite par ce moyen beaucoup de défenses.

C'est dans cette première leçon que le caractère, les qualités et les défauts des jeunes chevaux se découvrent ; il est donc essentiel de s'appliquer à bien les discerner.

DEUXIÈME LEÇON.

PREMIÈRE PARTIE.

Marcher au trot.

37. Dans cette première partie de la deuxième leçon, le cavalier se servira encore de deux gaules comme dans la leçon précédente.

38. Lorsque le cheval se portera facilement en

avant, qu'il tournera à droite et à gauche, s'arrêtera et reculera, de manière à faire connaître qu'il comprend ce qu'on exige de lui, on le fera marcher au trot.

3g. La leçon du trot a toujours été regardée avec raison comme celle dont on pourrait tirer le plus de fruit, premièrement, parce qu'elle assouplit les chevaux, et en second lieu, parce que le trot, par la nature de ses mouvemens, oblige les chevaux à faire agir leurs muscles, ce qui les fortifie, procure du liant aux ressorts, et facilite la distribution des forces nécessaires à chaque action.

4o. On pourra réunir plusieurs jeunes chevaux pour cette leçon; mais l'on fera marcher en tête un cheval dressé et sage, ou du moins, les jeunes chevaux qui sont les plus sages et ont les meilleures allures.

4i. On exécutera toute la première partie de la seconde leçon de l'instruction pratique, depuis le n° 3a jusqu'au n° 38, en observant de ne pas laisser marcher les jeunes chevaux trop près l'un de l'autre, et de les faire changer souvent d'ordre entre eux, afin d'éviter la routine.

4a. On modérera le trot dans les commencemens, et peu à peu on ne fera plus usage que d'un trot franc et décidé, sans mettre les chevaux hors de leur aplomb.

43. Les reprises du trot seront courtes, afin de ne pas essouffler le cheval, et l'on finira toujours la leçon à l'allure du pas.

44. L'objet principal qu'on doit chercher à atteindre en équitation, est de mettre l'homme et le cheval d'aplomb, et de les y maintenir le plus long-temps pos-

sible. En dressant le jeune cheval, il faut donc commencer à s'occuper de le mettre droit et d'aplomb dès cette seconde leçon, mais sans trop exiger à la fois; ce ne sera que dans les leçons suivantes qu'il sera permis de chercher à obtenir davantage.

On s'attachera donc à reconnaître si le cheval n'a pas de propension à porter ses épaules ou ses hanches de tel ou tel côté, et l'on commencera doucement à y remédier, sans s'écarter de ce principe qu'il ne faut jamais attaquer plusieurs défauts à la fois.

Les effets des rênes et des jambes et l'usage de la gaule ont été suffisamment détaillés pour que le cavalier sache à laquelle de ces aides il doit recourir, afin de redresser les parties du cheval qui s'écartent de la bonne direction.

45. La bouche du cheval devient bonne à proportion que les rênes opèrent d'une façon juste et précise. On se bornera d'abord à former de temps en temps quelques demi-arrêts, en tenant les jambes moelleusement près, pour amener peu à peu le cheval à se soutenir. Mais il faut éviter avec le plus grand soin de tâtonner continuellement des mains et des jambes, ou, ce qui est encore plus pernicieux, de chercher à rejeter tout le poids du cheval sur les jambes de derrière. La première faute rend les chevaux incertains, détraque leurs allures, les ennuie et les endurcit aux aides; la seconde les fait défendre et les ruine.

46. Il est des chevaux que la moindre approche des jambes du cavalier alarme; ils s'emportent et font souvent des sauts dangereux, non par l'effet réel, mais par l'appréhension de la douleur. Il faut les calmer, leur ôter toute crainte du châtiment, et leur faire com-

prendre que les jambes ne leur feront aucun mal, s'ils répondent tranquillement à leur pression.

47. D'autres chevaux semblent ne donner aucune attention aux effets des jambes. Il serait encore trop tôt d'employer l'éperon; mais le cavalier doit se servir à propos des deux gaules, pour réveiller la sensibilité et l'attention, et faire concevoir au cheval que pour éviter la gaule il doit obéir à la jambe.

48. Le cheval, dans quelques occasions, se jette sur la jambe au lieu de céder à sa pression : si cela provient d'un trop grand effet de la jambe, il faut le diminuer ; si c'est de mauvaise volonté, il faut persister et châtier à propos.

49. Lorsqu'on réunit, dans cette leçon, plusieurs chevaux pour les dresser en même temps, il faut n'appliquer à chacun d'eux que les moyens d'instruction qui lui sont propres, ne pas oublier qu'il est une foule de petites exceptions qui tirent à grande conséquence par la suite, et enfin ne faire monter chaque cheval que par l'élève qui lui convient le mieux : il faut aussi bien éclairer cet élève sur ce qu'il a à faire, en lui développant les motifs qui déterminent à adopter de préférence les procédés dont on lui prescrit de faire usage.

DEUXIÈME PARTIE.

Confirmer le cheval dans l'obéissance aux aides et marche circulaire.

5o. Lorsque le jeune cheval trottera franchement sous l'homme et qu'il obéira de bonne volonté et sans incertitude aux premières opérations des aides, il faudra chercher à le confirmer dans cette obéissance et l'amener peu à peu au degré d'instruction nécessaire pour lui donner la bride.

En conséquence, les cavaliers ne prendront plus qu'une gaule qu'ils tiendront dans l'une ou l'autre main, la pointe en haut ou en bas, selon le besoin, et on commencera toujours cette deuxième partie par la répétition des mouvemens de la première, exigeant que le cheval passe les coins avec plus d'exactitude, c'est-à-dire qu'il ne décrive plus qu'un quart de cercle de deux à trois pas, en se ployant dans cette direction, et qu'il conserve son équilibre et le même degré de vitesse.

51. Le *doublé*, s'exécutant par les mêmes moyens que le passage des coins, prépare le cheval à obéir aux aides des mains et des jambes, lorsqu'il sera hors des murs du manège.

52. Les *changemens de main* rompent la routine, procurent aux aides l'occasion de travailler, tantôt avec le secours des murs, tantôt seules ; ils sont donc utiles pour confirmer le cheval dans l'obéissance aux aides.

53. Passer de *l'arrêt* au *pas*, du *pas* à *l'arrêt*, *changer d'allure*, *alonger*, *ralentir*, sont des opérations qui, faites à propos, donnent de l'aplomb au cheval et l'assurent dans l'obéissance. Il est très-avantageux de les répéter souvent, mais toujours en prenant en considération le caractère et les moyens du cheval. Il faut arrêter et ralentir souvent celui qui est ardent et mésuse de ses forces, et rarement au contraire le cheval bien constitué, mais paresseux et qui se retient.

54. On se servira du *reculer* comme d'un avis, et en quelque sorte d'un châtiment pour le cheval qui ne se soumet pas aux effets des rênes, soit pour ralentir, soit pour arrêter. Mais cette leçon, donnée avec humeur, peut devenir des plus nuisibles.

55. Le cheval de guerre ne doit pas exécuter ce qu'on lui demande par habitude et par routine; l'effet des rênes et celui des jambes doivent seuls l'y déterminer. Par cette raison, il faut éviter de laisser prendre au jeune cheval l'habitude de n'exécuter que certaines reprises, et surtout celle de suivre machinalement les chevaux qui l'avoisinent. En conséquence, on fera souvent alonger et resserrer les distances, quitter la file, et doubler simultanément plusieurs chevaux.

56. Lorsque les jeunes chevaux ont acquis assez de force, il est bon de leur faire faire de temps en temps deux ou trois tours de manège au trot alongé, mais sans trop les presser (ce qui les mettrait hors de leur aplomb), et en évitant de les faire forger. Ce dernier défaut est commun aux chevaux faibles, à ceux qui sont lourds et à ceux qui sont mal conformés.

57. Il faut modérer le travail pour les premiers, assouplir les seconds, et chercher peu à peu à vaincre leur résistance naturelle, sans trop les presser. Quant aux derniers, on ne parvient jamais à les corriger entièrement.

58. L'éperon concourt puissamment à donner au cheval la finesse; mais il ne faut pas se presser de l'employer sur les jeunes chevaux; si une fois ils y avaient résisté, il serait bien difficile d'y remédier ensuite. Il faut s'être déjà bien assuré du caractère et de la sensi-

bilité du cheval avant de s'exposer à le châtier de l'é-
peron.

Lorsqu'on sera forcé d'en venir là, on emploiera les
moyens indiqués à l'instruction pratique, n° 56, en
observant de ne pas attaquer le cheval trop près des
flancs, car on le ferait arrêter et ruer, au lieu de le
porter en avant. Il faut aussi prendre son temps de
manière à laisser à l'animal toute facilité de s'élancer
en avant. S'il arrivait que les rênes ou quelque obstacle
s'opposassent à ce mouvement naturel, le châtiment,
au lieu de remplir son objet, ne produirait que des
désordres ou des accidens.

59. La répétition fréquente de ce châtiment peut
produire deux effets également fâcheux, quoique contraires, en raison du caractère et du tempérament des
chevaux ; ou elle émousse en eux la sensibilité dans les
parties sur lesquelles porte l'éperon, ou elle les rend si
sensibles et si craintifs, qu'ils deviennent très-incom-
modes pour leur cavalier.

60. Un trop grand degré de finesse des aides serait
un défaut dans le cheval de troupe. Il finirait, il est
vrai, par s'en corriger en travaillant à l'escadron ; mais
ce ne serait jamais sans y perdre de quelque autre
manière, et en commençant par causer beaucoup de
désordre. On ne cherchera donc à donner cette qualité qu'aux chevaux destinés au travail du manège.

61. Pour tout cheval de troupe, il faut que les allures soient franches et bien déterminées, qu'il ré-
ponde juste aux aides sans être trop susceptible, et
qu'il prenne un bon appui de la main, afin qu'il n'en
craigne pas le soutien dans les mouvemens d'ensemble,

ni la pression des jambes qui agissent quelquefois trop vivement dans le rang.

En conséquence, il sera bon, dans le cours du travail de cette leçon, de faire marcher quelquefois deux ou trois chevaux de front, afin de les accoutumer de bonne heure à être à côté l'un de l'autre, et à la pression qu'ils auront à éprouver dans les rangs.

62. La marche circulaire sous l'homme étant pénible au jeune cheval, on se contentera, les premières fois, de lui faire exécuter les nᵒˢ 39 et 40 de la deuxième leçon de l'instruction pratique, en observant de ne pas travailler trop long-temps en cercle, et surtout à la même main, et de reprendre souvent la ligne droite.

63. A mesure que le cheval s'assouplira, on lui fera exécuter successivement les autres mouvemens de la deuxième partie de cette leçon; on emploiera le changement de main en dehors du cercle nᵒ 41, long-temps avant de faire usage de celui en dedans du cercle nᵒ 42.

64. On finira par exécuter toute cette deuxième partie jusqu'au nᵒ 45.

Observations sur la marche circulaire.

65. De la gêne plus ou moins grande qu'éprouvent les chevaux résultent quelquefois des défenses qui n'ont d'autre source que le défaut de souplesse. Quelques chevaux refusent de se ployer à une main, parce qu'ils souffrent de quelque partie, ou parce qu'ils se servent plus difficilement de l'une de leurs jambes de devant que de l'autre, et qu'ils s'en défient. Il faut rechercher

toutes ces causes avec soin, agir en conséquence, et prendre garde surtout au dernier cas, parce qu'il compromet la sûreté du cavalier dans les allures vives.

66. Le cheval se refuse quelquefois à l'effet de la rêne qui doit le déterminer sur le cercle. Plus on ouvre la rêne du dedans, plus la masse tombe en dehors et s'écarte du centre. Ce refus est presque toujours occasioné par la faute du cavalier, soit parce que son côté du dehors reste trop en arrière, soit parce que la jambe du même côté est sans effet, ou que l'autre en a trop, soit enfin parce que le cheval est trop plié. Indiquer les causes de cette défense, c'est en désigner suffisamment le remède.

67. On a remarqué que les chevaux tournent ordinairement plus facilement à une main qu'à l'autre, et c'est presque toujours à main gauche. Les opinions varient sur cette prédisposition du cheval; mais, quelles qu'en soient les causes, il ne faut pas prétendre surmonter cette difficulté en travaillant toujours le cheval à la main à laquelle il se plie le moins facilement, et en voulant l'y maintenir de force; car, au lieu de céder, il se raidirait de plus en plus, et ce qui n'était d'abord qu'ignorance, raideur ou maladresse, deviendrait réellement un vice peut-être incorrigible. Au contraire, il faut l'exercer très-peu à la fois de ce côté, et y revenir souvent avec patience. L'animal finira par sentir de lui-même le besoin de se ployer, et l'on aura bientôt alors regagné le temps employé à suivre une progression indispensable.

68. Ce ne peut être qu'à force de répéter la même chose souvent et long-temps qu'on parvient à la faire concevoir au cheval, et lorsqu'il se refuse à une leçon

nouvelle, c'est, en général, une excellente méthode que de le remettre à la leçon précédente.

TROISIÈME LEÇON.

PREMIÈRE PARTIE.

Marche circulaire au trot, marche de côté au pas, et premiers principes du galop.

69. Le cheval commençant à être confirmé dans les aides par les mouvemens de la leçon précédente, on s'occupera d'abord, dans celle-ci, de le faire travailler au trot sur le cercle, observant d'exécuter les changemens de main en dehors et en dedans, avec la progression recommandée n° 63.

L'obligation de sentir davantage la bouche du cheval dans le travail en cercle est favorable pour confirmer les jeunes chevaux dans la direction des aides, parce qu'il faut aussi que les jambes du cavalier travaillent toujours en conséquence de l'effet des rênes.

70. Lorsque les jeunes chevaux seront assouplis et obéissans aux rênes et aux jambes, on les exercera aux pas de côté, ainsi qu'il est expliqué n⁰ˢ 47 et 48 de l'instruction pratique.

71. On observera de faire tenir d'abord moins d'une demi-hanche, et de ne faire que deux ou trois pas de côté. Alors on arrêtera le cheval, et on le caressera pour lui faire concevoir qu'il a bien fait; on lui fera répéter le même mouvement du côté opposé, et on le renverra.

La leçon suivante, on exigera qu'il fasse quelques pas de côté de plus, et ainsi de suite à mesure qu'il acquerra plus d'aisance et qu'il aura plus de facilité à exécuter ce mouvement. On augmentera de même progressivement le degré de hanche, et l'on finira par exécuter les mouvemens indiqués n°s 47, 49 et 50 de l'instruction pratique.

Observations sur les pas de côté.

72. Il y aurait beaucoup d'inconvéniens à donner les premières leçons de ce mouvement à plusieurs jeunes chevaux placés l'un à côté de l'autre. Ils sont imitateurs, et il est à craindre que celui qui aura vu son voisin résister et se défendre, ne résiste encore davantage. Il faut donc donner ces premières leçons à chaque cheval en particulier, plaçant les autres de manière à ne pas voir celui qu'on exerce, et se servir d'un cheval dressé pour engager le jeune cheval à imiter ce qu'il lui verra faire.

L'écuyer se servira de la chambrière avec ménagement, pour aider le cavalier, et l'on ne doit pas s'étonner des petites défenses du cheval, dans une leçon qui l'oblige à marcher d'une manière qui ne lui est pas ordinaire.

Premières notions du galop.

73. Lorsque le cheval saura bien exécuter la marche circulaire au trot et la marche de côté au pas, on lui donnera les premières notions du galop.

Cette leçon n'a pas pour objet d'obtenir du cheval de la précision dans l'exécution, mais bien de le préparer à cette allure, de la lui rendre peu à peu familière, en l'habituant à se modérer, à se soutenir et à être attentif aux effets des aides.

Si son âge et le développement de ses forces ne sont pas assez avancés pour lui permettre de soutenir les fatigues de cette allure, on différera de l'y exercer jusqu'à ce qu'il soit en état de s'y soumettre sans danger, et l'on passera à la deuxième partie de la leçon.

74. La leçon du galop devra aussi, les premières fois, être donnée individuellement. On profitera du passage des coins pour faire partir le cheval en se servant des moyens indiqués à l'instruction pratique, troisième leçon, n°s 52, 53, 54 et 55. Ou bien on déterminera le départ au galop en augmentant graduellement l'allure du trot. Il faut alors élever un peu les mains, en donnant un peu plus d'action à celle du dehors, et fermer les jambes progressivement, en suivant les principes indiqués à la troisième leçon de l'instruction pratique n° 52. Si, malgré cela, le cheval ne part pas juste, ou fait de grandes difficultés, sa résistance en pareil cas doit avertir, ou qu'il n'est pas encore assez assoupli au trot, ou qu'il y a faiblesse ou souffrance dans quelque partie.

75. Le galop sera d'abord modéré, sans mettre cependant le cheval sur les hanches. On aura soin de faire décrire un grand arc de cercle au passage des coins.

Le galop raccourci sera rejeté de toutes les leçons, et l'on n'y exercera que les chevaux destinés au travail du manège.

76. Comme la *charge, l'observation des distances et de l'alignement, les mouvemens de conversion*, nécessitent parfois d'augmenter et de diminuer alternativement la vitesse du galop, on exercera les jeunes che-

vaux à *alonger* et à *ralentir* cette allure; mais ce ne sera que progressivement dans les leçons suivantes, et en observant de reprendre le galop ordinaire après quelques secondes seulement de galop ralenti ou alongé.

Dans ce dernier, le cheval ne devra jamais être mis hors de son aplomb, abandonné, ou poussé à coups d'éperons.

Les reprises de galop seront courtes et entremêlées de trot, de pas et même de repos. On évitera de jamais pousser le travail jusqu'à la fatigue, ayant soin au contraire de renvoyer toujours le cheval à l'écurie, conservant encore de la vigueur et de la gaieté.

77. Dès qu'on aura commencé à les exercer au galop, *on finira* toujours les chevaux au pas avant de terminer le travail, se contentant de quelques tours en cercle, de faire appuyer à droite et à gauche sur la ligne droite, et enfin de reculer.

78. Dans cette leçon, on fera souvent croiser les rênes, soit dans la main droite, soit dans la main gauche, afin de préparer les chevaux à l'effet des rênes de la bride.

On ne devra pas non plus oublier de les former en peloton et de les rompre par quatre et par deux, au pas et au trot, afin de les habituer à marcher en troupe.

DEUXIÈME PARTIE.

Travail dans la carrière et promenades au dehors.

79. Les chevaux sont si différens dehors de ce qu'ils sont dans le manège, il y a tant d'objets qui les occu-

pent, les étonnent ou les effraient, qu'il est très-nécessaire de ne pas toujours travailler dans le manège couvert.

Lors donc que les jeunes chevaux seront assez obéissans au bridon, on les exercera dans la carrière aux mouvemens de la première partie, et l'on fera parfois des promenades au dehors, ayant soin de mêler avec eux quelques chevaux dressés et sages.

80. Dans ces promenades, au lieu d'assujettir les chevaux à marcher en files ou dans le rang, on les fera travailler le plus individuellement possible, passant par les chemins difficiles, s'éloignant, se croisant et se rapprochant tour à tour.

81. Loin de chercher les occasions d'effrayer les jeunes chevaux, croyant par là les rendre hardis, on évitera avec soin, dans les commencemens, tout ce qui pourrait les mettre en désordre. Peu à peu on risquera quelque chose de plus, n'employant surtout qu'à la dernière extrémité les moyens de rigueur : car les coups peuvent faire un instant braver la peur, mais ils n'en guérissent pas le cheval. Au contraire, à la première occasion, il aura de plus la crainte du châtiment, et souvent il perdra la tête et se livrera à toutes sortes de désordres.

82. On s'occupera aussi d'habituer les jeunes chevaux aux bruits de guerre, détonation des armes, etc. A cet effet, lorsqu'on les mettra en cercle pour les *finir*, l'écuyer placé au centre fera partir le chien d'un pistolet ou d'un mousqueton non chargé. Il désignera les chevaux les uns après les autres, pour que leurs cavaliers, dès qu'il aura fait feu, les fassent tourner en dedans et s'approchent doucement de lui. Le cheval arrêté au

centre, d'une main il lui montrera l'arme et de l'autre il lui offrira de l'avoine, du pain, etc., il le caressera et le fera caresser par son cavalier, qui reprendra ensuite sa place sur le cercle.

83. Lorsque les chevaux seront habitués au bruit de la détente de l'arme à feu, l'écuyer suivra la même méthode pour brûler une amorce, puis faire feu réellement, d'abord sans bourrer, enfin en chargeant de manière à produire une forte détonation. Les chevaux finiront par venir d'eux-mêmes sur celui qui tirera un coup de pistolet à leur portée.

84. Il en sera de même pour les habituer au flottement des drapeaux et étendards. On les met en cercle autour d'une lance garnie de sa flamme, on les en approche successivement, on l'agite de loin, ensuite près d'eux, et l'on finit par la faire porter par le cavalier pour qu'il en fasse le maniement.

En suivant cette marche, on parviendra à les habituer à n'avoir peur de rien.

QUATRIÈME LEÇON.

PREMIÈRE PARTIE.

Le cheval en bride.

85. La force, la souplesse du cheval, son obéissance aux aides, décident de l'époque où l'on doit lui donner la bride : c'est à l'écuyer à en juger.

86. En se conformant, pour emboucher le cheval, à ce qui a été dit à la deuxième partie, à l'article *embouchure* (titre Ier chapitre Ier article III), le mors de

bride devra être très-doux. Les embouchures dures ne peuvent convenir qu'à des chevaux dont la bouche a déjà été gâtée par une mauvaise main. L'écuyer ne doit pas confondre le cheval qui résiste par ignorance, faiblesse, ardeur ou excès de sensibilité, avec celui dont la bouche est peu sensible ou endurcie.

Les premières fois, les rênes de la bride seront flottantes et la gourmette sera accrochée d'une maille plus longue qu'elle ne doit l'être, afin que le mors n'agisse pas sur la bouche du cheval : car il ne s'agit d'abord que d'accoutumer les barres à supporter le poids du mors, et l'on doit, pour cela, ne travailler qu'avec le filet.

87. L'ordre et la progression du travail seront les mêmes que ceux indiqués à la première partie de la quatrième leçon de l'instruction pratique, les voltes exceptées.

88. Lorsque le cheval supportera le mors sans impatience, on ajustera la gourmette au point convenable. Alors le cavalier, tenant les rênes de la bride d'une main et celle du filet de l'autre (n° 79 et 80 de l'instruction pratique), se servira du filet comme d'un interprète pour bien faire concevoir au cheval ce qu'on exige de lui avec la bride : car on doit toujours se servir d'une aide ou d'un moyen connu pour donner la connaissance de celui qui est ignoré.

89. Pour ralentir l'allure du cheval, le filet commencera à lui faire sentir son impression qui sera doucement remplacée, et, s'il se peut, sans qu'il s'en aperçoive, par celle de la bride, en sorte que l'animal obéisse à ce dernier frein croyant encore obéir au premier.

90. On suivra les mêmes procédés pour apprendre

au cheval à tourner à droite et à gauche, à arrêter et à reculer.

91. Peu à peu on usera moins du filet, et enfin on y renoncera entièrement : car il est très-important que le cheval soit dressé à une obéissance facile et complète aux seules rênes de la bride, puisque tout cheval qui ne pourrait être manœuvré avec la bride sans le secours du filet, serait impropre à la guerre.

92. Pour l'instruction cependant, lorsqu'on commence à faire exécuter au cheval des actions nouvelles pour lui, il est très-bon d'avoir encore recours au filet, parce qu'il donne les moyens d'épargner à la bouche du cheval des effets trop forts de la bride, qui pourraient résulter également de ses fautes ou de celles du cavalier.

Cette observation s'applique plus particulièrement au travail de la cinquième leçon.

93. Le filet peut aussi et doit être employé alternativement avec la bride (n° 83 de l'instruction pratique) dans l'instruction des jeunes chevaux, pour ralentir ou calmer celui qui est ardent, soutenir, relever celui qui s'abandonne sur les épaules, sans engourdir la bouche ni porter atteinte à sa sensibilité.

94. Dans cette leçon, il faut chercher à remettre d'aplomb le cheval lourd qui s'appuie sur le mors et s'engourdit les barres, ménager celui qui est faible, assouplir celui qui est lourd et raide, passer quelque chose à celui qui est gêné par une mauvaise conformation ou par quelque tare ; calmer et habituer peu à peu au poids, à l'appui, à l'effet du mors celui qui est trop sensible, chercher à faire renaître la sensibilité dans la bouche endurcie ; mais, dans tous les cas, n'avoir jamais la dangereuse prétention de tirer le même parti

de tous les chevaux, de leur donner à tous la même légèreté, la même souplesse, la même adresse, le même courage, la même mémoire. Cette erreur ne conduit qu'à faire ce qu'on appelle des bouches *fausses*, *égarées*, *pesantes*, des barres *sourdes*, etc., inconvéniens auxquels on cherche ensuite à remédier par des mors de toutes les figures, qui ne servent qu'à achever de brouiller et de ruiner les chevaux.

95. Le manque de progression dans les actions de la main de la bride et le défaut d'accord des différentes aides, sont cause qu'on se trompe souvent sur le degré de sensibilité de la bouche du cheval. Dans le premier cas, la douleur qu'il éprouve le fait se raidir au lieu de céder, et si le cavalier persiste et augmente l'effet du frein, le cheval fera peut-être précisément le contraire de ce qu'on lui demande. La seconde faute est souvent occasionée par l'attention même que le cavalier met à bien conduire son cheval; trop occupé de la main de la bride, il laisse ses jambes pour ainsi dire paralysées, et ne secondant nullement la main qui ne peut suffire, quels que soient ses efforts.

96. L'écuyer observera qu'il est des cavaliers qui, sans être durs aux chevaux par caractère, sont cependant, par leur conformation et leur défaut de justesse dans le sens du toucher, peu propres à donner les premières leçons de la bride à un cheval un peu susceptible. Un tel cavalier ne doit d'abord avoir à dresser que des chevaux froids; peu à peu on essaiera de lui en donner de plus fins; des chevaux lourds et durs l'affermiraient à jamais dans son défaut.

Des pas de côté sur le cercle.

97. La prétention de faire exécuter toutes les figures de manège aux chevaux en donnant des hanches, est l'écueil que l'instructeur militaire doit surtout éviter.

Les pas de côté sont indispensables au cheval de troupe, pour s'aligner de pied ferme, conserver l'ensemble et l'alignement en marchant, et pour que les chevaux du second rang puissent exécuter les conversions. C'est donc à les dresser à ces mouvemens que doit se borner l'instruction du cheval de guerre sous ce rapport. Il serait sans doute aussi très-avantageux pour le combat individuel, qu'il pût prendre des voltes et des demi-voltes serrées; mais il faut pour cela une souplesse et une force dont peu de chevaux de troupe sont doués. On fera bien de réserver pour les exercices du manège le petit nombre de ceux qu'on trouvera avoir ces qualités.

Les pas de côté sur le cercle achèvent d'assouplir les épaules et les hanches, et affermissent le cheval dans la distinction des aides : on le trouve ensuite bien plus adroit et bien plus léger dans les autres leçons. Mais ce travail sur le cercle est souvent très-pénible pour lui. Les premières leçons peuvent donner lieu à quelques petites résistances ou défenses : on ne devra donc les donner qu'à un seul cheval à la fois, et après que tous auront été exercés à appuyer la tête au mur, n°s 85 et 86, et à changer de main en tenant les hanches, n° 88 de l'instruction pratique.

98. Pour les pas de côté sur le cercle, on mettra d'abord le cheval sur un très-grand cercle, ensuite on

emploiera les moyens indiqués n° 89, afin de le faire aller les hanches en dedans.

99. Il faut bien se garder de forcer le cheval; s'il est faible, on doit le ménager ou l'attendre; s'il est raide, il faut l'assouplir sur les cercles, l'alonger de temps en temps au grand trot, et lui donner quelques leçons à la longe.

100. Pour la leçon des hanches en dehors, à la fin de chaque reprise, on fait descendre le cavalier. Après avoir mis le caveçon, on se sert de la longe pour ralentir doucement les épaules, et l'on chasse les hanches en dehors avec la chambrière. On augmente le degré de hanches, ainsi que la durée de la leçon, à mesure que le cheval cède. On la répète ensuite le cheval étant monté, diminuant peu à peu l'aide de la chambrière et du caveçon, jusqu'à ce que le cheval obéisse aux mains et aux jambes seules du cavalier. On ôte alors le caveçon, mais on y revient aussitôt si le cheval résiste de nouveau.

101. Le cheval qui obéira bien pour aller les hanches en dehors, obéira également et peut-être plus facilement pour aller les hanches en dedans.

102. Les chevaux arrivés à ce point, on leur fera exécuter le travail de la première partie de la quatrième leçon de l'instruction pratique; mais on s'abstiendra, pour les chevaux de troupe, de doubler et d'exécuter les voltes et demi-voltes en tenant les hanches : on ne doit jamais leur faire exécuter ces mouvemens que sur une piste. Pour la marche circulaire sur deux pistes, on se bornera à faire marcher quelques pas sur de très-grands cercles, les hanches en dedans et en dehors, et toujours à l'allure du pas. Il sera bon

de faire appuyer quelquefois la tête au mur, après les changemens de main.

DEUXIÈME PARTIE.

Travail au galop et dans la carrière.

103. Le travail au galop se bornera à faire partir le cheval à cette allure sur la ligne droite et sur le cercle, n⁰ˢ 96 et 97 de l'instruction pratique. On fera de temps en temps alonger et ralentir le galop.

104. On reprendra dans la carrière le travail de toute la leçon, et l'on achèvera d'habituer les chevaux au maniement et au bruit des armes.

Les cavaliers mettront successivement le sabre à la main, feront le maniement du sabre, celui de la lance, au pas et au trot; ils feront feu du pistolet et du mousqueton. Enfin on exercera les chevaux à se porter sur un peloton à pied qui aura fait feu sur eux.

On suivra toujours la marche progressive recommandée précédemment (n⁰ˢ 82, 83 et 84).

105. Les premières fois que le cavalier fait feu, il doit s'attendre qu'au bruit du coup le cheval ou s'élancera en avant, ou se jettera à droite ou à gauche, ou se retournera brusquement. Il ne faut pas pour cela chercher à le maîtriser violemment avec les rênes et les jambes; au contraire on laisse les rênes flottantes, et après quelques mouvemens irréguliers, le cheval ordinairement se calme et se tient près des autres, lorsqu'il n'est pas tourmenté par les aides du cavalier.

CINQUIÈME LEÇON.

PREMIÈRE PARTIE.

Travail dans le manège.

106. Cette leçon, destinée à compléter l'instruction du jeune cheval, comprendra tous les mouvemens de la première partie de la cinquième leçon de l'instruction pratique, à l'exception des voltes et demi-voltes en tenant les hanches, qui doivent être exclusivement réservées aux chevaux de manège. On ne fera tenir les hanches sur le cercle qu'au pas et comme il a été dit dans la leçon précédente, n° 102.

107. On joindra à ces mouvemens le changement de main au galop, n° 108 de l'instruction pratique, et le départ au galop sur la ligne du milieu, n° 111, observant encore de faire toujours passer au trot avant d'exécuter le changement de pied, et de ne faire ce changement du galop au galop qu'avec les chevaux de manège.

On n'oubliera pas de faire tracer une piste intérieure à toutes les allures (n° 118 de l'instruction pratique).

108. On ne doit jamais galoper un cheval sans l'avoir assoupli au trot, de façon qu'il se présente de lui-même au galop sans peser ni tirer à la main, et qu'il soit obéissant aux aides de la main et des jambes.

109. Le changement de main du galop au galop est une opération fort difficile pour le cheval qui n'y a pas été exercé. Le plus important pour lui, dans ce mo-

ment, est la conservation de l'équilibre; car s'il se sent hors de son aplomb, le sentiment de sa propre sûreté rendra nuls tous les moyens que le cavalier pourra employer. Il est donc bien essentiel que cette leçon ne soit donnée que par un homme qui ait de l'expérience, du tact et de la patience.

DEUXIÈME PARTIE.

Travail au dehors, en peloton; saut de la barrière, de la haie et du fossé.

110. Les chevaux parvenus à ce point d'instruction n'ont plus besoin que d'être confirmés dans l'habitude de marcher en troupe. A cet effet, on les conduit sur le terrain de manœuvre, où l'on commence à les établir sur une seule ligne, à dix ou douze pas d'intervalle entre eux. Après avoir numéroté les cavaliers, on les fait mettre en mouvement, au pas et au trot, sur de très-longues lignes droites, faisant successivement porter en avant des autres les numéros que l'on désigne, puis les faisant rétrograder par des demi-tours, et passer ainsi dans les intervalles les uns des autres.

On fait insensiblement serrer les intervalles jusqu'à ce que le rang soit formé, et l'on recommence les mêmes mouvemens en marchant et de pied ferme, pour habituer les chevaux à quitter le rang sans résistance.

On fait ensuite exécuter les conversions sur un rang, puis sur deux, et enfin les mouvemens par quatre, au pas et au trot.

111. Ces différentes leçons seront toujours termi-

nées par une marche directe au galop, proportionnée à la force des chevaux, et l'on fera souvent monter à cheval, mettre pied à terre et défiler, comme le prescrit l'Ordonnance.

Saut de la barrière, de la haie et du fossé.

112. Le jeune cheval ne doit être exercé à sauter que lorsqu'il est formé, qu'il a acquis toute sa force, et qu'il est docile aux aides du cavalier dans les trois allures.

La leçon du saut doit être donnée dans tous ses degrés avec infiniment de ménagement. On se servira de chevaux dressés à sauter pour montrer la route aux autres et les encourager, et les premières leçons seront toujours données séparément à chaque cheval.

113. Le fossé est le premier obstacle qu'on doit faire franchir au cheval, puis la haie et enfin la barrière.

L'âge, la force et la souplesse des chevaux, décideront de l'élévation de la barrière, de celle de la haie, et de la largeur du fossé.

114. Dans les premières leçons, après avoir préalablement fait franchir l'obstacle par un cheval dressé, pour donner de la confiance à celui qu'on exerce, on le présentera devant le fossé. Celui qui tient les rênes le franchira, puis appellera le cheval de la voix, du geste et en lui présentant une poignée d'avoine, un morceau de pain, etc. L'écuyer se servira de la chambrière pour déterminer le cheval à sauter, mais n'en viendra au châtiment qu'à la dernière extrémité. Avant même de l'employer, on pourra mettre au cheval un caveçon qui aura trois longes. Celui qui tient la long

du milieu saute alors le premier; les longes de côté sont tenues chacune par un homme, pour empêcher le cheval de se jeter à droite ou à gauche, ou de s'échapper.

Dès que le cheval aura sauté, on le caressera, on lui donnera l'aliment qu'on lui présentait, et l'on aura soin surtout de ne pas l'arrêter brusquement avec les longes, s'il bondit et cherche à courir après avoir franchi l'obstacle.

115. Lorsque le cheval sautera franchement en main, on le fera monter pour lui donner cette leçon, mais par un cavalier sûr de sa position et de ses aides; car le dérangement de l'assiette de l'homme influant beaucoup sur l'équilibre du cheval, en entraînant nécessairement le déplacement de la main, le jeune animal serait inquiété, et il en résulterait des saccades qui détruiraient toute confiance.

Il faut laisser les rênes de la bride lâches en sautant, et ne pas s'inquiéter des bonds de gaieté que le cheval peut faire ensuite, l'objet essentiel étant d'abord qu'il saute.

Lorsqu'on sera sûr de son obéissance sous ce rapport, peu à peu on le calmera, mais sans jamais prétendre l'arrêter court à la fin du saut; ce qui le ruinerait en peu de temps et lui gâterait entièrement la bouche.

116. Les jeunes chevaux ne sauteront d'abord qu'une fois par jour; mais il ne faut pas permettre qu'ils rentrent à l'écurie sans avoir sauté. Pour cela, il faut employer tous les moyens qu'on pourra imaginer, pour y amener celui qui s'y refuse, sans le châtier.

Des sauteurs.

L'usage des sauteurs ayant été reconnu utile, il est nécessaire d'apprendre à les dresser. En outre, la leçon des piliers peut être utile pour donner plus de légèreté et plus d'action aux chevaux lents et paresseux ; mais il ne faut pas qu'ils soient faibles de l'arrière-main.

Pour placer le cheval dans les piliers, on l'y attache avec le licou de force, dont les cordes, arrêtées de manière à ce que la tête du cheval soit bien placée, ne doivent être ni trop courtes ni trop longues : dans le premier cas, elles gêneraient le cheval dans ses mouvemens ; dans le second, il pourrait se plier de côté, détacher des ruades ou passer la croupe en avant des piliers.

Pendant les premières leçons, pour aider à contenir le cheval droit, on lui laissera le caveçon, ayant attention que la muserolle du licou de force ne porte pas dessus. Un homme placé devant le cheval tiendra la longe du caveçon à un ou deux pieds de la tête, et l'empêchera de se jeter à droite ou à gauche.

On rencontre quelquefois, dans les remontes des régimens, des chevaux vigoureux, mais doués d'un excès de sensibilité qui les rend dangereux dans les rangs. On peut alors les utiliser pour l'instruction des hommes, en les dressant comme sauteurs, soit dans les piliers, soit en liberté.

PREMIÈRE LEÇON DES PILIERS.

Se ranger.

L'écuyer, se plaçant à côté et à hauteur des épaules

du cheval, élèvera la chambrière dans la direction des hanches, appelant de la langue pour fixer l'attention du cheval; il se portera ensuite de l'autre côté, en passant derrière. Dans le moment où il y passera, pour le faire ranger et porter la croupe du côté opposé, il lui criera, d'un ton bref, *hadela!* en lui montrant encore la chambrière dans la direction des hanches.

On répétera ce mouvement plusieurs fois.

Si le cheval n'obéissait pas, on frapperait sur le sol avec la chambrière, continuant à appeler de la langue et en répétant *hadela!* S'il persistait, on le toucherait d'abord doucement sur la hanche du côté où l'on se trouve, augmentant graduellement ces moyens d'aide et de correction, jusqu'à ce qu'il obéisse.

Il faut alors l'arrêter en prononçant *hola!* et s'approcher de l'épaule pour le flatter. On lui donne une poignée d'avoine comme récompense de sa docilité.

DEUXIÈME LEÇON DES PILIERS.

Donner dans les cordes.

Le cheval sachant se ranger de gauche et de droite, on lui apprend à *donner dans les cordes*, en l'invitant à se porter en avant par des appels de langue et des démonstrations de la chambrière. S'il refuse, on en frappe d'abord sur le sol, puis sur l'arrière-main, mais très-légèrement, afin que le cheval ne s'élance pas dans les cordes avec trop de force. La patience et la douceur sont ici plus nécessaires que jamais.

Lorsqu'on a réussi à le faire donner dans les cordes, on continue de l'exciter par les démonstrations, et, au besoin, par l'action de la chambrière et les appels de langue, entremêlés à propos, de manière à augmenter l'activité et le tride de ses mouvemens. Il faut l'arrêter souvent pour le laisser reprendre, et le caresser pendant les repos. On le remet ensuite en mouvement, et on l'excite encore jusqu'à ce qu'il *piaffe* sous lui.

S'il vient à laisser tomber ses épaules d'un côté ou d'un autre, il faut élever la chambrière vis-à-vis et à hauteur de l'épaule, pour qu'il se remette droit en se portant en avant. On ne doit pas lui laisser contracter la mauvaise habitude de s'appuyer sur les cordes ; ce défaut l'empêcherait de se grandir de l'avant-main.

TROISIÈME LEÇON DES PILIERS.

S'enlever des extrémités antérieures.

Pour cette leçon, deux hommes, armés d'une gaule, se placeront chacun à côté et près des piliers, pour *toucher devant* à l'avertissement de l'écuyer.

Celui-ci, après avoir fait donner le cheval dans les cordes, prescrira, pour le faire élever du devant, de toucher légèrement sur le poitrail. On saisira le moment où les extrémités antérieures seront en l'air, pour faire le geste, en élevant les gaules, de toucher sur les canons ; la crainte que ce mouvement lui inspire, lui fera plier les genoux. Dans le même temps, l'écuyer doit appeler de la langue et élever la chambrière derrière le cheval, de manière qu'il la voie. Cette démonstration l'empêchera de reculer, et lui fera porter les extrémités postérieures plus sous le centre de gravité, en abaissant les hanches et pliant les jarrets ;

il n'en aura que plus de facilité à s'élever du devant. Quand l'avant-main est enlevée, les pieds de derrière doivent rester en place et sur la même ligne. C'est l'air de manège appelé *courbette*.

Dès que le cheval aura obéi, on l'arrêtera et on le caressera. En employant ces moyens, on le conduira insensiblement à couler davantage ses extrémités postérieures sous son centre de gravité, de manière à s'élever du devant le plus possible.

Si, en s'élevant, il tendait les jambes en avant en battant des pieds, on prescrira de toucher sur le canon avec plus de force. S'il faisait des pointes, l'écuyer, dans ce moment, le toucherait sur la croupe avec la gaule ou la chambrière, augmentant par degrés la force des coups, jusqu'à ce qu'il abaisse le devant.

QUATRIÈME LEÇON DES PILIERS.

Répétition de la précédente, le cheval monté.

Lorsque le cheval s'enlèvera des extrémités antérieures avec grace et aisance sans être monté, on le fera monter par un cavalier exercé sur les sauteurs, et d'après les principes de l'instruction pratique n°s 65 et 98.

Le cavalier, après avoir rassemblé le cheval à un haut degré, soutient la main un peu plus en avant que de coutume, de manière à tendre les deux rênes bien également, afin d'enlever l'avant-main ; il doit en même temps toucher de la gaule sur les épaules et appeler de la langue, tout en continuant le soutien de la main jusqu'à ce que le cheval s'élève ; et, pour lui faire rassembler toutes ses forces sur les hanches et les contenir droites, le cavalier fermera les deux jambes avec énergie et justesse en même temps qu'il agira de la main. Les extrémités antérieures s'étant élevées, il faut avoir soin de soutenir la main au moment où le devant retombe sur le sol, afin que tout le poids du corps ne se rejette pas tout d'un coup sur cette partie.

On flattera le cheval dès qu'il aura obéi, et l'on recommencera le même mouvement.

Si le cheval ne répond pas bien aux aides du cavalier, les hommes qui sont aux piliers doivent toucher avec leurs gaules sur le poitrail, et l'écuyer aider le cavalier avec la chambrière, pour faire donner le cheval dans les cordes et chasser les extrémités postérieures sous lui.

C'est à ce point qu'il faut arrêter l'instruction des chevaux qu'on veut simplement assouplir et rendre plus légers en les travaillant dans les piliers. Ce qui suit ne convient qu'à ceux dont on veut faire des sauteurs.

CINQUIÈME LEÇON DES PILIERS.

Enlever de l'arrière-main, sauts et cabriole.

On commencera par faire enlever l'arrière-main sans l'avant-main. A cet effet, on touchera sur la croupe pour obtenir quelques ruades. Le cheval les ayant fournies, on fera enlever le devant, et lorsqu'il s'enlèvera, on touchera sur la croupe pour que l'arrière-main s'élève aussi, de manière que, le cheval étant détaché du sol, il ait les genoux pliés et les extrémités postérieures retirées sous lui de niveau et à la même hauteur que celles de devant. Il ne faut pas attaquer trop vivement l'arrière-main, afin que le cheval ne détache pas la ruade, et n'exécute que la *ballottade*.

On fera ensuite exécuter au cheval un saut plus prononcé, en touchant la croupe de manière qu'il montre ses pieds de derrière sans alonger ses extrémités, pour exécuter la *croupade*.

Pour obtenir plus sûrement ces deux espèces de sauts, il faut que le cheval soit monté, parce que lorsqu'il est en l'air, le cavalier soutient légèrement la main pour l'empêcher de détacher la ruade, ce qu'il est très-difficile d'obtenir d'un cheval qui n'est pas monté.

Après ces deux sauts, on fait exécuter la *cabriole*, d'abord le cheval non monté. Lorsqu'on a fait enlever le devant et l'arrière-main par les moyens indiqués, et que les extrémités sont en l'air et à la même hauteur, on continue de toucher sur la croupe avec la gaule pour faire détacher les ruades, et l'écuyer aide à cette action en faisant quelques démonstrations, ou même en touchant avec la chambrière.

Lorsque le cheval sait exécuter la cabriole avec justesse sans être monté, on lui apprend à la faire étant monté.

Le cavalier, après avoir rassemblé son cheval, soutiendra la main en la portant en avant, et touchera en même temps sur les épaules à petits coups de gaule, et en fermant vigoureusement les jambes jusqu'à ce que le cheval s'élève du devant ; dès qu'il obéira, le cavalier passera rapidement la gaule en arrière, de manière à la faire toucher en croisant la croupe, et il baissera la main pour donner la facilité de détacher la ruade.

Au moment où le cheval retombe sur le sol, il faut soutenir de nouveau la main.

Si on ne la baissait pas lorsqu'il est en l'air, on empêcherait la cabriole de s'exécuter.

Des sauteurs en liberté.

Le sauteur en liberté demande bien plus de soutien et de légèreté que celui dans les piliers : il faut qu'il souffre sans s'inquiéter un certain appui de la main, qu'il ait un bon caractère, soit très-docile, et ne saute que lorsqu'on le lui demande ; il faut aussi qu'il soit très-sûr de devant, car il n'a pas de cordes pour se soutenir comme le sauteur dans les piliers.

Le sauteur en liberté doit avoir passé par toutes les autres leçons, afin qu'il obéisse aux aides avec justesse et qu'il puisse faire sa reprise à toutes les allures, ainsi que les autres chevaux.

Lorsqu'il a acquis, par la leçon des piliers, assez de régularité dans ses sauts pour qu'on le juge propre à sauter en liberté, le cavalier doit commencer par lui faire faire quelques tours de manège, afin de l'asseoir. Lorsqu'il le sent bien préparé, il emploie, pour le faire sauter, les moyens indiqués à l'instruction pratique n°s 139, 140, 141, 142.

Si le cheval, dans les premières leçons, ne sautait pas bien, l'écuyer, pour aider le cavalier, se placerait à trois pas sur le côté, tenant une gaule dans la main vis-à-vis de l'épaule, et la chambrière dans la main opposée. De la gaule, il fera le geste de toucher sur les jambes de devant, et au moment où le cheval s'enlèvera antérieurement, il frappera sur le sol avec la chambrière, dans la direction en arrière de la croupe; en même temps le cavalier emploiera ses moyens d'aide pour faire sauter le cheval.

L'écuyer suivra ainsi le cheval, jusqu'à ce qu'il obéisse à son cavalier; alors on l'arrêtera, et on le caressera.

Pour que les sauts soient brillans, il faut que le cheval s'enlève légèrement du devant : aussi on doit toujours faire exécuter les autres sauts avant la cabriole.

Les sauts ne doivent jamais être désordonnés ni exécutés par colère ou par caprice.

On doit avoir soin de fermer les jambes au dernier degré, et de ne pas faire contrarier les mouvemens de l'avant-main par ceux de l'arrière-main, ce qui aurait lieu si on touchait de la gaule à contre-temps sur les épaules ou sur la croupe.

DES DÉFAUTS DES CHEVAUX EN GÉNÉRAL, ET DES MOYENS D'Y REMÉDIER.

On peut considérer en général les défauts du cheval sous deux points de vue, savoir : comme tenant au caractère, et comme tenant à la conformation. Si le défaut vient du caractère, le cheval se révolte volontairement; s'il vient de la conformation, le cheval ne se porte à la désobéissance que parce qu'il n'a pas les facultés nécessaires pour exécuter ce qu'on lui demande. Dans le premier cas, c'est la volonté qui manque; dans le second, c'est le pouvoir de faire.

D'après ces observations, on doit sentir, lorsqu'on veut corriger un défaut, combien il importe de s'assurer de son origine, afin d'appliquer le remède avec connaissance de cause. Si on l'emploie à contre-temps, ou si l'on se trompe dans le choix, on ne fait souvent qu'aigrir le mal, et c'est la source la plus commune des vices du cheval qu'on peut appeler acquis par la faute de l'homme.

Il est des défauts qu'on ne saurait corriger entièrement ; le talent consiste à les connaître, et l'art à les diminuer ou du moins à en empêcher les progrès.

Dans l'emploi des principaux moyens de corriger les défauts des chevaux, il ne faut pas oublier que ces moyens sont sujets à une infinité de modifications que l'intelligence et l'expérience de l'homme de cheval doivent lui suggérer, et qu'on entreprendrait en vain de prévoir et de décrire. Cependant, on doit faire observer que presque toutes les défenses des chevaux n'étant dangereuses que lorsqu'ils résistent à l'action des jambes du cavalier, le principal objet qu'on doit se proposer est de les déterminer à se porter en avant.

Des chevaux bien conformés et vigoureux.

Ces chevaux sont presque toujours obéissans et aisés à conduire ; la raison en est dans leur force, qui leur permet d'obéir avec aisance à tout ce que le cavalier leur demande.

Communément, les sauts sont les seuls déréglemens auxquels ils se livrent. Si l'on veut trop les contraindre, les forcer à passer ou à tourner dans un lieu où quelque objet les aura effrayés, alors ils emploient franchement leurs forces pour s'en défendre.

Le cheval qui médite un saut est obligé de diminuer la vitesse de son allure, et de rassembler ses extrémités sous son centre de gravité, afin de pouvoir prendre l'élan nécessaire. Le cavalier s'aperçoit facilement de son intention; s'il occupe le cheval en jouant avec les rênes, s'il le pousse vigoureusement en avant en fermant les jambes au moment où il veut rassembler ses forces, il préviendra la faute. La gaule doit suppléer aux jambes, si le cheval ne les connaît pas assez.

Mais il est rare que les chevaux sautent droit devant eux, et les sauts de travers sont plus difficiles à prévenir que ceux en avant. La correction consiste à redresser le cheval avec la rêne à laquelle il voulait se soustraire, à le porter en avant avec la jambe opposée, en opposant toujours les épaules aux hanches, en le châtiant même de la gaule derrière les sangles, ou de l'éperon, s'il est à un degré d'instruction qui permette de s'en servir.

On rencontre parfois dans les remontes des chevaux qui, gâtés par de mauvais cavaliers, sont devenus colères et rétifs. C'est alors qu'il faut redoubler de patience et d'adresse pour les corriger. On cherche à reconnaître en quels lieux et sur quelle espèce de terrain ils ont été maltraités et ont bravé leur cavalier, afin d'éloigner d'eux tout ce qui les effraie ou les irrite, ou ce qui peut le leur rappeler. Le travail à la longe, les leçons de manège, les promenades, les caresses, sont employés tour à tour; enfin on les amène à son but par de longs détours, évitant avec le plus grand soin toute occasion où l'on serait obligé de leur céder par prudence ou malgré soi.

Ce qui le plus souvent augmente les difficultés pour corriger les défauts de ces chevaux, c'est qu'ordinairement ils ont une mauvaise bouche. On a cru les dompter par de violentes actions de la main, et en leur donnant les mors les plus durs; mais on n'a obtenu que de détruire toute la sensibilité des parties sur lesquelles le mors agit.

Il faut remettre de pareils chevaux à l'usage du bridon seul pendant long-temps, afin de donner le temps aux tissus, meurtris et recouverts de callosités, de reprendre leur élasticité et leur sensibilité naturelles. Dans les premiers temps, on doit même leur laisser le caveçon avec la longe de main, que le cavalier tient et emploie à propos, pour calmer le cheval et laisser encore mieux reposer la bouche. Lorsque enfin on leur redonne le mors, il faut qu'il soit très-doux, et suivre la même marche progressive que pour les jeunes chevaux ordinaires.

Des chevaux faibles ou mal conformés.

Lorsque la faiblesse ou la mauvaise conformation, seules ou réunies, sont la source des fautes et des défenses des chevaux, on peut les prévenir en ne leur demandant que ce qu'ils peuvent faire; mais si malheureusement un tel cheval est tombé dans des mains ignorantes, il faut bien du temps et de l'art pour le corriger des défauts qu'il a contractés.

Le cheval qui refuse d'obéir faute de moyens, bien loin d'être corrigé pour cette défense, doit être traité avec beaucoup de douceur et les plus grands ménagemens; car si on veut le forcer d'obéir, non-seulement on n'y réussira pas, puisqu'il ne le peut, mais encore on le fera se défendre, ce qui l'épuise et le ruine davantage. Il faut donc attendre du temps et de l'exercice ce que la nature lui a refusé, c'est-à-dire, qu'il se développe et se fortifie. La leçon du trot, employée avec modération, peut y contribuer beaucoup en le mettant en équilibre, ce qui lui facilite les moyens de suppléer à ce qui lui manque. On doit exercer ces chevaux peu et souvent, mais jamais à la longe.

Des chevaux qui s'arrêtent et refusent d'avancer.

Il est des chevaux qui s'arrêtent tout court, jetant les épaules dans le mur et la croupe en dedans, sans vouloir avancer ni reculer. Plusieurs raisons peuvent occasioner cette défense. Si le cheval est effrayé par quelque objet; si le cavalier exige trop de vitesse et d'alongement dans l'allure; si les reprises sont trop longues, et que le cheval n'y puisse fournir, soit parce qu'il est abandonné sur les épaules, soit qu'il n'ait pas assez de force, alors il se révolte contre les aides. Il est souvent entretenu dans cette défense par la faute que la surprise fait commettre au cavalier, qui est de porter le corps en avant, ou d'avoir de l'incertitude ou du vacillement dans la partie mobile supérieure; il faut donc que le cavalier ait grande attention de fixer son corps dans cet arrêt subit, en soutenant les reins, en relâchant les parties inférieures et en se liant au cheval. Il doit alors se servir des moyens indiqués pour faire partir le cheval, en observant de n'alonger que proportionnellement à sa structure et à sa souplesse, diminuant à propos l'allure, et cessant même le travail dès qu'il a obtenu l'obéissance, afin de ne pas s'exposer à de nouvelles défenses, si ces défenses proviennent de manque de moyens.

Si le cheval est effrayé de quelque objet, il faut, avec beaucoup de douceur, le mener sur ce qui l'a épouvanté; au besoin faire approcher de cet objet un cheval dressé, afin de faire remarquer au jeune animal qu'il n'a rien à craindre, et ensuite l'en faire approcher seul.

Les défectuosités de la vue portent aussi fort souvent les chevaux à se défendre. Les objets les plus ordinaires, suivant la manière dont ils se présentent à eux, leur apparaissent sous des formes qui leur inspirent de la frayeur. Ce défaut cause souvent bien des désordres, parce que le cavalier, ne voyant rien de susceptible d'étonner l'animal, attribue sa résistance à sa malice, et applique le châtiment où il eût fallu encourager et donner de la confiance. Le cheval maltraité cédera peut-être; mais, comme sa vue ne s'améliore pas, doublement effrayé, à la première occasion, de ce qu'il voit et de la crainte du châtiment, il perdra la tête et se livrera à toutes sortes de défenses. Si au contraire on emploie la douceur, et, si l'on peut le dire, la persuasion, l'animal prendra confiance dans son cavalier, et se rassurera par la certitude qu'il ne risque rien en cédant aux moyens qui l'ont déjà conduit une autre fois à reconnaître son erreur. Au reste, la nature de ce défaut doit avertir de ne pas prétendre y remédier complètement.

Des chevaux qui se cabrent et font des pointes.

Cette faute est dangereuse; elle est souvent occasionée par la trop grande sensibilité de la bouche inquiétée par les mains du cavalier qui, travaillant avec trop de force, rejette le poids de l'avant-main sur l'arrière-main. Les chevaux colères, que l'on veut forcer à l'obéissance et redresser, sont sujets à se cabrer pour chercher à se soustraire à ce qu'on exige d'eux. Il faut s'appliquer à prévenir leur intention, ce qui est très-possible, parce qu'il est nécessaire que les jambes de derrière du cheval viennent prendre un point d'appui sous le centre de gravité; dans cet instant, on doit le porter vigoureusement en avant, et le châtier de la gaule en arrière de la botte. Mais si le cheval a été assez prompt pour qu'on n'ait pu le prévenir, ou si, malgré les aides et le châtiment, il a refusé d'aller en avant, il faut, lorsqu'il se cabre, lui rendre tout absolument, afin de ne pas s'exposer à le faire renverser, et lorsque les pieds de devant sont près de poser à terre, on doit le châtier vigoureusement de la gaule derrière la botte, ou des éperons, s'il les connaît: mais il faut se défier de ce dernier châtiment, parce qu'il réussit beaucoup moins que la gaule avec les chevaux colères, et que souvent il les fait arrêter court et se défendre encore davantage. En saisissant l'instant qui vient d'être indiqué, il ne sera plus possible au cheval de se renverser; parce que, pour se cabrer de nouveau, il faut qu'il prenne un nouveau point d'appui à terre, et, le châtiment faisant son effet auparavant, il sera obligé d'y obéir.

L'écuyer doit aussi faire usage de la chambrière, en châtiant le cheval à la croupe dans le même moment.

Les jeunes chevaux qui commencent à avoir de la force dans les reins, font des pointes par gaieté. Il en est qui ne s'élèvent qu'à une très-petite hauteur; ceux-là ne sont nullement dangereux; mais il est toujours prudent de ne pas leur en laisser contracter l'habitude, parce que les jarrets seraient bientôt ruinés. Ces chevaux sont ordinairement légers.

Des chevaux qui ruent.

Il faut, règle générale avec les chevaux *rueurs*, ne pas travailler trop en arrière avec les jambes, chasser beaucoup les hanches en avant, afin de les occuper et de les charger. Comme ces leçons sont très-fatigantes, elles doivent être très-courtes. Il est des chevaux chatouilleux que la seule approche des jambes du cavalier fait ruer; il faut tâcher d'amortir peu à peu cette sensibilité, et les accoutumer à la pression des jambes; il faut aussi veiller à ce qu'aucune partie du harnais ne puisse les gêner ou chatouiller.

Il faut relever la tête du cheval qui rue, en se servant du filet, s'il est bridé, pour ne pas lui endommager la bouche. Il faut aussi tâcher de prévoir la faute et la prévenir en chassant le cheval en avant.

Le châtiment des éperons réussit bien rarement avec les chevaux qui ruent; souvent au contraire il les excite à ruer plus fort, même à la seule approche des jambes. La gaule doit donc être préférée, mais elle doit agir sur les épaules et jamais sur la tête; car cette dernière correction n'aurait pas seulement l'inconvénient d'exposer les yeux du cheval, mais encore elle l'étourdirait, le rendrait incertain et souvent même rétif.

L'écuyer doit aussi employer la chambrière pour le cheval qui rue; mais il ne doit pas l'en toucher à la croupe; car le cheval répondrait à ce moyen en ruant plus fort.

Les chevaux ne ruent presque jamais droit, mais communément en jetant les hanches soit à droite, soit à gauche. Si, comme cela arrive ordinairement, le cheval, au lieu de céder à la jambe qui tend à le redresser, y résiste et rue encore plus fort, il faut opposer les épaules aux hanches, c'est-à-dire porter les épaules du côté où le cheval jette ses hanches.

Des chevaux trop sensibles.

La trop grande sensibilité des chevaux est non-seulement incommode, mais aussi quelquefois dangereuse; tous les objets qui les touchent, font à peu près sur eux ce que le tact fait sur un homme chatouilleux, ce qui leur cause, lors de la pression des jambes, ou en cas de mouvemens un peu vifs des mains, une surprise qui les fait se précipiter. Si ces mouvemens sont répétés, on leur fait bientôt perdre la tête, et, le sentiment de la bouche étant surmonté par la crainte, ils tirent à la main et cherchent à s'en aller pour se dérober à la douleur. On doit sentir la nécessité de se laisser, pour ainsi dire, porter dans les commencemens, de ne faire agir les mains et les jambes que rarement, et toujours avec cette finesse, ce liant et cette suite, sans lesquels on ne saurait parvenir à les familiariser avec les aides. L'âge et un travail bien dirigé dominent peu à peu l'excès de sensibilité, et le cheval reste fin et agréable; mais si on le mène rudement, il deviendra de plus en plus susceptible, tracassier, désagréable, et ne sera pas de longue durée.

Des chevaux ardens.

Il est des jeunes chevaux qui ont de l'ardeur par la seule fougue de la jeunesse; d'autres en ont jusqu'à un âge très-avancé. Les premiers se corrigent facilement, si on ne les maltraite pas; l'âge et un travail modéré calment bientôt cet excès de vivacité : mais il n'en est pas de même des autres, attendu qu'il faut, en quelque sorte, réformer la nature, et qu'à mesure qu'on y travaille les chevaux vieillissent et s'usent. Dans l'un et dans l'autre cas, comme le bruit qu'ils entendent, les objets qu'ils voient en mouvement, les excitent à sauter et courir, il faudra les mener à la promenade avec des chevaux sages, pendant long-temps au pas, plus tard au trot, et enfin au galop lorsqu'on sera satisfait d'eux aux autres allures.

Il faudra les faire aller d'abord les premiers; après quoi on les fera marcher à la hauteur des autres. En suivant cette gradation, par succession de temps on les fera rester derrière avec quelques-uns des plus sages, tandis que les autres poursuivront leur chemin, et à mesure qu'ils se calmeront, on diminuera le nombre de ceux qu'on laisse avec eux, jusqu'à ce qu'on soit parvenu à les pouvoir tenir tout seuls en arrière, sans qu'ils montrent de l'impatience, et qu'ils cherchent à rejoindre les autres.

Dans les premiers temps, les chevaux qui ont devancé ceux restés en arrière, doivent les attendre après quelques minutes de chemin, augmentant progressivement la durée de la séparation, en sorte que le cheval resté en arrière ait toujours l'espoir de rejoindre les autres.

Tout cheval ardent resté en arrière, et qui sera châtié à cause de l'ardeur qu'il témoigne, deviendra encore plus difficile à contenir par la suite, parce qu'il se souviendra qu'il est ménagé lorsqu'il est avec les autres, et maltraité en arrière. De tels chevaux ne doivent être montés que par des hommes froids, qui n'aient pas la main rude et laissent patiemment le cheval caracoler, trépigner, se traverser et bondir, mettant tous leurs soins à lui ménager la bouche en le retenant, et sachant lui céder à propos pour mieux le maîtriser.

Ce n'est pas en retournant à l'écurie, ni lorsque le cheval ardent n'a pas encore jeté son premier feu, qu'il faut d'abord le laisser derrière les autres; ce serait augmenter les difficultés; on ne parviendra qu'à la longue à lui donner cette habitude.

Observation.

Dans ce qui précède sur les moyens de remédier aux défenses les plus ordinaires aux chevaux, on a supposé que le défaut à corriger était pris à temps et pendant l'instruction du cheval. Mais s'il est invétéré par l'âge, ou même si l'on craint des désordres dangereux pour le cavalier, il faut faire usage de la grande longe, avec les attentions indiquées à la première leçon, et joindre son secours aux moyens de correction qu'on vient de détailler. C'est à l'écuyer à savoir entremêler à propos ces différentes ressources.

CHAPITRE II. — *Des réformes.*

ARTICLE PREMIER.

DÉFAUTS QUI RENDENT UN CHEVAL IMPROPRE AU SERVICE MILITAIRE.

Les défectuosités, les tares, les vices et imperfections de toute sorte auxquels le cheval est exposé, peuvent devenir autant de causes de réforme. On a vu combien ces accidens sont nombreux; une nouvelle énumération ne serait ici qu'une répétition inutile de tout ce qui a été dit à ce sujet. On se bornera donc à les considérer dans leur généralité et dans quelques-uns de leurs résultats les plus frappans.

En principe, un cheval doit être réformé dès qu'il ne peut plus rendre des services qui soient équivalens aux dépenses qu'il occasione. A la rigueur, cette appréciation devrait avoir pour base au moins les frais de la nourriture; mais dans les régimens, la valeur réelle des chevaux ne doit pas être calculée seulement en raison du produit matériel de leurs travaux; il est indispensable d'avoir égard à l'utilité qu'on peut encore en retirer pour l'instruction.

En effet, celle-ci permet d'utiliser beaucoup de chevaux qui, autrement, seraient tout-à-fait impropres au travail de l'escadron, à celui des routes, et bien plus encore aux fatigues de la guerre. Tels sont en outre les chevaux qui, par des dispositions particulières et la manière dont on a pu les dresser, se trouvent avoir une valeur d'utilité supérieure à toute valeur vénale.

Hors ces cas, tout cheval impropre au service de guerre doit être remplacé. Il est même dans l'intérêt bien entendu de la reproduction, et dans celui plus désirable encore de l'amélioration des chevaux, de ne pas conserver dans les corps des chevaux trop inférieurs. Il s'y joint un intérêt encore plus facile à saisir, si l'on veut avoir une bonne cavalerie, c'est celui de favoriser ou, pour mieux dire, de faire naître, parmi les hommes appelés à servir dans cette arme, le goût du cheval. Il ne peut exister avec des chevaux désagréables, défectueux et même dangereux, comme on en trouve un grand nombre dans nos régimens.

Pour revenir aux causes de réformes, les unes sont pour ainsi dire naturelles, les autres sont accidentelles. L'âge et l'usure forment les premières ; les autres sont très-diverses. Elles sont dues à des blessures, à des tares, à des maladies ou à des vices de méchanceté qu'il n'est pas rare de voir naître chez certains chevaux, lorsqu'ils ont été mal pris dans leur instruction, ou maltraités et brutalisés pendant leur emploi.

L'âge est une cause de réforme, dont il est impossible d'assigner les limites, parce que les périodes en sont très - variables. On voit même communément, dans les régimens bien tenus, une assez grande quantité de chevaux se conserver très-vieux, la régularité du régime, la douceur des travaux en temps de paix, les mêmes habitudes sans cesse observées, ayant sur la vie de ces animaux une influence toujours favorable. La conservation de la santé, la sûreté dans la marche et une vigueur suffisante pour résister aux travaux, sont en général les causes qui font prolonger les services militaires des vieux chevaux. Quelquefois il s'y joint un certain sentiment d'attachement, qui n'est que louable lorsqu'il n'entraîne pas à des abus, parce que c'est toujours une bonne chose en cavalerie que d'aimer les chevaux et de soigner ceux que recommandent leurs services.

L'usure n'est pas toujours une suite de l'âge, et on peut dire qu'elle n'est pas une cause fréquente de réforme dans les corps, si on la considère dans ses effets sur l'ensemble des moyens locomoteurs du cheval. En effet, la nature des travaux en cavalerie ruine rarement les chevaux de troupe au même degré que ceux de luxe, de chasse, ceux des travaux publics, etc., surtout ceux qui travaillent habituellement sur le pavé, et qui deviennent incapables d'être soumis, après un certain temps, au service de la selle, n'étant plus bons qu'au trait, tant leurs aplombs sont pervertis, tant leurs membres sont raides et tarés. Ce genre d'usure se remarque moins souvent dans les chevaux de troupe, que celle qui résulte de tares partielles, d'accidens ou d'efforts.

Blessures.

Dans l'état de guerre, quantité d'accidens de cette nature peuvent faire réformer les chevaux; cela dépend le plus ordinairement des soins dont ils sont l'objet. Mais combien de chevaux médiocres qui, lorsqu'ils sont blessés, même légèrement, sont abandonnés de leurs cavaliers, et qui eussent été soignés attentivement et rendus au service, s'ils avaient été mieux choisis dans le principe!

Au reste, c'est ici l'occasion de répéter une observation déjà faite et applicable dans plusieurs cas qui vont suivre, que tout cheval blessé est susceptible de la réforme, toutes les fois que, par l'incertitude d'une guérison complète et d'un travail suffisant après guérison, il offre plus de chances de dépense que de profit : tout cela, bien entendu, est subordonné aux difficultés que l'on peut éprouver à se procurer des chevaux pour remplacer ceux à réformer, lorsque, par disette ou par manque de communication, il devient intéressant de mettre à profit toutes les ressources. En pareil occurrence, parmi les chevaux blessés, malades ou fatigués, les vieux plutôt que ceux trop jeunes, ceux acclimatés surtout et faits aux habitudes du pays, sont toujours à conserver et à utiliser autant que faire se peut.

Tares.

Les tares qui peuvent faire prononcer la réforme sont très-nombreuses; ce sont toutes celles qui entravent les mouvemens, qui diminuent la sûreté et la durée de la marche, de manière à mettre le cheval hors d'état de suffire aux conditions de son emploi. Telles sont les exostoses qui produisent la claudication; la perte des aplombs; les maladies parvenues à l'état chronique, qui sont alors comme de véritables tares; les conformations de la corne qui demandent des ferrures méthodiques, difficiles à employer en garnison, et impossibles en campagne, etc.

Maladies.

Celles qui peuvent être causes de réformes, ne sont pas de nature aiguë, mais bien celles qui sont devenues chroniques, et qui, affectant un ou plusieurs des organes ou des viscères intérieurs, déterminent dans les fonctions des changemens assez notables pour nuire à la vigueur du cheval. Parmi les causes qui peuvent être assignées à ces cas de réforme, on compte principalement les suites des campagnes pénibles, où les chevaux mal nourris, mal soignés, après des fatigues excessives, sont réduits à un état de maigreur et de marasme qui laisse peu d'espoir d'un avenir meilleur. Au reste, on peut énumérer les plus essentielles des causes maladives de réforme, en suivant le tableau qui commence le titre II de la troisième partie.

Ainsi, au premier rang se présentent les luxations, les entorses et les vieux écarts, lorsque les premières surtout ont été suivies de soudures et d'ankyloses qui nuisent à la régularité ou à la solidité de la marche; et les autres, lorsque la claudication s'accroît par le travail au point de nuire au service que le cheval doit faire. Viennent ensuite la destruction ou l'altération du ligament cervical, suffisante pour rendre la conduite du cheval très-pénible et son emploi à la selle très-dangereux; le trombus grave; la surdité complète, principalement pour les momens de guerre; la perte de la vue; les vieilles courbatures dans des chevaux qui ont peu de valeur du reste; la pousse outrée; des affections graves avec altération des organes de l'abdomen qui, en diminuant l'activité des forces digestives, rendent les chevaux de peu d'utilité pour les corps ; les eaux aux jambes, vieilles et invétérées, qui ont déformé les extrémités ; les affections du pied, également dans les cas indiqués à l'article des tares. Quant aux maladies contagieuses, ce n'est pas seulement la réforme, mais c'est l'abatage qu'elles nécessitent pour les animaux qui en sont affectés.

Enfin, les maladies nerveuses sont des cas de réforme généralement reconnus tels, lorsque les accès se rapprochent et font craindre, ou des accidens pour le cavalier, ou une cure incertaine et coûteuse.

Au reste, si, parmi le grand nombre de causes de réforme, il y en a qui seules peuvent faire exclure le cheval, il est encore plus ordinaire de voir des complications de ces causes qui s'aggravent l'une par l'autre. Il est aussi une classe de chevaux qui peut être expulsée des régimens, mais qu'il vaudrait bien mieux n'y pas trouver ; c'est celle des chevaux rétifs, méchans, et de ceux qui sont devenus dangereux à l'homme et aux autres chevaux. Parmi ceux de cette classe, sur lesquels la prudence et la bonne instruction cependant ne peuvent rien, il faut compter les jumens que les fureurs utérines dominent à un point extrême, et qui s'irritent même des soins qu'on leur donne. On en a vu qu'on a été dans l'obligation d'abattre à coups de fusil, tant leur exaspération les rendait dangereuses.

En terminant cet article, nous ferons observer que, si quelquefois des chevaux réformés dans les corps sont devenus en peu de temps, entre les mains de ceux qui les avaient achetés, capables d'un très-bon service, non-seulement au trait, ce qui se conçoit facilement, mais encore à la selle, ces exemples prouvent combien l'instruction, en ce qui touche le cheval, est indispensable pour tout officier de cavalerie, et qu'il aurait le plus grand tort de la regarder comme un accessoire inutile, ou peut-être au-dessous de lui.

ARTICLE II.

RÉGLEMENS ET USAGES RELATIFS AUX CHEVAUX DE RÉFORME.

Pour qu'un cheval soit réformé, il ne suffit pas qu'il soit atteint d'une des causes précédemment dites, et que l'autorité militaire intéressée ait donné son avis, il faut de plus qu'un délégué du ministère (tels sont les inspecteurs - généraux) ait approuvé la réforme, et y ait mis le cachet de sa sanction ; précaution légitime prise par le Gouvernement pour empêcher les abus.

Au reste, la marche administrative est si simple, pour ce qui concerne les réformes, qu'il n'y a que la mauvaise volonté ou la mauvaise foi qui puissent ne pas s'y conformer.

En effet, si la réforme est approuvée par les autorités supérieures compétentes, l'officier qui la propose est à l'abri, et ne pourrait être répréhensible, moralement encore, que dans le cas où il aurait prêté la main à des réformes frauduleuses, par intérêt partagé, par une condescendance toujours coupable, ou par une ignorance que rien ne devrait lui faire pardonner.

Les chevaux de réforme sont abattus ou vendus.

Ils sont abattus lorsqu'ils se trouvent attaqués de maladies contagieuses incurables (telle est surtout la morve), lorsqu'il y a blessure, fracture ou accident jugés incurables par les artistes vétérinaires. Dans ce cas, s'il ne se trouve pas sur les lieux d'autorités militaires compétentes pour prononcer l'abattage, l'officier doit avoir recours aux autorités communales ou administratives, telles que les sous-préfets, maires ou adjoints, qui ont le droit et le devoir de remplacer les agens militaires.

Dans tous les autres cas, les chevaux réformés sont vendus à la criée par le ministère d'un agent de l'administration des domaines, et en présence d'un membre de l'intendance militaire. L'officier qui les a fait réformer n'a nullement à se mêler de la vente.

Les ordonnances prescrivent de fendre une des oreilles aux chevaux de réforme; mais cette opération est devenue à peu près inutile, puisque l'acquéreur peut facilement faire recoudre la plaie, qui ne laisse ordinairement que peu de traces; cependant elle suffit pour diminuer le nombre des acquéreurs et le prix de la vente, ce qui rend cette précaution plus nuisible que profitable au Gouvernement. Néanmoins elle doit être observée comme toutes celles qui sont prescrites.

Il est juste, et dans l'intérêt de la sécurité publique, qu'on prévienne les acquéreurs toutes les fois qu'un cheval sera atteint d'un vice qui le rendrait dangereux, ou de certaines maladies périodiques comme l'épilepsie, l'immobilité, etc., qui, étant ignorées, peuvent occasioner des accidens funestes.

TABLE

DES MATIÈRES CONTENUES DANS LE TOME
SECOND.

TROISIÈME PARTIE.

CONSERVATION DU CHEVAL.

Pages.

QUATRIÈME PARTIE.

HARAS ET REMONTES.

—

TITRE PREMIER. — DES HARAS.

CHAPITRE Ier. — *Connaissance des races.*

CHAPITRE II. — *Notions sur les haras.*

TITRE II. — DES REMONTES.

CHAPITRE Ier. — *Instruction sur les remontes.*

CHAPITRE II. — *Des réformes.*

FIN DE LA TABLE.

PARIS. — IMPRIMERIE DE H. FOURNIER.
Rue de Seine, n° 14.